| 현대선교신학의 주요 용어들 |

오경환 김신구 박종현 양현준 홍승만 김서영

현대선교신학의 주요 용어들

Planters'

과거 선교는 복음 전도적 관점에서 영혼 구원을 위한 것으로 복음을 알지 못하는 타 문화권에 들어가 예수 그리스도의 복음을 전하고, 현지인들과 교회(건물)를 개척·확장함으로써 세계 복음화를 이루는 것이었다. 이는 선교 대위임령인 마태복음 28장 18-20절의 말씀을 따르는 메시아 공동체, 곧 전 세계 모든 교회의 궁극적인 목적이었다. 이런 이해로 전통적인 복음주의자들은 교회의 성장이야말로 하나님께 대한 충성이요 그분의 나라를 위한 최고의 가치였다.

하지만 20세기로 접어들어 기존의 선교 개념이 광의적으로 발전하면서 현대선교신학은 복음 전도적 차원과 사회적 책임의 차원을 아우르는 통합적(총체적, 통전적) 선교를 지지하기에 이르렀다. 물론 오늘날에도 에반젤리컬과 에큐메니컬 진영이 이해하는 선교 개념에는 여전히 차가 보이나 전체적인 뜻은 대동소이해졌다. 이제 더는 복음 전도와 사회적 책임에 대한 우선성 논의는 없고, 오히려 건강한 긴장 안에서 어떻게 하나님 나라의 구현을 위해 이 둘의 조화와 균형을 이룰 것인지에 더 관심을 둬야 할 상황이다. 이는 치열하고 복잡했던 과거 선교의 정의와 범위가 세상의 수많은 변화 앞에서 어떻게 온전한 구원을 이룰지에 대한 양대 진영의 오랜 논의에서 나온 긍정의 결과라고 할 수 있다.

이런 맥락에서 현대선교신학이 중시하는 성격은 대항문화적이면서 시대 문화적인 것이고, 변혁적이면서 지속적인 것이며, 개별적 주체로서 상대성을 가지면서 절대 그것이 공동체적인 것과 분리하지 않는 전 지구적인 것이다. 이런 차원에서 내적인 것과 외적인 것은 하나로 연결되고, 교회 내적인 것과 교회 외적인 것은 서로 무관하게 존재하지 않는다. 이 모두는 복음의 중심성 안에서 성격적으로나 구조적으로 유기체적이다. 바로 이것이 통전적, 총체적이라는 용어에 담긴 온전한 구원의 의미다. 그만큼 오늘날 선교신학의 선교 개념은 우주적인 것으로 그 개방성과 수용성의 스펙트럼이 굉장히 넓다. 이런 까닭에 하나님으로부터 이 넓은 영역으로 보냄받은 기독교 공동체는 하나님의 선교에 참여하는 본질적인 공동체로 존재하고 기능하기 위해 여러 실제적이고 효과적인 방법론과 전략을 마련하는 중이다.

이에 본서는 앞서 언급한 이해를 바탕으로 현대선교신학이 중요하게 다루는 여섯 가지 용어를 선별해 그 개념과 실천 영역을 설명하고 소개한다. 그 용어를 나열하면, 언어, 행위, 일터, 환대, 변혁, 생태로서 본서는 이들이 어떻게 미셔널과 잘 융합하여 이 땅의 모든 교회와 그리스도인의 삶에서 그 창조적 힘을 한껏 펼칠 수 있는지를 다양한 관점에서 논한다. 쉽게 말해서 교회와 그리스도인의 언행은 어떻게 선교적으로 기능할 수 있는지, 평범한 일상에서 나타나는 작은 섬김과 사랑, 경제행위는 어떻게 선교적 환대로서 우리 사회와 시장을 따듯하게 품는 선교적 장소로 활용될 수 있는지, 타락한 세상을 원형의 모습으로 변화시켜야 할 제자공동체는 어떻게 이 시대와 문화를 하나님께서 창조하신 원형의 세계로 변혁하고 보전할 수 있는지를 자세히 설명한다. 전반적인 이해를 돕기 위해 각 장의 내용을 살피면 다음과 같다.

"선교적 **언어**의 이해와 실제"

오경환 박사는 현대 복음주의와 에큐메니컬 신학이 말하는 선교 언어의 의미를 통합적으로 살핀다. 이를 바탕으로 다시 오 박사는 선교 언어를 개인적, 공동체적, 복음 전도적, 공공신학적 영역으로 구분이 가능하고, 총체적 선교를 위한 언어의 실제로서 하나님 나라 샬롬을 추구하는 선교적 언어를 설명한다. 정리하면 이 장은 그리스도인이 일상에서 어떤 언어를 사용하는 것이 하나님의 선교적 백성다운지 살피면서 모든 교회와 그리스도인의 언어적 삶에서 근본적 변화를 꾀한다.

"선교적 **행위**의 신학적 이해와 핵심 요소"

김신구 박사는 현대선교신학이 중시하는 일상, 곧 삶의 예배로서 교회와 그리스도인의 보편 행위가 어떠할 때 '선교적' 의미로 기능하는지 살피기 위해 하나님의 원뜻과 나라를 위한 여러 행위를 관찰한다. 이를 위해 본 장은 먼저 선교적 행위의 올바른 규명을 위해 선교적 교회론자와 에큐메니컬, 교회성장학자와 복음주의, 성경에 나타난 총체적 선교(또는 통전적 선교)의 개념과 내용들을 살핀다. 다음 그리스도 용어의 선교신학적 해석과 함께 두 복음서(마가·누가)에 나타난 예수의 행위를 선별하여 분석한다. 그런 다음 통합적으로 현대선교신학에 부합하는 선교적 행위가 지녀야 할 여섯 가지 성격에 관해 설명한다. 곧 이 장은 모든 교회와 그리스도인의 일상 행위가 하나님의 통치 아래 이뤄지는 행위와 기능이 되도록 선교적 행위의 신학적 근거와 그렇게 규정지을 핵심 요소가 무엇인지 소개하고 설명한다.

"하나님의 선교로 바라보는 **일과 일터**"

박종현 목사는 인간의 노동을 창조 질서의 보존과 원형 회복의 도구로 봄으로써 각자 보냄받은 일터를 하나님 나라 구현의 선교적 공간으로 이해한다. 이런 관점에서 일과 일터는 단순히 생계적 의미와 수단을 넘어 하나님의 선교에 참여하는 신앙의 장이다. 따라서 선교 대위임령을 받아 파송된 모든 그리스도인은 일터를 통해 하나님의 사랑과 정의를 실천하고, 피조 세계와 공동체에 대한 섬김에 헌신해야 한다. 그뿐만이 아니라 선교는 기술의 대변혁, 기후 위기, 디지털 시대로의 전환이라는 현대 사회의 문명적·지구적 도전 앞에서도 위축이 아닌 더한 초월적 가능성을 열어가야 한다. 왜냐하면 온 우주를 창조해 담당하시는 삼위일체 하나님께서는 어떤 시대 문화적 상황도 초월적으로 활용하시는 분으로서 모든 교회와 그리스도인의 선교적 일상은 물론 세상(창조 세계)에서도 자기 뜻과 선교를 온전히 이뤄가는 분이시기 때문이다. 이런 맥락에서 박 목사는 일의 신학적 의미와 변천 과정에 관한 역사적 탐구로 시작해 일과 일터에 부여된 선교적 가치에 조명한다. 이로써 교회와 일터의 관계를 통합적으로 정의하고, 4차 산업혁명 시대로 변화하는 노동 환경에 대한 신학적 통찰과 대응 그리고 실제적이면서 효과적인 실천적 방안을 모색한다. 특히 하나님의 창조와 구속 사역에 참여하는 선교적 도구로서 일과 일터의 재해석과 재발견을 통해 인간 삶의 본질적 가치 회복에 초점을 둔다.

“하나님의 선교적 관점에서 본 **‘환대’**”

양현준 박사는 현대 사회의 분열된 상황에서 선교적 환대의 신학적 의미와 실천적 가치를 탐구한다. 먼저 양 박사는 이를 위해 먼저 일반적인 환대 및 기독교적 환대의 개념을 고찰한다. 이를 바탕으로 하나님의 선교와 환대의 연관성을 살펴보며 이를 통해 선교적 환대의 개념을 정립한다. 이후 선교적 환대를 구성하는 신학적 기초를 신적 환대, 타자 이해, 상호적 환대, 그리고 상호성과 무명성의 관점에서 제시한다. 나아가 선교적 환대의 선교 신학적 적용점으로 프리에반젤리즘의 기초와 실천, 타자 중심적 접근, 화해 형성을 위한 선교적 전략을 제언한다. 마지막으로 선교적 환대의 실천을 위해 교회 성장을 넘어 하나님 나라의 가치를 확장하는 환대, 공감으로 시작하여 영혼 구원과 샬롬을 성취하는 환대, 위험을 감수하는 사회적 정의의 확장을 위한 환대의 실천을 제안한다. 결론적으로 이 장은 선교적 환대가 영혼 구원의 사역과 동시에 현대 사회의 분열과 갈등을 치유하고, 하나님 나라의 가치를 확장하는 유용한 선교 방법임을 논증한다.

“하나님의 선교 관점에서 본 **‘변혁’** 이해”

홍승만 박사는 현대 신학과 현대선교신학이라는 두 가지 관점에서 ‘변혁’의 개념을 탐구한다. 이와 함께 정치신학, 해방신학, 공공신학 그리고 선교학의 대화를 통해 변혁적, 개혁적, 혁명적 개념의 차이를 분석한다. 또한 홍 박사는 하나님의 선교 관점에서 복음주의와 에큐메니컬 선교 운동에 나타난 변혁의 의미를 고찰하는데, 복음주의 선교 운동은 로잔 언약, 마닐라 선언, 케이프타운 서약을 통해 신앙인의 내외적 삶을 통합적으로 변화시키는 변혁적 제자도를 강조함을 설명한다. 그리고 에큐메니컬 선교 운동은 EA 및 TTL 문서에서 삼위일체 하나님의 선교에 협력하여 그리스도의 제자도를 실천하고, 하나님 나라의 복음과 화해, 생명살림의 희망을 선포하며, 시민직 실천을 통한 사회적 책임을 감당하는 변혁을 강조함을 설명한다. 결론적으로 이 장은 변혁이 성령의 능력으로 하나님의 선교를 수행하며, 변혁적 제자도를 이뤄갈 때 선교적 변혁임을 일러준다. 왜냐하면 선교적 변혁은 신학적 담론을 넘어 공적 영역에서 하나님께서 일하시는 세상과 그분의 나라 그리고 선교에 관심을 두기 때문이다.

"하나님의 선교와 **생태**: 풍성한 생명을 향하여"

김서영 박사는 오늘날 전 인류가 기후 비상사태 안에서 살아가고 있다는 현실적 심각성을 문제로 제기한다. 한 예로 김 박사는 지구의 평균 기온 상승과 빈번해진 이상 기후 현상은 동식물을 넘어 인간 사회에도 많은 영향을 미치고, 그로 인한 생물 다양성의 파괴가 가속화하고 있다고 말한다. 하지만 이러한 위기는 언급한 환경 문제에서 그치지 않고, 경제적 불평등과 사회 정의 문제와도 긴밀히 연결되어 있으며, 사회적 약자들은 기후 변화에 더욱 크게 영향받는데, 이는 다시 하나님의 선교(Missio Dei)가 이 시대의 생태적, 사회적 위기에 어떻게 응답하는지를 묻는 중요한 신학적 질문이라고 강조한다. 정리하면 이 장은 하나님께서 역사하시는 현장인 이 세계가 생태 위기 속에 있음을 인지하고, 지금까지 그리스도인들이 이 문제를 어떻게 대처해 왔는지 성찰함으로써 앞으로, 하나님의 뜻을 이 땅 위에 실천해야 [illegible] 방법을 고백하고 있다.

바라기는 본서에 실린 여섯 편의 글이 삼위일체 하나님의 뜻과 나라를 위해 고군분투하는 모든 선교적 지역 교회와 그리스도인의 삶에 올바른 선교적 안내서가 되기를 소망한다. 또한 본서에 서려 있는 통합적이고 건설적인 땀과 수고가 하나님의 선교를 향한 여러 학문적, 실천적 활동에 생명적 역동성을 한껏 불어넣기를 기원한다. 끝으로 선교적 사명과 학문적 열정을 쏟아 귀한 연구 글을 내주신 여섯 분께 진심 어린 감사를 드리며, 이분들의 행보가 하나님 나라를 위해 귀하게 쓰임 받았으면 좋겠다. 앞으로 계속 하나님의 선교와 교회를 위한 학문적, 실천적 노력이 더 장려되고 격려되어 세계 모든 지역교회가 하나님 나라의 샬롬을 즐겁고 열정적으로 구현하는 시대가 오길 마음 다해 기도한다.

2025년 2월
아름다운 하나님 나라를 염원하며

김신구

제4장

제5장

제6장

오늘날 세상은 사회적, 공동체적으로 갈등과 분열이 끊임없이 일어나고 있다. 이는 인간 내면에 깊은 상처를 남겨 서로를 불신하게 하고 관계 단절로 이어지기도 한다. 이런 상황에서 치유적 언어는 단지 개인적 영역에서의 사적인 주제가 아니라 사회정치적 영역에서, 더 나아가 하나님 나라 샬롬을 위해 중요한 역할을 한다.

제 1 장

오경환 부두교회 담임, 서울신학대학교 신학전문대학원 Th. D.

선교적 언어의 이해와 실제

현대선교신학에서 복음주의와 에큐메니컬 진영 간에 선교적 언어를 비교하며, 그 의미를 살핀다. 나아가 선교적 언어에 대한 통섭적 이해를 각각 개인적 영역, 공동체적 영역, 복음전도적 영역, 공공신학적 영역으로 나누어 설명하고, 그 후에 하나님 나라를 위한 선교적 언어의 실제로 각 영역별 하나님 나라 샬롬을 추구하는 복음의 언어를 소개한다. 정리하자면, 그리스도인이 일상에서 어떤 언어적 표현을 사용하는 것이 하나님 나라 백성으로서 합당한지를 살펴보면서, 근본적 삶의 변화에 이르도록 돕고자 한다.

1. 들어가는 말

옛 속담에 “말 한마디에 천 냥 빚을 갚는다”는 말이 있다. 이 속담은 말 한마디가 가진 무게와 책임을 강조하며, 어려운 상황도 해결할 수 있다는 뜻이기도 하다. 그리고 말의 복잡하고 다양한 의미 때문에 그것을 분명하고 명확하게 전달하는 것이 중요하다. 그래서 “아 다르고, 어 다르다”고 했다. 이처럼 말은 상대방의 감정까지도 좋게 하거나 상하게 할 수 있어 생각 없이 내뱉는 일상 언어라도 큰 영향을 미칠 수 있다. 성경도 “언어”(言語), 즉 말의 중요성을 강조한다. 창세기 1장에서 하나님은 세상을 말씀으로 창조하셨다. 인간은 하나님의 형상을 따라 창조된 유일한 피조물이다. 이런 이유로 인간은 동물들과는 다른 방식으로 의사소통하며 문자를 통해 표현하는 능력을 지니고 있다. 특히 잠언은 말에 관해 이렇게 말씀한다. 잠언 15장 1절 “유순한 대답은 분노를 쉬게 하여도 과격한 말은 노를 격동하느니라,” 잠언 18장 21절 “죽고 사는 것이 혀의 힘에 달렸나니 혀를 쓰기 좋아하는 자는 혀의 열매를 먹으리라.” 그리고 예수님도 “마음에 가득한 것을 입으로 말함이니라”(눅 6:45b)고 말씀하셨다. 예수님은 인간이 어떤 행동을 할 때, 그 근원에 마음이 자리하고 있음을 지적하셨다. 말 속에는 말하는 이의 마음이 드러난다. 이렇듯 말은 사람을 살리고 죽이기도 할 만큼의 힘을 가지고 있으며, 말의 능력, 말의 중요성 등 말이 가진 위력을 고려할 때 우리는 말을 신중히 사용해야 할 것이다.

오늘날 한국 사회는 인터넷과 미디어의 발전으로 새로운 공론장(公論場)으로서 세대를 초월한 인터넷 토론 공간(SNS)을 탄생시켰다. 이는 인터넷 토론 공간이 한국교회를 여론 주도층으로 부상하게 된 원인이 되었다. 현대 사회의 특성상 SNS를 통한 매체적인 언어 전달이 신속하고 광범위하게 이루어지며, 사적 언어가 공적 담론으로 공개적 신앙 언어가 광장에서 들려지게 되었다. 이런 상황은 사적이고 개인적인 신념과 확신에 근거한 발언이라도 교회 밖의 사람들에게 쉽게 유포되어 공론화가 빠르게 일어나게 되었고, 한국 사회의 특성상 종교와 세속의 구분이 인터넷 공론장에서는 사라지게 되고, 사적이고 개인적인 견해는 공론장에서 벌어지는 언어적 공격으로 더 이상 기독교적 특수성이라는 보호막이 작동하지 않게 되었다. 이런 상황에서 우리는 '우리의 신앙 언어가 일반 사회에서 타당하게 들려지고 있는가?'라는 중요한 질문을 직면한다. 대다수 그리스도인은 개인의 신앙 고백적 언어와 공적 영역에서의 신앙 언어를 구분하지 못하고 있다.[1] 이 말은 복음이 그리스도인들만의 사적 언어로 이해해 온 한국교회의 한계로 이해될 수 있는데 이런 문제를 해결하기 위해 그리스도인과 비그리스도인, 교회 안과 밖에서, 더 나아가 공적 영역에서 개인 언어로서가 아니라 선교적 언어로 확장되어야 한다. 그러나 선교적 언어가 신앙의 영역을 넘어 공적 영역인 세상을 향해 선언하는 데에도 한계가 있다. 이도영이 주장한 것처럼 "신앙의 모든 언어가 공적 언어로 표현될 수 없기 때문"인데[2] 복음은 세속적 특이성과 다른 특이성을 전제하기 때문에 공적 언어에 대한 비판성을 가진다.

그래서 복음의 특이성은 세속적 특이성과 분명히 구별된다. 복음은 보편적 진리를 넘어서 모든 진리 위에 있는 궁극의 진리다. 복음의 언어는 진리를 수호해야 하는 그리스도인의 본질적 정체성을 담고 있다. 그러나 그리

1) 김동춘, "왜 개신교 신앙언어는 공공성과 충돌하는가?," 조석민 외 6인, 『세월호와 역사의 고통에 신학이 답하다』 (서울: 대장간, 2014). 김동춘은 아무리 개인의 사적인 신앙 언어라고 할지라도 그것이 열린 공론장에서 공적 담론과 연결된다는 것을 파악하지 못함에 대해 주장한다.

2) 이도영, 『페어 처치』 (서울: 새물결플러스, 2017), 222.

스도인의 언어는 복음의 특이성에만 머물러서는 안 된다. 왜냐하면 그리스도인의 선교적 언어가 교회 밖 세상과 너무 동떨어진 언어를 사용하고 있기 때문이다.

그리고 성령의 내주하심과 통치하에서 살아가는 하나님 나라 백성으로, 예수 그리스도의 조건 없는 은혜를 입은 하나님의 자녀임을 확실하게 인식할 때 선교적 언어는 자유롭게 표현된다. 이는 참된 회심과 연결되는데, 진정한 회심을 경험한 그리스도인만이 복음의 언어, 즉 선교적 언어를 유창하게 말할 수 있다. 누가복음 6장 45절에서 예수님은 "선한 사람은 마음에 쌓은 선에서 선을 내고 악한 자는 그 쌓은 악에서 악을 내나니 이는 마음에 가득한 것을 입으로 말함이니라"라고 말씀하시며, 우리의 언어가 마음 상태를 반영한다고 하셨다. 이 구절에서 "마음"(καρδία)은 우리 행위의 근원, 중심을 의미한다.[3] 즉 그리스도인으로서 선한 행실은 내적인 회심을 통해 맺은 열매다. 결국 언어는 우리의 마음속에 무엇이 있는지, 그리고 무엇이 우리의 마음을 사로잡고 있는지를 반영한다. 그래서 제프 밴더스텔트(Jeff Vanderstelt)는 "예수님이 당신을 사로잡으셨다면, 당신은 그분에 대해 끊임없이 말하고 다닐 것"이라며, 복음이 삶을 변화시키는 힘임을 강조한다.[4]

인간은 하나님에 의해 창조되었고, 예수 그리스도 안에서 하나님이 예비하신 선한 일을 위해 거듭났다.(엡 2:10) 그리스도인이 된다는 것은 단순히 예수 그리스도를 믿기로 결심하거나 생활 태도를 바꾸는 것이 아니다. 참된 믿음은 예수 그리스도를 많은 구원자 가운데 하나가 아닌, 유일하신 구원자로 받아들이는 것이다.(요 14:6) 오늘날 한국교회가 강조하는 참된 회심과 경

---

3) James R. Edwards, "*The Gospel according to Luke*," edited by D. A. Carson, in The Pillar New Testament Commentary (Grand Rapids, MI; Eerdmans, 2015), 205.

4) 제프 밴더스텔트/장성은 역, 『복음의 언어』 (서울: 토기장이, 2017), 140.

험의 강도가 점점 약해 진듯하다. 존 스토트(John Stott)도 '회심'을 가장 인기 없는 단어라고 이야기한 적이 있다.[5] 우리는 신앙생활을 했더라도 어떤 영역에서는 불신자일 수 있다. 왜냐하면 우리는 여전히 삶의 일부분에서 하나님을 믿지 못하고 있기 때문이고, 많은 그리스도인은 복음을 영혼을 구원하는 능력으로만 여기고 삶을 변화시키는 능력까지는 경험하지 못하고 있기 때문이다. 하지만 성경은 복음이 모든 믿는 자에게 구원을 주시는 하나님의 능력임을 선언한다.(롬 1:16) 복음이 그리스도인에게 진정한 좋은 소식이 되지 않는다면 결코 선교적 언어를 유창하게 사용할 수 없을 것이다.

2. 선교적 언어에 대한 논의

언어란 "생각, 느낌 따위를 나타내거나 전달하는 데에 쓰는 음성, 문자 따위의 수단, 또는 그 음성이나 문자 따위의 사회 관습적인 체계"로 정의된다.[6] 쉽게 말해, 언어는 자신의 감정과 생각을 표현하는 수단이다. 이미 살펴본 바와 같이 우리의 생각, 감정, 그리고 행동으로 표출되는 모든 것의 근본은 우리 내면에 있다. 그러나 인간은 종종 내면의 근본을 다루는 대신 외적인 현상에만 집중하는 실수를 저지른다. 우리의 내면적 근본은 예수님의 성품과 연결되며, 믿음을 통해 우리는 하나님의 영이 거하시는 거룩한 처소가 된다. 그렇다면 우리가 선교적 언어를 어떻게 표현해야 할지가 분명해진

5) 존 스토트 & 크리스토퍼 라이트/김명희 역, 『선교란 무엇인가』 (서울: IVP, 2018), 217.

6) 국립국어원, "언어," 표준국어대사전, https://stdict.korean.go.kr/search/searchView.do, (2024년 6월 14일 접속).

다. 다음에서 복음주의와 에큐메니컬 진영에서 신학적 주장에 기초한 선교적 언어를 살펴보고자 한다.

1) 복음주의의 견해

최근 선교 신학에서 주목받는 중요한 용어로 '총체적 선교'(Integral Mission)와 '통전적 선교'(Holistic Mission)가 있다.[7] 두 단어는 각각 복음주의와 에큐메니컬 진영의 견해를 반영하는 중요한 개념이다. 특히 복음주의 견해에서 총체적 선교는 '복음 전도'와 '사회적 봉사'를 통해 세계 복음화라는 목표를 이루는 전통적 선교로 이해된다. 이는 로잔 운동에서 나타난 전통적 선교적 언어를 통해 확인할 수 있다.

선교에 관심 있는 사람이라면 '로잔 언약(Lausanne Covenant)'이라는 문서에 대해 들어본 적이 있을 것이다. 특히 4차 로잔대회는 "교회여, 함께 그리스도를 선포하고 나타내자"라는 주제로 서울과 인천에서 열렸다. 로잔 언약은 20세기 기독교 역사에서 가장 중요한 문서로 평가된다. 이 문서는 성경의 권위, 예수 그리스도의 유일성, 전도의 본질, 교회와 전도, 전도와 문화 등 선교에 관한 성경적 정의와 현재 상황, 향후 과제를 선교적 관점에서 기술했다. 1974년 1차 세계 복음화를 위한 로잔대회(Lausanne International Congress on World Evangelization)의 로잔 언약, 1989년 2차 로잔대회의 마닐라 선언문, 2010년 3차 대회의 케이프타운 서약을 비롯한 다양한 신학협의

---

7) 현재 이 두 개념은 구분 없이 사용되고 있다. 그러나 로잔대회 이후, 복음주의 진영에서는 '총체적 선교'를, 에큐메니컬 진영에서는 1973년 WCC 산하 세계선교와 전도위원회(CWME)가 주최한 방콕선교대회(Bangkok Conference) 이후부터 '통전적 선교'를 선호해 왔다. 통전적 선교 개념은 하나님의 선교(*Missio Dei*)뿐 아니라, 인간과 자연 속에 '하나님의 샬롬'을 실현하는 선교로 이해된다. 김승호, "복음전도의 우선순위를 둔 총체적 선교의 필요성에 대한 고찰: 로잔운동과 현재 복음주의를 중심으로," 「ACTS 신학저널」 38(2018), 331; 안승오, 『로잔운동의 좌표와 전망: 왜? 어떻게? 어디로?』 (서울: 기독교문서선교회, 2023) 참고.

회(consultations)를 통해 로잔 언약은 시대가 당면하고 있는 신학적 주제들로 교회에 선교 신학적 방향을 제시하고자 했다. 특히 전 세계의 기독교인들이 모여 선교의 방향성과 전략을 논의하여 복음주의 선교의 새로운 패러다임을 제시하고, 다양한 문화적 배경을 가진 사람들과의 소통을 강조한다. 로잔 운동은 선교적 언어의 중요성을 인식하며, 이를 통해 복음의 메시지를 효과적으로 전달하고자 했다. 각 로잔 운동의 핵심을 간략히 요약하면 다음과 같다.

먼저, 1차 로잔 세계 복음화대회 선언문 6항 '교회와 복음 전도'는 복음 전도가 최우선임을 천명한다.[8] 따라서 로잔 언약은 기본적으로 복음 전도가 선교의 핵심임을 강조한다고 볼 수 있다. 특히 복음 전도의 본질을 다룬 4항에서 "상대방을 이해하려면 상대방의 이야기를 경청하는 대화도 매우 중요"하다고 명시한다.[9] 우리가 잘 알다시피 경청은 '귀를 기울여 듣는' 태도를 의미한다. 경청이 선교적 언어로 간주 되는 이유는 언어가 자신의 생각을 일방적으로 표현하는 것을 넘어 상대방의 이야기를 주의 깊게 듣는 것을 포함하기 때문이다. 따라서 세상을 향해 하나님 나라의 복음을 전하기 위해서는 경청이 중요한 선교적 커뮤니케이션 방식으로 자리 잡는다. 경청은 예수님께 인격적으로 나아가 하나님과 화해하도록 돕는 소통 능력이다. 2차 로잔대회인 마닐라대회는 1차 로잔대회 선언문에서 확장된 내용으로 이루어졌다. 마닐라 선언은 "그리스도께서 오실 때까지 그를 선포하라"와 "온 교회가 온 세상에 온전한 복음을 전하라는 부름"이라는 두 가지 주제에 기초해 작성되었다. 마닐라 선언문 2부 4항 "우리의 주된 관심은 복음에 있으며, 모

8) 로잔 운동/최형근 역, 『케이프타운 서약: 하나님의 선교를 위한 복음주의 헌장』 (서울: IVP, 2014), 220.

9) Ibid., 218.

든 사람이 예수 그리스도를 구주로 영접할 기회를 얻도록 하는데 있으므로 복음 전도가 우선이다"라는 점을 분명히 한다.[10] 그러므로 2차 마닐라대회 역시 중요 선교적 언어는 복음 전도임을 재확인한다. 이어 3차 로잔대회인 케이프타운 서약은 2010년 남아프리카 공화국 케이프타운에서 열린 3차 로잔대회의 열매로 쓰인 복음주의 선교 헌장이다. 이 서약은 로잔 언약과 마닐라 선언에 기초하며, 역사적 연속선상에 놓여 있다. 케이프타운 서약은 두 부분으로 구성된다. 1부는 성경을 통해 우리에게 전해진 확신을 제시하며, 2부는 그 확신에 따른 행동을 요청한다. 선언문의 1, 2, 3, 4, 5항과 10항은 삼위일체 하나님에 관한 언급이며, 로잔대회 입장을 사랑의 언어로 확언하며 고백하고 있다.

> 이 선언문은 '사랑의 언어'라는 틀 안에서 작성되었다. 사랑은 언약의 언어다. 성경의 언약들은, 새것이든 옛것이든, 잃어버린 인류와 손상된 창조세계를 향한 하나님의 구속하시는 사랑과 은혜를 드러낸다. 하나님의 언약은 그에 대한 보답으로 우리의 사랑을 요청한다. 우리의 사랑은 주님에 대한 신뢰와 순종, 그리고 열정적인 헌신으로 드러난다. 로잔 언약은 복음화를 "온 교회가 온전한 복음을 온 세상에 전하는 것"으로 정의했다. 그 말은 여전히 우리의 열정을 표현한다.[11]

케이프타운 3차 로잔대회에서 선교적 관점으로 정의된 하나님 사랑은 그리스도 안에서 나타난 하나님의 한없는 사랑에 대한 우리의 응답이며, 하

10) Ibid., 241.

11) 로잔 운동/최형근 역, 『케이프타운 서약: 하나님의 선교를 위한 복음주의 헌장』, 16.

나님을 향한 우리의 넘치는 사랑의 표현이다. 특히 "1항 우리는 하나님이 먼저 우리를 사랑하셨기에 하나님을 사랑한다"에서 1차 로잔 세계 복음화대회, 마닐라 2차 로잔대회보다 보다 구체적으로 하나님 사랑을 선교적 언어로 기술하며, 이를 중요한 신학적 특징으로 평가할 수 있다.

지금까지 로잔 언약에서 강조된 선교적 언어를 요약하면 다음과 같다. 첫 번째는 복음의 중심성이다. 하나님 나라 선교의 궁극적 목표는 예수 그리스도의 구원의 복음을 전하는 것이다. 따라서 선교적 언어도 복음의 본질과 메시지를 중심에 두어야 한다. 선교적 언어는 성경적 진리를 기반으로 복음의 핵심인 예수 그리스도의 구원 사역을 왜곡 없이 전해야 한다. 동시에 문화적 관련성과 상황화를 통해 세상과 효과적으로 소통하고자 한다. 그러나 이 과정에서도 복음의 중심성은 결코 훼손될 수 없으며 복음의 중심성을 견지하면서도 문화적 배경과 상황을 고려하여 복음을 전해야 한다.

두 번째는 문화적 관련성이다. 복음은 보편적이지만 문화적 상황에 맞게 전달될 때 세상에 더 큰 영향력을 발휘할 수 있다. 이를 위해 선교적 언어는 세상의 문화에 대한 깊은 이해와 민감성을 바탕으로 한다. 예를 들어 아프리카 문화에서 중요한 의미를 지니는 전통을 활용하여 복음을 전하거나, 아시아에서 중시되는 가족 중심주의를 반영하여 복음을 설명하는 것이다. 동시에 선교적 언어는 문화적 맥락에 맞게 복음을 상황화(contextualization)해야 한다. 여기서 복음의 상황화란 복음의 본질과 핵심 메시지는 유지하되 세상을 향해 구체적인 상황에 맞게 복음을 전하는 것이다. 그래서 상황화는 삶의 현실과 동떨어진 추상적인 메시지로는 큰 공감과 복음의 능력을 발휘할 수 없기 때문에 중요한 선교적 이해라고 할 수 있다.

세 번째는 통전적 접근법(holistic approach)이다. 이는 영적 차원에만 초점을 맞추지 않고, 사회·정치적 영역을 포함한 삶의 모든 영역, 즉 공적 영역을 포괄하여 복음을 전하는 것을 의미한다. 선교적 언어는 영혼 구원이라는 영적 차원뿐만 아니라, 세상을 향해 구체적인 상황과 필요를 고려하여 통전적으로 접근한다. 따라서 로잔 언약에서의 선교적 언어는 영적 메시지와 함께 사회적, 경제적, 문화적 상황을 고려하여 통전적인 해결책을 제시하는 데 목적이 있다. 그리고 로잔대회는 선교적 언어를 통해 복음과 사회 참여의 연결성을 부각시킨다. 전통적으로 복음 전도는 주로 개인의 영적 구원에만 초점을 맞추었다면, 로잔대회에서는 복음 전도와 함께 사회 참여의 중요성도 강조하는 선교적 언어를 사용했다. 이는 복음의 영적 차원과 사회적 차원을 균형 있게 다루면서도, 세상을 향한 구체적인 상황에 맞게 복음을 전하기 위함이다. 억압받는 상황에서는 자유와 정의를, 분쟁 지역에서는 화해와 평화를 강조한다.

네 번째는 세계 교회와 문화의 다양성을 인정하고 존중하는 선교적 언어다. 과거 서구 기독교는 크리스텐덤적(Christendom) 사고에서 벗어나, 기독교 문화를 강요하는 경향을 극복하고 진정한 보편적 교회, 즉 세상을 향해 보냄을 받은 하나님 나라의 선교적 교회로 나아가고자 했다.[12] 선교는 본질적으로 다양한 문화를 아우르는 활동이기에 문화적 차이와 이해의 격차를 극복하는 것이 필수적이다. 이를 위해 선교적 언어로 소통하는 기독교의 상호 존중과 열린 자세는 중요한 요소라고 할 수 있다.

12) 크리스토퍼 라이트/정효진 역, 『하나님의 선교, 세상을 바꾸다』 (서울: IVP, 2024), 212-216.

2) 에큐메니컬의 견해

에큐메니컬 운동의 시발점은 일반적으로 1910년 영국 에딘버러(Edinburgh)에서 열린 세계 선교대회(The World Missionary Conference)로 간주한다. 이후 1952년 독일 빌링겐(Willingen) 국제 선교 협의회(The International Missionary Council)는 현대선교신학의 새로운 방향을 제시한 매우 중요한 대회였다. 이 대회는 '선교적 교회론'(Missional Church)의 출현에 결정적인 원인을 제공했다. 특히 교회가 선교의 출발점도 목표도 될 수 없다는 점이 이 대회를 통해 인식되었다. '미시오 데이'(Missio Dei)라는 제목 아래 진행된 빌헬름 앤더슨(Wilhelm Anderson)의 발표는 교회의 선교적 본질을 삼위일체 하나님의 선교와 연결시켰다.[13] 그 결과 빌링겐 대회 이후 선교를 '하나님의 선교'로 보는 관점이 널리 확산되었다. 역사적으로 에큐메니컬 선교 개념은 적어도 1950년대까지는 복음화를 우선순위에 두었다고 평가할 수 있다.

또한 에큐메니컬 진영의 구원 개념은 전통적 구원 개념을 넘어선 포괄적 구원으로, 영혼 구원을 넘어 육신의 구원, 개인 구원을 넘어 사회 구원까지 포함한다. 이와 같은 구원 이해의 특징으로, 전통적인 선교가 주로 예수 그리스도를 믿는 믿음을 통해 개인의 영혼 구원에 초점을 맞추었다면, 에큐메니컬 선교는 인간을 억압하는 모든 것에 대항하며 투쟁을 통해 해방을 이루는 데 더 큰 관심을 둔다.[14] 1973년 방콕 세계 선교와 복음 전도 위원회(Commission on World Mission and Evangelism) 대회에서는 '오늘의 구원'(Salvation Today)을 주제로 죽은 후 내세에서 주어지는 구원이 아닌 오늘, 이 땅에서 이

---

13) 크레이그 밴 겔더/최동규 역, 『교회의 본질』 (서울: CLC, 2015), 53.

14) 안승오, 『로잔운동의 좌표와 전망: 왜? 어떻게? 어디로?』, 37.

루어지는 구원에 초점을 둔 것도 같은 선상에서 이해할 수 있다. 방콕 대회에서 구원은 개인 구원을 넘어 사회 구원을 포함한다고 보았으나 모든 피조물의 구원까지는 언급하지 않았다. 이후 선교가 복음 운동에서 사회 운동으로 변질되는 경향을 보이기도 했다. 이와 함께 '통전적 구원' 개념은 영과 육, 개인과 사회, 인간과 모든 피조물의 구원을 포괄한다고 강조되었다. 1968년 스위스 웁살라(Uppsala)에서 열렸던 세계교회협의회 모임에서는 '인간화', '새 인간성', '새 인간', '참 인간성', '새롭게 된 인류' 등의 개념이 강조되며, 선교의 대상이 사회적 구원으로 확대되었음을 보여주었다.[15] 안승오는 에큐메니컬의 통전적 구원 개념에 대해 "한쪽으로 치우치기 쉬운 선교에 균형감을 갖도록 도전하고, 윤리적 과제를 선교적 개념에 포함시킴으로써, 창조 세계를 아름답게 가꾸는 책임을 소중하게 여기도록 한 기여점이 있다"고 평가한다.[16]

다양한 종교가 공존하는 다종교 사회에서 에큐메니컬 진영의 중요한 선교적 언어는 종교 간 대화와 협력으로 이해된다. 한스 큉(Hans Keung)의 "종교의 평화 없이는 세계의 평화도 없다. 종교의 대화 없이는 종교의 평화도 있을 수 없다"는 선언은 종교 간 대화와 협력의 중요성을 강조한 말로 이해된다.[17] 에큐메니컬 진영의 선교적 언어는 타 종교와의 대화를 통해 구체적으로 드러난다. 타 종교와의 대화를 통한 상호교류 및 소통은 자신들의 편

---

15) 1968년 웁살라 WCC에서 선교신학적 갈등으로 인해 복음주의와 하나 될 수 없는 자리로 갈라서게 된다. 왜냐하면 이는 WCC가 선교의 목표를 '인간화'로 선언하고, 타종교와의 공존을 주장했기 때문이다. 박영환, "미래를 위한 WCC 선교와 로잔 선교의 이해와 협력,"「선교신학」 25(2010), 83; WCC 2013 선교문서 '함께 생명을 향하여: 기독교의 지형 변화 속에서 선교와 전도' 6, 7항에서도 선교 개념의 전환을 강조한다. 장병준, "WCC 2013 선교 문서: 함께 생명을 향하여," https://www.christiandaily.co.kr/news/18422, (2024년 6월 25일 접속).

16) Ibid., 47-48.

17) 한스 큉/안명옥 역, 『세계윤리구상』 (서울: 분도출판사, 1992), 15.

견을 발견하고 수정하며, 더 나아가 자신들의 종교적 폭을 넓히고 풍부하게 할 것으로 여겨졌다. 박영환은 긍정적인 측면에서 타 종교와의 대화를 헨드릭 크래머(Hendrik Kraemer)가 말한 "타 종교와 대화가 기독교의 정체성을 상실하지 않으면서 기독교 메시지를 전달할 수 있는 가능한 길들에 관하여 선교적 차원이다"라고 인용했다.[18] 이처럼 선교적 언어로서 종교 간 대화는 다양한 종교 간의 긴장과 갈등을 해소하는 데 도움을 준다.

특히 오늘날과 같은 다원화된 사회에서 일방적인 복음 전도는 관계적 갈등을 유발하고 종교에 대한 부정적인 선입견을 심어줄 수 있다. 오히려 선교는 전하는 자와 듣는 자가 동등한 입장에서 서로를 섬기는 자세로 대화에 참여함으로써 이루어져야 한다.[19] 레슬리 뉴비긴(Lesslie Newbigin)은 종교 간 대화에 대해 "종교 상호 간의 대화가 얼마나 성실하며 얼마만큼의 열매를 맺느냐는 무엇보다 다양한 참여자들이 자신들의 종교를 총체적 경험을 이해하는 근원으로 얼마나 진지하게 여기는가에 달려 있다"고 말했다.[20]

정리하자면, 서로 다른 종교 간의 일치와 협력을 추구하는 에큐메니컬 입장에서 선교적 언어를 간략히 살펴보면 다음과 같다. 첫 번째는 에큐메니컬 관점에서 선교적 언어는 타 종교와 문화에 대해 개방적이고 포용적인 태도를 반영하는 것을 의미한다. 존 스토트는 타 종교를 향한 진실한 대화를 '성육신의 도전'이라고 주장했다.[21] 이는 서로 다른 언어와 문화적 맥락을 이해하고 존중하며, 평화로운 방식으로 대화와 소통을 추구하는 데 있다. 따

18) Hendrik Kraemer, *Die christliche Botschaft in einer nichtchristlichen Welt* (Zurich: Evangelischer Verlag, 1940). 박영환, "미래를 위한 WCC 선교와 로잔 선교의 이해와 협력," 107에서 재인용.

19) 안승오, "종교간 대화의 기원과 방향 연구," 「선교신학」 12(2006), 341.

20) 레슬리 뉴비긴/홍병용 역, 『오픈 시크릿』 (서울: 복 있는 사람, 2012), 285.

21) 존 스토트 & 크리스토퍼 라이트/김명희 역, 『선교란 무엇인가』, 142.

라서 타 종교와 문화에 대한 개방적인 자세가 필수적이다. 또한 상대방의 입장에서 생각하고 공감하는 능력이 필수적이다. 두 번째는 선교적 언어는 포용성과 비폭력을 핵심 원칙으로 삼아야 한다. 모든 인류를 아우르는 포용적 언어가 바로 선교적 언어라고 할 수 있다. 또한 선교는 평화로운 방식으로 이루어져야 하며 폭력과 강압은 배제되어야 한다. 열린 마음으로 대화하며 상호 이해와 신뢰를 쌓는 것이 중요하다. 세 번째는 선교적 언어는 정의와 평등을 추구하는 것을 핵심 가치로 삼는다. 사회적 약자와 소외 계층을 위한 선교적 언어는 곧 인권과 평등을 의미한다. 모든 인간은 평등한 존재이며 차별과 불평등은 하나님의 선교를 방해하는 장애물이 된다. 따라서 선교적 언어는 인권과 평등을 존중하며 이를 증진시키는 방향으로 나아가야 한다.

3. 선교적 언어에 대한 통합적 이해

신앙생활에서 개인의 신앙고백과 선교적 실천은 핵심적인 요소다. 개인의 신앙고백은 하나님과의 관계를 견고하게 하며, 그리스도인 삶의 중심을 이루는 역할을 한다. 이는 하나님의 사랑과 은혜를 경험하게 하며, 그분의 뜻에 따라 살아가게 하기 때문이다. 또한 선교적 삶은 복음을 전하고 이웃을 섬기는 데 있어 필수적이다. 우리는 말과 행동으로 하나님의 사랑을 드러내며, 성육신적 삶을 실천해야 한다. 성육신적 삶은 현존적 복음 전도로 이해될 수 있으며, 이러한 맥락에서 선교적 언어가 중요한 역할을 한다. 그 결과 선교적 언어는 개인적 영역과 공동체적 영역, 복음 전도적 영역에서 복음의 영향력을 발휘할 수 있다.

1) 개인적 영역

개인적 영역에서 강조되는 선교적 언어는 회심이다. 일반적으로 회심은 신앙생활의 출발점으로 여겨진다. 사미자는 "회심이 지니고 있는 진정한 힘은 한 개인의 삶을 전적으로 흔들어 놓는 내적 세계의 변화"로 이해한다.[22] 회심으로 시작된 그리스도인의 믿음의 여정은 삶 전반에 걸친 가치관의 확립으로 확장된다. 하지만 오늘날 그리스도인에게 회심은 드문 현상이 되었으며, 회심 이후 변화된 삶을 발견하기는 더욱 어렵게 되었는데, 이는 많은 그리스도인이 복음에 무지하기 때문이다. 교회가 복음을 몇 가지 신조로 축소하고, 회개를 인간의 결정으로 가르친 결과다. 따라서 참된 회심은 그리스도인이 예수 그리스도를 믿지 못하는 삶에서 벗어나 일상에서 온전한 믿음의 삶으로 전환하는 것을 의미한다고 할 수 있다.

개인적 영역에서 회심한 그리스도인의 선교적 언어는 기독교 신앙이 동시대 문화에 지적, 정서적, 관계적으로 접근할 수 있도록 문화적 언어로 번역되어야 한다. 이는 오늘날 탈종교화가 빠르게 증가하는 상황에서 선교적 언어가 개인이 경험하는 현실과 연결되지 않기 때문인데 회심한 그리스도인이 사용하는 선교적 언어는 때로 식상한 종교적 구호로 전락하기도 한다. 중요한 점은 선교적 언어가 그리스도인 삶의 자리에서 이해되는 용어로 설명되지 않으면 단순히 본문을 반복하는 결과를 초래할 수 있다는 것이다. 따라서 회심한 그리스도인의 선교적 언어는 반드시 선교적 삶과 연결되어야

22) 사미자, 『종교심리학』 (서울: 장로회신학대학교출판부, 2001), 124.

한다. 옥한흠 목사는 "말로 전하는 복음이 빠진 증거는 세상을 구원할 수 없다"고 강조했다.[23] 이렇듯 그리스도인의 회심과 삶이 균형을 이룰 때 그리스도인의 선교적 언어는 진정성 있게 드러날 것이다.

정리하자면 개인적 영역에서 선교적 언어를 실천하기 위해서는 다음과 같은 노력이 요구된다. 첫째는 선교적 언어는 일상생활 속에서 복음의 메시지를 자연스럽게 녹여내며, 세상을 향해 하나님의 사랑으로 격려와 위로를 전해야 한다. 둘째는 선교적 언어로서의 성육신적 삶은 이웃을 섬기고 사랑함으로써 하나님의 사랑을 드러내야 한다. 셋째는 '때를 얻든지 못 얻든지'(딤후 4:2), 기회가 있을 때마다 세상을 향해 복음을 담대히 전해 회심에 이르게 해야 한다. 이처럼 개인적 영역에서 선교적 언어를 실천함으로써 하나님 나라의 진정한 샬롬을 경험하는 계기를 마련할 수 있다.

2) 공동체적 영역

선교적 언어는 복음에 대해 개인의 회심을 넘어 공동체적 영역으로 확장된다. 그리스도인이 복음이 담긴 선교적 언어를 유창하게 구사하기 위해 선교적 공동체에 소속되는 것이 중요하다. 그렇다고 일상에서 그리스도인의 신앙이 일주일에 한 번 교회에 출석하여 설교를 듣는 것, 소그룹에 참석해서 교제하는 것, 적정한 헌금으로 신앙생활에 대해 만족감을 느끼는 것으로 그쳐서는 안 된다. 선교적 공동체는 신앙생활을 공유함으로 복음과 선교적 언어를 더욱 효과적으로 전달한다. 이때 공동체의 이야기와 개인의 간증은 어떻게 삶에 영향을 미치는지를 보여주는 선교적 언어의 중요한 방법이다.

---

23) 옥한흠, 『다시 쓰는 평신도를 깨운다』 (서울: 두란노, 1998), 159.

전통적으로 개인이 뿌리내리는 근본적 관계는 공동체다. 교회는 역사적으로 새로운 연대를 이루는 관계를 위한 가장 강력한 유산을 보유하고 있다. 그것은 예수 그리스도 안에서의 하나 됨이라는 복음의 유산이다. 그럼에도 오늘날 종교다원주의와 탈종교화의 상황에서 공적영역에서 중요했던 종교가 이제는 개인의 사적인 영역으로 축소되었다. 중요한 점은 기독교 공동체가 추구하는 삶의 양식이 복음의 언어를 습득하게 하는 통로라는 것이다. 모든 언어는 그 언어를 사용하는 문화를 체험함으로써 가장 정확하고 효과적으로 습득된다. 예수 그리스도의 복음 외에는 구원 얻을 만한 다른 종교나 사상이 없다고 한다면(행 4:12), 그리스도의 몸 된 교회 또한 그의 가르침과 성품으로 빚어지는 특별한 공동체가 되어야 한다. 그럴 때 그리스도인의 언어는 선교적 언어와 연결될 수 있다.

그렇다면 공동체적 영역에서 선교적 언어가 가지는 의미는 무엇일까? 첫째는 선교적 언어는 공동체 구성원 간의 깊은 유대감과 신뢰를 강화한다. 예수 그리스도를 믿음으로 죄 용서를 받은 그리스도인들이 공동체 안에서 서로에 대해 그리고 타인에 대해 관용과 환대의 삶을 살아가는 모습은 속죄의 언어를 깨닫는 중요한 선교적 언어의 경험을 제공한다. 또한 예수님 안에서 이해관계가 없는 비그리스도인들이 어떻게 하나를 이루며 서로를 돌보는지가 하나님의 전적인 은혜와 사랑을 맛보는 계기가 될 것이다. 둘째는 선교적 언어는 공동체의 영적 성장과 하나님 나라의 확장에 기여한다. 복음의 메시지를 담은 선교적 언어를 통해 공동체 구성원들이 하나님의 뜻을 더욱 깊이 이해하고 공동체 밖의 이웃들에게도 하나님 나라 샬롬을 증거한다. 공동체가 복음을 전한다는 것은 전도를 위한 행사나 전도 프로그램을 준비하고, 각자의 은사에 따라 협력하는 것을 포함되지만 이러한 활동보다 더 근본적인 공동체적 복음 전도는 기독교 공동체의 고유한 존재 양식과 공동의 습관에서 비롯된다. 여기서 고유한 존재 양식이란 하나님 나라 샬롬을 이루는 공동체가 되기 위해 하나님의 통치를 받는 삶을 의미한다. 또한 공동의 습관은 그리스도인이 그리스도와 연합한 존재로서 코이노니아(Koinonia)를 나누는 것을 말한다. 셋째는 선교적 언어는 선교적 공동체의 형성과 유지를 위해 중요한 역할을 한다. 그리스도의 사랑과 은혜를 실천하는 선교적 언어는 공동체 구성원들을 하나로 묶는 '하나님 사랑의 띠'(골 4:14), 즉 강력한 접착제가 된다. 특히 다양한 삶의 문화와 배경을 가진 공동체에서는 선교적 언어를 통해 서로를 이해하며 소통과 공감의 능력을 키운다. 결국 공동체적 영역에서 선교적 언어는 세상을 향해 드러내고 보여주는 새로운 삶의 방식이 되며, 이는 자신의 일상적 삶의 방식과 일치하려는 노력을 요구한다.[24)]

오늘날 복음 전도의 어려움은 세상과 차별화된 공동체를 경험하기 어렵다는 데 있다. 양극화된 사회에서 정치적 적대성과 편향성을 노골적으로 드러내는 목회자와 그리스도인들에게서 복음으로 인한 하나님 나라 샬롬과 하나님 사랑으로 맞이하는 환대라는 선교적 언어를 듣기란 쉽지 않다. 문제는 우리가 전하는 선교적 언어에 복음의 내용뿐 아니라 그 복음의 내용이 가리키는 삶의 실제가 없다는 것이다. 기독교 공동체의 삶이 세속적 삶의 방식과 대조를 이룰 때 그리스도가 자기 삶에서 보여준 성육신적 사역은 선교적 언어와 연결되어 삶의 실체로 나타나게 된다. 따라서 그리스도인은 선교적 언어를 매일의 대화와 행동, 그리고 예배와 개인 삶의 자리에서 사용함으로써 자신과 공동체, 나아가 하나님 나라 샬롬을 이루어 가야 한다. 이렇게 꾸준히 선교적 언어 사용을 위해 노력한다면 선교적 언어는 그리스도인

---

24) 최동규, 『미셔널 처치』 (서울: 대한기독교서회, 2017), 230-234.

의 일상에 자연스럽게 스며들며 점차 선교적 언어가 유창해질 것이다.

3) 복음 전도적 영역

오늘날 현대인들은 복음 전도 영역인 직장과 지역사회, 온라인 공간 등에서 다양한 배경을 가진 사람들과 상호작용한다. 이때 그리스도인은 선교적 언어를 통해 자신의 신앙과 기독교 세계관을 자연스럽게 드러내며 동시에 복음 전도의 메시지를 반영한다. 이 과정에서 선교적 언어는 적절한 방법으로 하나님 사랑과 은혜, 용서와 구원의 메시지를 전하기 위해 성경의 비유와 상징을 활용할 수 있는데, 예를 들어 '잃은 양 한 마리를 찾아 나선 목자의 비유'(마 18:12-13)를 통해 하나님의 무한한 사랑과 용서를 설명하며, '세상의 빛과 소금'(마 5:13-20)과 같은 상징적 표현을 사용해 그리스도인의 역할과 사명을 강조할 수 있다. 또한 일상에서 보여주는 그리스도인의 선교적 삶은 선교적 언어를 통해 드러난다.

성경에서 바울이 전한 선교적 언어를 살펴보면 바울은 자신이 개척한 교회에 편지를 쓸 때 그들 가운데서 자신이 행한 전도사역에 대해서 거의 언급하지 않는다. 동시에 바울은 로마서 15장 18~20절에서 복음이 전해지지 않은 이방인들에게 복음을 선포한다. 이 본문에서 바울은 선교적 언어뿐만 아니라 복음 전도에 수반되는 '표적과 기사' 그리고 '성령의 능력'을 강조한다. 또한 고린도전서 2장 1~5절에서 바울은 의도적으로 자신의 선교적 언어를 낮추어 평가한다. 이는 '십자가에 달리신 그리스도'를 전하는 것이 '성령의 나타나심'을 통해 하나님의 능력을 의지하는 것으로 보이게 하려는 의도임이 분명하다. 데살로니가전서 1장 5절은 바울의 복음 전도가 선교적 언어로써

'능력과 성령과 큰 확신'이 뒤따른다는 점을 알 수 있다. 세 본문에 소개된 선교적 언어는 바울이 전한 구두 복음 전도에서 중요한 역할을 하지만, 간과하지 말아야 할 점은 본문에서 '능력'이라는 단어가 뒤이어 등장할 때 이는 모두 성령과 밀접하게 연결되어 있다. 따라서 바울의 복음 전도는 종말론적 선교적 언어임을 알 수 있다. 이처럼 바울은 하나님의 주권이 유대인뿐만 아니라 모든 민족과 열방까지 미치기를 원했다. 그렇기에 그는 "이 은혜는 곧 나로 이방인을 위하여 그리스도 예수의 일꾼이 되어 하나님의 복음의 제사장 직분을 하게 하사 이방인을 제물로 드리는 것이 성령 안에서 거룩하게 되어 받으실 만하게 하려 하심이라"(롬 15:16)라고 말한다. 바울은 자신의 사명이 이방인들에게 복음을 전하여 그들도 하나님의 백성이 되게 하는 것이라고 분명히 밝혔다. 더 나아가 바울은 복음 전파를 통해 하나님 나라 샬롬이 이 땅에 구현되기를 소망했다. 그는 "하나님의 나라는 말에 있지 아니하고 오직 능력에 있음이라"(고전 4:20)고 말한다. 이처럼 바울의 선교적 언어는 단순히 복음을 전파하는 것 이상의 의미를 담고 있는데 그것은 하나님 나라 샬롬이 온 세상에 미치고 모든 민족이 하나님 나라에 참여하는 것이다.

그래서 복음 전도적 영역에서, 특히 다양성이 공존하고 존중되는 공간에서 선교적 언어는 복음 전도를 위해 세상과 소통의 통로가 되며, 또한 선교적 언어가 단순히 정보를 전달하는 것이 아니라 사람과 관계 속에서 복음을 나누는 과정으로 이해되어야 한다. 현대 사회에서 복음 전도가 어려워진 이유 중 하나는 사람들이 종교적 언어에 거리감을 느끼거나 전통적인 복음 전도 방식이 더 이상 효과적이지 않기 때문이다. 이러한 맥락에서 선교적 언어는 복음의 본질을 유지하면서도 더욱 자연스럽고 현실적으로 다가갈 수 있는 중요한 역할을 한다.

4) 공공신학적 영역

최근 신학의 공공성과 사회적 책임을 강조하는 공적 신학이 한국교회의 주요 관심사로 부상하고 있다. 이는 오늘날 한국교회의 위기 상황과 깊이 관련 있어 보인다. 공공신학에 대한 관심은 한국 사회로부터 신뢰를 상실하고 침체에 빠진 한국교회의 위기 속에서 세상을 향한 교회의 공적·사회적 책임에 대한 새로운 인식의 증대를 반영한다고 볼 수 있다. 또한 한국교회가 세상으로부터 불신받는 주요 원인 중 하나는 교회가 사회와 소통하지 못한 채 고립되어 배타적인 태도와 폐쇄적인 울타리 안에 머물며 이기적인 자기만족을 추구하는 집단으로 인식되고 있기 때문이다.[25)]

이러한 위기 속에서 공공신학적 영역에서 다양한 배경과 문화적 이해를 바탕으로 소통과 사회통합을 위해 선교적 언어의 실천은 필수적이다. 이때 선교적 언어는 사회의 다른 영역과의 상호 대화를 통해 각 영역에서 배움을 얻는 동시에, 기독교 진리를 최대한 이해 가능한 방식으로 소통하고 변증하는 역할을 한다. 이것을 윤철호는 "소통적(communicative) 공적 신학"이라고 부른다.[26)] 오늘날 공공신학적 영역에서 변증은 세상과 소통하기 위한 중요한 선교적 언어로 인식된다. 변증(apologetics)은 불신이 가득한 세상에서 기독교를 효과적으로 전달할 뿐만 아니라 현대 문화 속에서 중요한 궁극적 질문들과 기독교를 연결하는 매개체가 되어 변증을 포함하여 균형 잡힌 접근을 통해 효과적인 복음 전도가 이루어진다. 변증은 기독교 진리의 합리성을 입증하며 선교적 언어는 메시지를 효과적으로 전달해 상호 이해와 신뢰를

25) 윤철호, 『한국교회와 하나님 나라를 위한 공적 신학』 (서울: 새물결플러스, 2019), 329-330.

26) Ibid., 16.

형성한다. 또한 불신이 만연한 사회에서 기독교에 대한 질문과 반론에 효과적으로 대응할 수 있다.

그리스도인이 간혹 간과하는 것은 복음이 전체 맥락을 상실한 채 일방적으로 선포될 경우 왜곡과 변질의 가능성이 있다는 점이다. 일방적 복음 이해를 가진 교회와 그리스도인에게 하나님 나라의 선교는 오직 예수 그리스도 안에서 구속의 복음을 전함으로 개인 영혼을 구원하는 행위로 이해된다. 여기서 하나님의 뜻이 이루어지는 하나님 나라 샬롬을 이 세상에 구현하기 위한 교회와 그리스도인의 사회적 실천은 선교의 본질적인 요소가 아니라 부차적인 요소로 간주된다. 결과적으로 복음과 사회적 책임은 분리되며 차등화된다. 즉 사회적 책임이 없어도 복음 자체에는 전혀 문제가 되지 않지만 복음이 없으면 사회적 책임은 아무런 의미를 가지지 못한다.

그러므로 오늘날 개인의 영혼 구원을 위한 구속의 복음만을 복음으로 생각하고 이 복음만을 강조하는 한국교회가 복음에 대한 온전한 이해 아래 통전적 선교의 사명을 수행하기 위해서는 하나님 나라의 복음을 위해 하나님 나라의 선교를 새롭게 이해할 필요가 있다. 따라서 공공신학적 영역에서 선교적 언어는 한쪽으로 치우친 일면적 이해를 가진 교회와 그리스도인에게 통전적 선교를 위한 사회적 책임이 곧 선교적 언어의 행위적 표현임을 이해하도록 돕는다. 결국 선교적 언어는 개인의 영혼 구원과 사회적 책임을 연결하며, 이를 통해 복음 전도의 메시지를 공공의 담론 속에 통합하는 역할을 한다.

4. 하나님 나라를 위한 선교적 언어의 실제

그리스도인이 선교적 언어에 유창하게 되면 세상과 소통하기 위해 노력하며, 일방적인 복음 전도가 아니라 다양한 문화와 배경을 가진 사람들을 포용과 환대로 맞이하게 될 것이다. 복음을 전하는 노력은 사적 영역과 공적 영역을 아우르며, 하나님 나라 샬롬을 추구하는 선교적 언어는 복음 전도의 대상을 가리지 않는다. 무엇보다 선교적 언어는 추상적이고 불확실한 것이 아니라 구체적이고 명확해야 한다. 여기서 중요한 것은 그리스도인이 불신자들 사이에서 서로 다른 문화적 이해를 바탕으로 하는 선교적 언어가 하나됨을 메우는 피벗 언어(Pivot Language)가 될 것인가 하는 점이다.[27] 선교적 언어가 세상을 향해 선포될 때 종교적 언어로만 구사된다면 복잡하고 다양하며 빠르게 변화하는 문화에서는 반쪽짜리 대화에 그칠 것이다.

1) 고백적 언어

하나님 나라를 위한 선교적 언어의 실제로서 고백적 언어는 그리스도인이 하나님 나라의 가치와 진리를 세상에 드러내고 선포하는 방식, 즉 신앙고백의 언어를 의미한다. 이는 단순히 개인적인 신앙을 표현하는 것에 그치지 않고 하나님의 통치와 하나님 나라 샬롬을 삶과 사회 속에서 증언하고 실천하며 신앙의 핵심 진리를 표현하고 선포하는 언어라고 정의할 수 있다. 앞서 주장한 바와 같이 고백적 언어는 개인의 내적 신앙만을 드러내는 것이 아니

27) 안정도, "언어의 전환: 교회, 행복, 사회적 자본," 황인성 외 7인, 『문명 전환기에 선 교회의 변화』 (서울: 동연, 2024), 91-94 .

라 하나님 나라라는 구속사적이고 공동체적인 비전을 삶의 모든 영역에서 선포하는 공적인 고백도 포함한다.

이처럼 고백적 언어는 단순히 종교적 언어를 넘어선 의미를 지닌다. 성경에는 고백의 중요성과 영향력이 여러 곳에서 강조되는데, 그것은 개인의 믿음을 드러내는 행위이자, 믿음을 따라 살겠다는 결단이다. 예를 들어 베드로는 "주는 그리스도시요 살아계신 하나님의 아들이시니이다"(마 16:16)의 고백을 통해 예수님을 '그리스도,' '하나님의 아들'로 선언했다. 이는 예수님을 선지자로 환호한 대중과는 다르게 하나님의 목적을 성취할 자로 고백한 것이다.[28] 이후 베드로는 예수님의 가르침을 받아 초대 교회를 이끄는 중요한 지도자가 되었다. 또한 바울은 "미쁘다 모든 사람이 받을 만한 이 말이여 그리스도 예수께서 죄인을 구원하시려고 세상에 임하셨다 하였도다 죄인 중에 내가 괴수니라"(딤전 1:15)라고 고백했다. 이는 그가 과거 그리스도인들을 핍박하던 삶에서 예수 그리스도로 말미암아 새로운 피조물로 변화된 삶으로 복음을 전하는 사도가 되었음을 보여준다. 이처럼 성경 속 믿음의 고백들은 그들의 신앙과 삶 전체를 변화시켰다. 이러한 의미에서 고백적 언어는 단순히 말 이상의 영적 의미를 지니며 그리스도인들의 신앙과 삶을 이끄는 중요한 행위를 나타낸다.

또한 고백적 언어는 그리스도인 삶의 변화와 간증을 통해 구체적으로 나타난다. 예수 그리스도를 믿음으로 구원받은 하나님 자녀로서 변화된 삶을 고백하며, 그 삶을 통해 하나님 나라 샬롬을 살아가는 삶의 자리에서 고백적 언어를 구현한다. 고백적 언어는 그리스도인의 삶 속에서 이웃을 향해 베푸는 하나님의 사랑과 용서를 통해 자신의 신앙을 공적으로 고백하며 선

28) R.T. 프랜스/권대영·황의무 역, 『마태복음』 (서울: 부흥과개혁사, 2019), 726-727.

교적 삶의 중심에 자리 한다.

빠르게 변하는 현대 사회에서 기존과 다른 방식의 커뮤니케이션의 시도로 새롭게 등장한 이머징 교회 운동은 시대에 따라 새롭게 등장하는 세대들의 문화와 관계를 맺으며 새로운 선교적 언어를 만들어 낸다. 이머징 세대는 객관적인 진리보다는 자신의 견해와 경험에 근거한 주관적인 진리를 중요시하는 경향을 보인다. 이들과 소통하기 위해서는 논리적이고 거창한 설명보다, 감성적인 이미지와 미디어 등 다양한 방법을 활용해야 한다.

따라서 고백적 언어가 현대 사회에서 더 효과적으로 선포되기 위해서는 다음과 같은 노력이 필요하다. 첫째는 문화적 이해와 소통 방식의 변화다. 현대 사회는 다양한 문화와 가치관이 공존하는 다원화된 사회다. 고백적 언어를 효과적으로 선포하려면 현대 문화와 사람들의 가치관을 이해하고, 그들이 공감할 수 있는 방식으로 복음을 전하는 것이 중요하다. 예를 들어 오늘날 MZ세대 뿐만 아니라 중년층도 대부분 디지털 플랫폼을 활용해 소통한다. 소셜 미디어와 유튜브 등 다양한 디지털 매체를 통해 고백적 언어를 전달하는 새로운 소통 방식을 활용할 수 있다. 둘째는 삶으로 증거하는 신앙이다. 그리스도인이 실천적 삶 없이 말로만 복음을 선포한다면 복음 전도는 당연히 제한적일 수 밖에 없다. 세상은 그리스도인의 삶에서 복음의 진정성을 찾는다. 사회적 문제에 대해 책임 있는 태도는 그리스도인의 신앙고백에 더 큰 설득력을 부여한다. 셋째는 고백적 언어를 효과적으로 선포하기 위해서는 대화와 관계 중심의 소통 방식이 필요하다. 종교적 단어로 선포하는 언어가 아니라, 대화 속에서 복음을 나누고 상대방의 이야기를 경청하는 진정성 있는 커뮤니케이션이 개인적 간증을 나누는 선교적 언어가 된다.

2) 공동체적 언어

오늘날 개인주의가 만연하고 공동체의 가치가 축소, 소멸 되는 상황은 오히려 공동체의 중요성을 부각시키는 요인이 된다. 개인은 분열된 정체성과 실존적 불안정성으로 인해 혼란과 고립이 심화 되고, 생존을 위한 치열한 경쟁은 삶의 피로도를 가중시킨다. 또한 전쟁터와 같은 경쟁 사회에서 모든 것을 혼자 해결해야 하는 개인은 외로움과 고독이 더욱 심화될 수 밖에 없다. 이로 인해 현대인의 고독은 '자기 자신에 대한 불만스러움으로 인한 자신으로부터의 소외'와 '자기 자신을 내어줄 상대를 찾지 못하는 관계적 헌신의 공백'이라는 특징을 가진다.[29] 또한 현대인들은 진정성 있는 관계에 대한 갈급함과 욕구들이 날로 커지고 있으며, 자신들의 이야기를 들어주고, 고민과 필요를 이해하며 격려해 주는 관계를 갈망한다.

실제로 많은 사람들은 온라인 커뮤니티를 통해 다양한 활동과 관계를 형성하는데 대부분의 사이버 공간에서는 개인이 중심이 되며, 자신의 기호와 관심에 따라 가입과 탈퇴가 이루어진다. 이처럼 사이버 공간에서의 관계는 믿음과 신뢰, 사랑과 헌신으로 유지되는 관계가 아니라 개인의 만족과 호기심에 기초한 공동체라고 할 수 있다. 여기에서 우리는 중요한 선교적 접촉점을 발견할 수 있다. 즉 인간 스스로가 가진 한계와 그 한계 속에서 결코 극복할 수 없는 지점이 있다는 것이다. 이는 바로 파편화되고 죄로 물든 세상이 가진 한계이며, 극복될 수 없는 연약함이 그 안에 내재되어 있음을 뜻한다. 이런 문제점을 극복하기 위해 교회 공동체는 선교적 공동체로서 진정한 소속감과 하나 됨에 대한 소망을 제시해야 한다. 이때 사용되는 언어는

29) 김선일, 『전도의 유산』, 88.

공동체적 언어가 된다. 선교적 공동체는 개인 간의 긴밀한 유대와 상호 이해를 바탕으로 서로의 삶과 경험을 나누고 공감하는 언어가 필수적이다. 관계 중심의 언어는 공동체의 결속을 강화하고, 서로 다른 삶의 배경을 이해하며, 그들의 아픔을 공감할 수 있게 한다. 그래서 레슬리 뉴비긴은 "복음의 유일한 해석자는 바로 복음을 믿는 회중의 삶"이라고 주장한다.[30] 그만큼 기독교 공동체는 복음을 이해하고 해석하는 중요한 매개체 역할을 한다.

다원주의와 세속화된 세상에서 많은 사람이 진정한 공동체를 경험할 수 있는 방법은 무엇일까? 아리스토텔레스는 인간을 '사회적 동물'이라고 정의했다. 인간은 혼자서는 살 수 없으며, 다른 사람들과 더불어 살아갈 때 비로소 자신의 가치와 참된 행복을 발견할 수 있다. 또한 소통의 도구인 언어(대화)는 사회적 상호작용을 가능하게 하며 인간의 사회성을 형성하는데 기여한다. 이런 의미에서 복음에 익숙하고 선교적 언어를 유창하게 구사하려면 어디서 무엇을 하든지 어떤 상황 가운데 있든지 예수 그리스도와 진리를 끊임없이 말하는 선교적 공동체의 중요성을 결코 간과할 수 없다. 성경에서 예수님의 기도(요 17:21)를 살펴보면, 기독교 공동체의 형성이 세상으로 하여금 하나님을 믿게 하는 증거의 방식임을 알 수 있다. 선교적 공동체는 하나 됨과 거룩한 사랑의 공유를 통해 세상을 향해 예수 그리스도를 선포하는 선교적 언어로 작용한다. 또한 바울의 사역에서 기독교 공동체는 핵심적인 요소였음을 발견할 수 있다. 바울은 선교 여행을 통해 공동체를 세우고, 이를 하나님과의 관계 회복뿐 아니라 사람들 사이에서 인격적 관계가 형성되는 것으로 이해했다.[31] 특히 바울을 통해 세워진 교회 공동체의 중심은

---

30) 레슬리 뉴비긴/홍병룡 역, 『다원주의 사회에서의 복음』, 427.

31) 로버트 뱅크스/장동수 역, 『바울의 공동체 사상』 (서울: IVP, 2007), 61.

가정이었으며, 가정에서 사용하는 가족적 언어는 공동체적 언어를 반영한다고 할 수 있다.

결국 공동체의 핵심이라고 말하는 하나님 나라는 개인주의적 관점에서 해명될 수 있는 것이 아니며, 그리스도인은 세상에서 선교적 언어를 증거하기 전에 먼저 그것을 경험하고 누려야 한다. 그러므로 공동체적 언어는 "이 세대를 본받지 말고 오직 마음을 새롭게 함으로 변화를 받아야"(롬 12:2)하며 세상과 구별된 공동체적 언어가 되어야 한다. 즉 그리스도인이 교회 안과 밖에서 세상적 삶의 표현으로서 언어를 사용하는 것이 아니라 세상과 구별된 공동체적 언어 자체가 세상을 향한 공적 증언이 된다.

3) 일상적 언어

오랜 시간 신앙생활을 해온 그리스도인이라 해도 어떤 면에서는 불신자일 수 있다. 왜냐하면 우리 삶의 특정한 부분에서는 여전히 하나님을 믿지 못하고 있기 때문인데 많은 그리스도인이 복음을 단지 영혼을 구원하는 능력으로만 믿고, 삶을 변화시키는 능력으로는 경험하지 못하고 있기 때문이다. 그러나 복음은 일상 속에서 지쳐 살아가는 그리스도인들의 삶을 변화시키는 하나님의 능력임을 부인할 수 없다. 복음은 삶의 모든 영역에 적용되어야 할 진정한 좋은 소식이다. 그럼에도 우리는 선교적 언어에 유창해지기보다 세상의 언어와 그 언어가 담고 있는 문화에 익숙해져 버렸다. 누구나 경험하지만 새로운 언어를 배우는 것은 결코 쉽지 않다. 외국어를 배울 때처럼 단어를 외우고 문법을 안다고 해서 언어를 빠르게 습득할 수 있는 것은 아니다. 선교적 언어에 익숙하고 유창해지려면 많은 노력을 기울여 연습하고 암기하며 말하기를 반복해야 한다.

그리스도 안에서 하나님의 은혜로 구원을 받았기에 우리의 일상적 언어는 생명의 언어가 되어야 한다(엡 4:29). 성경은 말의 중요성을 언급하며 인간으로 하여금 말의 무서움을 깨닫게 한다. 예를 들어 "칼로 찌름 같이 함부로 말하는 자가 있거니와 지혜로운 자의 혀는 양약과 같으니라"(잠 23:18), "노하기를 더디 하는 사람을 크게 명철한 자"(잠 14:29)라고 말씀한다. 때론 인간이 화를 내는 것과 하나님의 진노를 잘못 비교하기도 한다. 인간의 화는 죄를 짓게 하지만 하나님의 진노는 죄와 불의를 대상으로 하며 언제나 공의롭다. 따라서 그리스도인의 일상적 언어가 저속하다면 이는 세상으로부터 하나님의 영광을 가로막는 일이 될 것이다. 반대로 생명의 말을 할 때 우리의 신앙과 그리스도를 설득력 있게 증언할 수 있을 것이다.

또한 바울은 에베소서 4장 29절에서 에베소 교회에 나쁜 소식을 전하지 말고 복음에 합당한 말, 즉 생명의 말을 하라고 권면한다. 오늘날 현대인들이 말에서 얼마나 많은 실수를 범하는지를 생각해 본다면, 말하기 전에 다음과 같은 질문을 던져볼 수 있다.

· 지금 내가 하려는 말이 생명의 말인가? 아니면 죽음의 말인가?

· 이 대화를 통해 하나님께서 영광 받으실 수 있는가?

· 지금 이 대화의 주도권은 나 자신에게 있는가, 아니면 하나님께 있는가?

· 이 대화는 시간을 낭비하는 대화인가, 아니면 의미 없는 대화인가?

우리는 복음이 일상의 삶에서 생명의 말로 어떻게 드러나는지에 대해 질문해야 한다. 복음의 핵심은 예수 그리스도의 이타성(利他性)에 있다. 이것을 우리는 그리스도의 성육신(incarnation)이라 부른다. 성육신은 하나님이신 예수 그리스도께서 인간을 구원하시기 위해 육신의 몸을 입고 이 세상에 오신 사건을 뜻한다. 예수님은 죄로 인해 멸망할 수 밖에 없는 자기 백성을 구원하기 위해 자신의 모든 권리를 포기하고 낮고 천한 땅에 인간으로 오셨다. 예수님은 세상이 생명을 얻을 수 있도록 자신의 생명을 내려놓으셨다. 따라서 생명의 언어는 이타적으로 다른 사람을 중심에 두고 복음을 담아낸다.

여기서 중요한 사실은 일상적 언어와 선교적 언어는 서로 영향을 주고받는 관계성을 통해 그리스도인 삶의 변화와 영적 성장을 확인할 수 있다는 점이다. 우선 선교적 언어가 일상화되는 과정을 통해 일상적 언어에 영향을 미친다. 오랜 기간 동안 선교적 언어의 일부 표현들이 일상 대화에 자주 사용되면서 점차 일반화된다. 예를 들어 '하나님의 은혜' '사랑' '소망' '구원'과 같은 기독교 용어들이 일상적 언어에 스며들어 개인과 공동체에 영향을 미친다. 반대로 일상적 언어 또한 선교적 언어에 영향을 미친다. 성육신적 선교적 삶은 배타적이고 다문화적인 상황 속에서 효과적인 소통을 위해 일상적 언어를 사용하며 이를 통해 선교적 언어에 일상적 언어의 요소가 스며들게 된다.

따라서 일상적 언어는 시대와 사회 변화, 즉 산업화와 과학 기술의 발달로 인해 새로운 개념과 용어를 지속적으로 포함하게 되는데, 이는 선교적 언어에도 영향을 미쳐 현대적인 개념과 표현이 반영되도록 한다. 최근에는 문화 간 교류와 상호 이해의 중요성이 커지면서 일상적 언어와 선교적 언어가 서로 영향을 주고 받고 있다. 다문화 사회에서는 다양한 문화와 종교가 공존하며, 이에 따라 일상적 언어와 선교적 언어가 서로의 요소를 수용하고 보다 포용적이고 다양한 언어적 표현으로 발전한다.

4) 복음적 언어

오늘날 구두로 복음을 전하는 것에 회의적인 시선을 보내는 그리스도인들이 있다. 이는 복음 전도를 단지 '선포'라는 관점에서만 생각하기 때문에 기독교에서 강조하는 언행일치의 믿음과 다소 동떨어져 보인다. 그러나 복음 전도는 많은 그리스도인들이 알고 있는 것처럼 단지 그리스도를 모르는 사람들에게 복음을 전하는 것만을 의미하지 않는다. 오히려 세상을 향해 선포된 복음은 단순히 성경 지식을 전달하는 것을 넘어 그리스도인의 증거적 삶과 함께 복음적 언어가 선포된다. 또한 복음적 언어는 예수님의 좋은 소식과 그분 안에서 하나님이 이루신 것들을 전하는 것이며, 이 땅에서 사역하시며 요청하신 회개, 믿음, 순종으로 반응하도록 예수님께로 초청하는 것을 포함한다.

성경은 하나님의 아들 예수 그리스도가 인간의 죄를 사하시기 위해 십자가에 못 박혀 죽으셨다가 삼일 만에 부활하셨다는 복음의 메시지를 전한다. 복음적 언어는 이 복음 메시지를 세상이 이해할 수 있는 방식으로 명확하고 설득력 있게 전달하는 것을 목적으로 하는데, 복음적 언어를 효과적으로 전달하기 위해서는 다음 세 가지가 필요하다. 첫째는 성경적 진리에 충실해야 해야 한다. 둘째는 청중의 상황과 문화를 고려해 그들이 이해할 수 있는 언어로 표현해야 한다. 셋째는 실천적인 적용점을 제시해 삶의 변화를 촉구해야 한다.

예를 들어 마가는 마가복음 1장 1절에서 '복음'이라는 단어가 유대인들에게는 이스라엘의 하나님에 대한 좋은 소식을 상기시키는 한편, 제국의 화려한 선전과 관련한 좋은 소식만을 알고 있던 이방인들에게도 친숙하게 다가갔을 것이라고 본다. 마가복음 전체를 '복음의 시작'으로 이해할 때, 마가는 모든 나라에 좋은 소식을 전하는 과정이 예수님의 모든 사역을 통해 계속된다고 주장한다.[32] 복음은 단순히 황제가 주장하는 시민사회에서의 인기나 전쟁에서의 승리와 같은 성취에 관한 것이 아니다. 오히려 제자들의 선포는 역사 속에서 눈으로 목격된 공적 사건을 통해 살아계신 하나님이 행하신 일에 관한 것이다. 복음은 이미 일어난 사건을 알리는 것으로, 사람들이 알아야 하고 그에 적절하게 반응할 때 유익을 얻게 되는 어떤 일을 좋은 소식으로 알리는 것을 가리킨다. 결국 복음은 예수님에 관한 이야기로, 예수님은 마가가 전하는 좋은 소식의 대상이자 본질이다.[33]

복음은 나사렛 예수 그리스도의 삶과 죽음, 부활이라는 역사적 사건을 좋은 소식으로 선포하는 것이다. 하나님은 오직 예수 그리스도를 통해서만 자신의 나라를 세우시며, 세상의 구원 계획을 이루어 가신다. 복음은 하나님께서 그리스도의 십자가 위에서 아들의 모습으로 우리를 대신해 우리의 죄로 인한 심판을 몸소 짊어지셨음을 선포한다. 여기서 우리는 복음적 언어가 '속죄'를 중심으로 하고 있음을 확인할 수 있다. 속죄는 인간의 언어로 완전히 정의하거나 연구하는 것은 인간의 능력을 초월하는 일이다.[34]

구약성경에서 '속죄'는 히브리어 어간 '카파르'(כפר)의 공통적인 번역이며, 실제로는 '씻다' '제거하다' '정화하다' 등을 의미한다. 속죄의 개념은 어떤 사람이 관대함을 베풀어 한 노예를 그의 주인으로부터 구속하는 것을 묘사한다. 피는 속죄를 이루는 핵심적인 요소다(히 9:22). 따라서 예수 그리스도께

32) Eckhard J. Schnabe, *Mark* in Tyndale New Testament Commentaries (London: Inter-Varsity Press, 2017), 38.

33) 니제이 굽타/박장훈 역, 『신약 단어 수업』 (서울: IVP, 2024), 49-55.

34) 로버트 E. 콜만/서진희 역, 『다시 복음의 핵심으로』 (서울: 넥서스, 2012), 189-190.

서 십자가에서 흘리신 보혈의 피는 복음의 중심에 있다.

[illegible] 복음의 궁극적 목적은 머지않은 미래의 것이 아니며, 인간의 칭의와 함께 이미 실현되기 시작한 것이다. 예수 그리스도의 부활은 모든 세대와 사회 계층, 그리고 모든 민족이 하나님의 가족이 되는 메시아적 시대의 시작을 알리는 신호탄이라 할 수 있다. 예수 그리스도의 십자가의 죽음과 부활은 어둠의 시대와 빛의 시대, 옛 시대와 새 시대의 전환점이며, 새 시대의 근거이자 전제다. 십자가에 달려 죽은 예수님의 부활을 통해 죄와 죽음의 세력은 깨어지고, 하나님의 생명(엡 4:18)이 충만한 세계, 곧 하나님 나라가 시작되었다.

따라서 복음적 언어는 그리스도를 믿는 신앙과 분리될 수 없다. 한국에서 열린 4차 로잔대회 서울 선언을 입안한 크리스토퍼 라이트는 복음의 본질에 대해 '복음 전도의 우위성'보다 '복음의 중심성'을 선호한다고 주장한다.[35] 이는 복음 전도가 아니라 복음 그 자체가 구원에 이르게 하며, 다른 모든 것을 묶고 통합하는 하나님의 능력이기 때문이다. 그리고 복음적 언어는 하나님 말씀 속 진리와 권위를 통해 영적 변화를 일으키고, 삶을 변화시키는 하나님의 능력을 근간으로 한다.

5) 사회적 언어

오늘날 탈현대화와 함께 탈종교화 현상이 가속화되면서 '종교를 가지고 있는가?'라는 질문에 긍정적으로 답하는 비율이 갈수록 낮아지고 있다. 주

---

35) 크리스토퍼 라이트/정효진 역, 『하나님의 선교, 세상을 바꾸다』, 128.

요 원인 중 하나는 기성 종교에 대한 실망과 종교가 자신의 영적 욕구를 충족시켜 줄 것이라는 기대를 접었기 때문이라는 지적이 공통적으로 제기된다. 또 다른 이유로는 최근 목회자들이 자신의 신앙이나 정치적 입장을 정부 행사, 시위, 집회 등 공적 자리에서 선교적 언어로 표현했다가 지역 사회에서 반발을 샀던 경우를 들 수 있다. 과거에도 기독교 계열 학교에서 종교 행사나 교육 과정에 기독교 용어와 의식이 반영되었을 때 타 종교를 믿거나 또는 무종교인 학생들이 이의를 제기하며 논란이 일었던 사례가 있었다. 이처럼 선교적 언어가 기독교의 가치와 신조를 반영하면서 타 종교를 믿거나 무종교인 사람들에게 소외와 차별을 초래하기도 했다. 따라서 선교적 언어를 사회적 언어로 활용하기 위해서는 이러한 갈등 사례를 면밀히 분석하고 개선 방안을 모색할 필요가 있다.

선교적 언어의 과도한 사용은 사회 구성원 간 갈등과 분열을 초래하여 사회 통합에 부정적인 영향을 끼칠 수 있다. 다문화 사회에서 선교적 언어가 과도하게 사용되면 종교적 다양성을 인정하지 않고 특정 종교를 우위에 두는 것으로 비춰질 위험을 초래하며, 이는 종교 차별과 부당한 대우로 이어질 수 있다. 따라서 선교적 언어가 사회 통합에 미치는 부정적 영향을 최소화하려면 다음과 같은 노력이 필요하다. 첫째는 사회적 언어가 선교적 언어로 자리 잡으려면 상호 존중과 이해의 폭을 넓히고, 선교적 언어에 대한 편견과 오해를 줄여야 한다. 또한 다양한 문화와 타 종교를 향한 개방적이고 보편적인 태도를 지녀야 한다. 둘째는 신앙 교육과 공적 영역에서 종교적 활동을 통해 사회적 인식을 제고하고, 이를 바탕으로 실천을 유도하는 노력이 병행되어야 한다. 사회적 가치를 선교적 언어에 반영하려면 국가적 차원에서 제도적이고 정책적인 프레임워크(framework)가 마련되어야 한다.

다문화적 사회에서 선교적 언어는 여러 갈등과 오해를 불러일으킬 수 있다. 그러나 복음은 [illegible] 우리의 삶과 사회 모든 영역에 실질적인 영향을 끼치며, 우리가 예수 그리스도께 영광을 돌리며 살아가야 할 방향을 제시하는 청사진이다. 따라서 탈종교화 시대에서 복음은 '받아들이든지 거부하든지'와 같은 극단적인 방식으로 제시되어서는 안 된다. 이에 대해 레슬리 뉴비긴은 『헬라인에게는 미련한 것이요』에서 '수용자 문화의 언어'를 말하는데, 이는 현대 사회에서 통용되는 언어의 이해 방식을 의미한다.[36] 복음이란 곧 육신이 된 말씀에 관한 것이다. 현대 사회에서 일상적으로 사용되는 언어적 표현은 모두 해당 언어가 속한 문화에 의해 확정된다. 복음을 듣고 교회에 출석하게 된 사람들은 보통 자신의 일상적 삶과 언어가 교회의 문화와 다르다고 느낀다. 그리스도인들은 자신이 세상 문화와 가깝다고 생각하지만 세상은 교회와 문화적으로 큰 간격이 있다고 느낀다. 따라서 복음은 현대 사회의 문화와 그에 속한 사람들의 삶의 상황에 맞게 해석되어야 한다. 이를 위해 일상에서 사용하는 언어를 끈기 있게 설명하려는 노력이 필요하다.

결론적으로 선교적 언어와 사회적 언어의 조화로운 공존은 다종교, 다문화 사회에서 사회 통합과 화합을 이루기 위한 핵심 과제다. 선교적 언어의 과도한 사용은 사회적 갈등과 분열을 초래할 수 있다. 그러나 선교적 언어가 포용적이고 균형 잡힌 방식으로 사용된다면 이는 사회적 언어에 문화 다양성과 사회 통합의 가치를 더하는 데 기여할 수 있다. 사회 구성원 간의 이해와 소통이 중요하지만 궁극적으로 복음의 진리와 영적 가르침이 필수적이다. 따라서 사회적 언어와 더불어 선교적 언어를 통해 진정한 영적 변화와

36) 레슬리 뉴비긴/홍병룡 역, 『헬라인에게는 미련한 것이요』, 14-18.

지역 사회 통합을 이루어야 한다.

6) 정치적 언어

현대인이 오늘날 가장 익숙하게 느끼는 단어 중 하나는 바로 '갈등'과 '분쟁'이다. 미디어와 SNS에서 정치인들이 자신의 의견을 주장하며 다투는 장면은 정치와 사회의 암울한 현실을 드러낸다. 정치와 사회적 영역에 대한 기독교의 입장은 일반적으로 두 가지 주장으로 병립한다. 첫째는 교회는 정치 문제에 적극적으로 참여해야 한다는 입장이다. 둘째는 교회의 역할은 복음 전파와 영혼 구원에 국한되어야 한다는 주장이다. 교회가 정치에 관여하지 말아야 한다는 주장에 대해 레슬리 뉴비긴은 "인간의 삶을 사실 중심의 공적 세계와 가치 중심의 사적 세계로 나누는 계몽주의 이후의 이분법과 분명히 맥을 같이 한다"고 말한다.[37] 그리스도인은 정치와 종교, 성과 속을 구분하는 이분법을 다시 성찰해야 한다. 이는 교회가 본질적으로 선교적 사명을 가지고 있기 때문인데 복음을 들어야 할 세상은 자기 삶의 세계로부터 분리된 채 존재할 수 없으며, 하나님의 백성인 그리스도인은 자신들이 처한 삶의 세계에서 복음에 대한 공적 증언의 책임을 지고 있다.

교회가 하나님의 말씀, 즉 선교적 언어를 공공의 삶에서 어떻게 선언할 것인가는 매우 중요한 문제다. 예수님의 삶 전체를 살펴보면 하나님 나라 선언과 이 땅에서 일어나는 정치적 문제에 관여하셨음을 알 수 있다. 사실 우리 삶에서 정치적 현실은 하나님 나라의 영적 현실과 긴밀히 연결되어 있음을 부정할 수 없다. 오늘날 좌파와 우파의 이념적 분리가 극에 달한 정치

37) Ibid., 124.

적 상황에서 강단과 광장에서 선포되어야 할 선교적 언어로서의 정치적 언어가 무엇인지에 대해 많은 고민이 필요하다. 이런 상황에서 종교는 언제나 사회의 일부로서, 사회의 한 현상으로 존재해 왔다. 기독교는 의도와 상관없이 정치, 사회, 문화 등 모든 영역에 큰 영향을 미쳤으며, 동시에 그것들로부터 영향을 받기도 했다. 그러나 서구 근대 이후 오랜 관습의 결과물인 '기독교 세계'(Christendom)의 영향으로 종교는 사회적 영역에서 추방되었다. 종교는 개인의 사적이고 내면적인 영역으로 추방되었고 이에 따라 종교적 언어는 공동체 안에서만 전승되고 사용될 뿐 공적 영역에서는 기능을 상실하게 되었다.

성경에서 예수님이 정치에 관여하지 않으셨다고 주장하는 사람들은 예수님이 로마 제국의 불의에 저항하지 않았기 때문에 정치적 의제를 갖고 있지 않다고 말한다. 이들은 예수님의 메시지를 하나님, 개인적 신앙, 선한 행위 그리고 하나님 나라에 대한 것에 국한된다고 받아들이며 정교분리(政教分離)를 주장하기도 한다. 그러나 성경을 읽을 때 유대인이나 종교 지도자들이 예수님의 메시지를 위협으로 여겼다는 점은 예수님의 정치성을 간과하는 것이다. 종교 지도자들이 예수님을 향해 적개심을 드러내는 것을 넘어 그를 죽음에 이르게 하기 위해 수단과 방법을 가리지 않았다는 사실은 성경을 통해 확인할 수 있다. 예수님의 하나님 나라 선포는 당시의 경계를 허물고 금기를 깨며 기존 사회 질서와 계층을 뒤집어엎는 방식으로 사회적 통념을 전복시켰다.[38] 또한 예수님은 무력 사용을 거부하면서 동시에 무력을 사용하는 자들을 정죄하신 독특한 선택을 통해 정치적 연관성을 가진 행동을 보여 주셨다.[39] 이처럼 예수님은 철저히 군림하지 않는 종의 모습을 보여 주셨으며 그의 십자가 처형은 분명 정치적 처벌이었다. 그러나 하나님과 원수였던 인간이 예수 그리스도로 말미암아 화목을 이루고 구원받은 자가 되었다는 사실은 아이러니하다.

오늘날 국가가 다문화적 배경과 종교다원주의로 이루어진 공동체이며 자유주의 경제 체제 아래 각 종교가 공적 광장에서 자신의 목소리를 낼 권리를 인정받아야 한다. 즉 국가는 모든 종교성을 가진 공동체를 공평하게 대해야 하며, 각 종교는 공적 영역에서 자유롭게 자신의 목소리를 낼 수 있어야 한다. 윤철호는 미로슬라브 볼프(Miroslav Volf)의 '정치적 종교다원주의'(religious political pluralism)에 대해 "그리스도인은 공적 영역에서 자신의 목소리를 낼 권리가 있는 것처럼, 타 종교인 역시 그들의 목소리를 낼 권리를 인정해야 한다"고 주장한다.[40] 이처럼 정치적 종교다원주의에서 기독교가 자신의 목소리를 강력히 주장해야 하는 이유는 두 가지다. 첫째는 하나님의 사랑을 바탕으로 예수 그리스도가 죄인을 위해 자신을 희생하며 보여 주신 관대함과 자비 때문이다. 둘째는 기독교 정체성의 본질에 관련된 문제다. 이때 정치적 언어는 하나님 백성으로서 사회 구성원 모두가 공감할 수 있는 보편적 가치와 진리를 선언하는 역할을 한다.

따라서 선교적 언어는 정치 권력과 지배 관계에 상당한 영향을 미친다. 이는 보편적 가치와 진리를 바탕으로 종교적 수사와 상징을 활용해 청중의 감정과 정서에 호소함으로써 정치인이 대중의 지지를 얻고 정치적 영향력을 확대할 수 있기 때문이다. 반면 정치인의 배타적이고 편향된 발언은 사회 갈등과 분열을 초래하며 국민 통합에 부정적인 영향을 미친다. 그 이유는 특정

38) 크리스토퍼 라이트/정옥배·한화룡 역, 『하나님의 선교』, 389-390.

39) 존 하워드 요더/신원하·권연경 역, 『예수의 정치학』 (서울: IVP, 2013), 192-193.

40) 윤철호, 『한국교회와 하나님 나라를 위한 공적 신학』, 350-351.

집단이나 계층을 차별하거나 배제하는 발언이 그들을 소외시키고 반목을 조장할 수 있기 때문이다. 또한 상대방을 비방하거나 폄하하는 언행은 서로 간의 불신을 조장해 갈등을 악화시키며, 더 나아가 배타적인 발언은 사회 구성원 간 갈등과 단절을 초래하게 되는데 정치적 언어는 모든 국민을 포괄하는 포용적 언어로 표현되어야 한다. 서로 다른 의견과 입장을 존중하며, 상대방을 배제하지 않는 태도는 사회와 국민의 통합을 가능하게 한다.

7) 환경적 언어

최근 일상생활에서 자연환경을 보존하려는 다양한 사회 운동이 활발히 전개되고 있다. 여러 대중 매체를 통해서 익숙하게 듣게 되는 것 중 하나가 바로 탄소중립이다. 탄소중립이란 "대기 중 온실가스 농도 증가를 막기 위해 인간 활동에 의한 배출량을 감소시키고, 흡수량을 증대하여 순 배출량이 '0'이 되는 것'을 말하며 혹은 '넷제로'(Net-Zero)"라고도 불린다.[41] 우리나라도 국제사회의 노력에 동참하고자 2020년 10월 28일 '2050 탄소중립 선언'과 12월 10일 '2050 탄소중립 비전'을 선포했다.

이처럼 자연 생태계의 위기는 어제, 오늘만의 문제가 아니다. 전 세계적으로 생태계 보존은 국가적 과제로 부상하고 있는데 특히 생태계 위기는 농촌 지역에서부터 본격적으로 시작된다. 신자유주의 경제 체계는 전통적 삶의 형태였던 농촌 공동체를 붕괴시켰으며 산업화로 인해 농촌 인구가 도시로 대거 유입되면서 농촌 사회는 점차 해체되고 있다. 동시에 고령화로 인해 농촌은 활력을 잃어가고, 농촌 인구의 감소는 자연히 자연 생태계 보존과 연결된다. 농촌을 중심으로 삶의 기반을 조성한 지역 주민들의 이주로 인해 빈집들이 많아지고, 농촌의 자연 감독관 역할을 했던 주민 수가 줄어들면서 결국 생태 마을의 파괴로 이어지게 되었다.

이런 상황에서 그리스도인뿐만 아니라 국민 개개인에게도 생태 보호와 지속 가능한 발전을 위한 실천적 노력이 요구된다. 특히 그리스도인들은 생태 문제의 심각성을 깨닫고 해결 방안을 찾기 위해 힘써야 한다. 이에 따라 선교적 언어로서 환경 언어가 주목을 받고 있다. 환경적 언어는 과학 지식과 윤리적 가치를 바탕으로 생태 문제를 대중들에게 설득력 있게 전달하는 역할을 한다. 예를 들어 일반 대중들을 대상으로 '리사이클링'(Recycling), '제로 웨이스트'(Zero waste) 그리고 '그린 라이프'(Green life)와 같은 일상생활에서 친숙하게 사용하는 단어들이 있다. 또한 목회 영역에서도 '생태 목회' 또는 '녹색 목회'(Green ministry)에 대한 각별한 관심과 실천이 요청된다. 이처럼 환경적 언어는 대중과 소통하며 생태 보호에 대한 공감대를 형성하고 행동 변화를 이끄는 선교적 언어로서 기능한다.

존 스토트나 레슬리 뉴비긴 등 에큐메니칼 신학자들은 피조 세계의 회복 또한 선교 과제에 포함시켜야 한다고 주장한다. 일부 복음주의 진영에서도 이러한 관점을 지지하는 사례를 찾을 수 있다. 크리스토퍼 라이트는 총체적 선교가 인간들만을 대상으로 한다면(이것이 설령 인간들을 총체적으로 포함한다 해도) 그리스도께서 화목하게 하시기 위해 피를 흘리신(골 1:20) 나머지 피조물들을 배제한다면, 그러한 선교는 결코 총체적인 것이 아니라고 주장한다.[42] 결국 하나님 나라 샬롬은 예수 그리스도의 말씀과 행동 안에 체현되

41) 탄소중립 정책포털, "탄소중립," https://www.gihoo.or.kr/menu.es?mid=a30101020000, (2024년 8월 2일 접속).

42) 크리스토퍼 라이트/정옥배·한화룡 역,『하나님의 선교』, 126.

며 인간과 모든 피조물의 구원과 해방을 가져오는 총체적 복음이다. 즉 총체적 복음은 개인적이고 공동체적이며, 영적이고 육체적이며, 역사적이고 종말론적이며, 문화적이고 자연적이며, 현세적이고 내세적인 모든 차원에서의 인간과 피조물의 구원과 해방을 가져온다. 이를 위해 단지 개인적 차원에서 죄 용서와 구원의 복음적 언어를 넘어 삶의 현장에서 하나님 나라 샬롬을 체현하는 선교적 생태 언어 또한 함께 선포되어야 한다.

그래서 인류가 직면한 생태 위기를 극복하고 다음 세대를 위해 지속 가능한 미래를 만들어가기 위해 환경적 언어는 단순히 환경에 대한 정보 전달 수단이 아니라 하나님의 선하신 뜻이 담긴 생태 존립을 위한 선교적 메시지를 담고 있다. 이 선교적 메시지의 내용이란 '하나님께서 창조하신 자연 만물을 보호하고 잘 가꾸는 것이 하나님의 형상으로 지음 받은 인간에게 주어진 하나님의 명령인 것'(창 1:26)으로, 이를 깊이 깨닫고 실천하기 위해 지속적인 관심과 노력이 필요하다.

8) 치유적 언어

언어는 단순히 정보를 전달하거나 커뮤니케이션을 위한 수단에 그치지 않는다. 특히 치유적 언어는 상처받고 고통받는 이들에게 큰 위로와 힘을 준다. 오늘날 세상은 사회적, 공동체적으로 갈등과 분열이 끊임없이 일어나고 있다. 이는 인간 내면에 깊은 상처를 남겨 서로를 불신하게 하고 관계 단절로 이어지기도 한다. 이런 상황에서 치유적 언어는 단지 개인적 영역에서의 사적인 주제가 아니라 사회정치적 영역에서, 더 나아가 하나님 나라 샬롬을 위해 중요한 역할을 한다. 특히 예수님께서 보여 주신 조건 없는 사랑과 십자가에서 드러난 용서의 메시지는 치유적 언어의 핵심이다. 이러한 실천은 인간의 모든 공적인 영역에서 구체화 되어야 한다.

성경은 치유적 언어의 기능에 대해 다양한 사례를 보여준다. 첫째는 병든 자를 고치시고 고통받는 자를 회복하게 하시는 치유의 힘이다. 시편 107편 20절은 "그가 그의 말씀을 보내어 그들을 고치시고 위험한 지경에서 건지시는도다"라고 말씀한다. 둘째는 치유적 언어는 죄사함을 수반한다. 예수님께서도 말씀과 행동을 통해 치유적 언어의 본을 보여 주셨다. 마가복음 2장 5절에서 "예수께서 그들의 믿음을 보시고 중풍 병자에게 이르시되 작은 자야 네 죄 사함을 받았느니라 하시니"라고 하신 말씀은 예수님께서 육체적 질병뿐만 아니라 영적인 상처까지도 치유하셨음을 보여준다. 셋째는 위로와 평안을 주는 치유의 기능이다. 마태복음 11장 29절은 "나는 마음이 온유하고 겸손하니 나의 멍에를 메고 내게 배우라 그리하면 너희 마음이 쉼을 얻으리니"라고 말씀한다. 이는 피곤하고 지친 개인뿐 아니라 사회정치적 관계와 같은 공적 영역에서도 치유의 말씀을 전해주신 사례로 볼 수 있다. 이렇듯 성경은 하나님의 말씀과 예수님의 가르침을 통해 치유적 언어의 신학적 기반을 제시한다. 치유적 언어는 하나님의 사랑과 은혜를 전하고 상처받은 영혼을 회복시키며 화해와 평화를 이루는 하나님 나라 샬롬의 실현 과정으로 이해할 수 있다.

그러므로 치유적 언어는 기독교 공동체만을 위한 내적 담론에 머물러서는 안 되며 사회정치적 영역에서도 이해 가능한 방식으로 소통되어야 한다. 교회의 성장과 부흥을 가져다주신 하나님의 은혜에 대해서는 주일마다 듣고 말하면서도 사회에서 일어나는 계층 갈등, 인종차별 등에 대해서는 관심을 가지지 않거나 이를 언급조차 하지 않는 현상이 종종 목격된다. 깨어짐,

분열, 차별, 분쟁, 폭력의 현실 속에서 치유적 언어의 실천은 자신의 변화를 포함하는 일상적 삶 속에서의 개인적 변화와 더불어 사회정치적 차원에서의 제도적, 관습적, 체계적 변화를 함께 요구한다. 치유적 언어는 상처받은 이들에게 큰 위로가 되고 영적인 회복을 돕는다. 공감과 존중은 그들의 마음을 어루어 만지고 자존감을 회복시킨다. 서로를 이해하고 포용하는 메시지는 사회적 갈등을 해소하고 화해를 이룬다. 이것이 치유적 언어의 힘이다.

선교적 언어가 가지는 치유의 힘과 영적 돌봄에서 언어적 접근은 경청과 공감의 자세로 타인의 경험과 감정을 이해하고, 긍정적이고 생명력 있는 치유적 언어를 사용하여 삶을 변화시키고 인간의 영혼에 큰 영향을 미칠 수 있다. 따라서 치유적 언어는 사회정치적 영역을 더욱 포용적으로 만들고 연대감을 형성하여 사람들이 겪는 고통과 상처를 치유하는 데 중요한 역할을 한다.

5. 나가는 말

지금까지 어떤 언어적 표현이 하나님 나라 백성으로서 삶에 합당한지를 살펴보며, 그리스도인의 근본적 삶의 변화를 돕고자 했다. 개인적 고백, 공동체 안에서의 훈련, 전도 활동은 물론 공공의 영역에서 사용되는 모든 언어는 선교적 언어라고 할 수 있다. 이러한 언어는 기독교 주제를 새로운 방식이나 깊이 있는 수준에서 설명하려는 시도로, 복음을 더욱 풍성히 이해하는 데 중요한 자극제가 된다. 언어는 인간을 하나 되게 하는 기능을 가지는 동시에 관계에 있어 거대한 벽을 세우는 도구가 될 수도 있다. 또한 선교적 언어는 하나님 나라의 선교라는 주제 안에서 하나님과 인간, 인간 상호 간의 관계를 다룬다고 할 수 있다.

오늘날 그리스도인이 세속화와 다문화적 상황 속에서 서로의 문화를 수용하지 않고 거부로 일관한다면, 아무리 복음의 참된 의미와 가치가 담긴 선교적 언어라 할지라도 세상은 귀를 닫아 버릴 것이다. 최근 한 교회의 청년들로 구성된 찬양팀에서 CCM를 MZ 세대들에게 거부감없이 다가갈 수 있는 PC게임의 일부 음원이나 전국노래자랑 버전 등으로 편곡해 예배 찬양을 부른 것을 들은 적이 있다. 일반 문화에서도 그리스도인들이 중요한 역할을 맡은 영화나 다양한 프로그램에서 선교적 삶에 참여하고 있다. 그리스도인으로서 복음을 위해 세상과 문화에 소통하는 것은 결코 간과할 수 없는 중요한 선교적 참여다. 그러나 여기서 놓쳐서는 안 될 중요한 질문은 이것이다. 문화를 수용해 불신자들과 함께 누리는 복음이 성경적인가? 아니면 대중의 인기를 위해 복음의 본질을 포기한 것인가? 왜냐하면 선한 것을 매력적으로 보이기 위해 들이는 모든 노력이 결코 예수 그리스도의 이름과 그분의 위상을 희생하면서 이루어져서는 안되기 때문이다.

현대 문화 속에서 많은 사람들에게 기독교 신앙은 동시대 문화와 단절된 종교적 전문 언어를 사용하는 알기 어려운 분야로 인식된다. 칭의, 죄, 구원과 같은 단어는 세상과 점점 좁혀질 수 없는 거리감을 느끼게 하며, 낯설고 무관한 것으로 치부되기도 한다. 그러나 선교적 언어는 낯선 문화 속에서 상호 연관성을 발견하고 다양한 측면들의 일관성을 더 깊이 이해하도록 돕는다. 그러므로 모든 그리스도인에게 유창한 선교적 언어는 사적이든 공적이든, 삶의 자리에서 복음을 누리고, 나누며, 전하는 하나님 나라 백성을 위한 신앙 공동체의 언어가 되어야 한다.

제2장

김신구 고성중앙교회 담임, 서울신학대학교 학술연구교수, 서울신학대학교 Th. D.

선교적 행위의 신학적 이해와 핵심 요소*

이 글은 현대선교신학이 중시하는 일상, 곧 삶의 예배로서 교회와 그리스도인의 보편행위가 어떻게 '선교적' 의미를 가지고 기능하는지 살피기 위해 하나님의 원뜻과 하나님 나라를 추구하는 여러 행위를 관찰한다. 특히 이런 행위들이 선교적 행위임을 규명하기 위해 선교적 교회론자와 에큐메니컬, 교회성장학자와 복음주의, 성경에 나타난 통전적 선교(또는 총체적 선교)의 개념과 내용들을 종합적으로 검토한다. 또 '그리스도'라는 용어의 선교신학적 해석과 함께 마가복음과 누가복음에 나타난 예수 그리스도의 행위를 선별해 분석한다. 그런 다음 다시 이를 종합해 선교적 행위로서 지녀야 할 여섯 가지 핵심 성격을 이해해 구성한다. 결론적으로 이 장은 교회와 그리스도인들이 일상에서 하나님 나라의 통치가 이뤄지는 선교적 백성들의 삶과 기능을 감당할 수 있도록 그 신학적 근거와 핵심 요소들이 무엇인지 제시한다.

1. 들어가는 말

2000년대로 접어들면서 '하나님의 선교'(*Missio Dei*) 영역은 우주적 차원까지 확장되었다. 이는 예수께서 전하시고 구현하신 '하나님 나라 복음'(The Gospel of the Kingdom of God)이 개인 차원의 영혼 구원만이 아니라 창조 세계의 샬롬까지 아우르는 '온전한 복음'(The Whole Gospel)이라는 선교신학적 해석 때문이다. 이 용어는 오늘날 에큐메니컬 진영을 비롯해 2004년 파타야 포럼의 '통전적 선교'(holistic Mission)와 2010년 케이프타운 3차 로잔총회의 '총체적 선교'(integral Mission)의 채택으로 로잔 선교운동의 통전성을 나타내는 중요한 용어로 자리잡았다.[1] 이런 흐름에서 알 수 있듯이 현대선교신학은 전통적인 예전 중심의 예배나 종교적 형식을 벗어나 일상에서 작동하는 복음의 실천으로서 삶의 예배를 강조하고 있다. 이는 그리스도께서 삶으로 보여주신 하나님 나라의 복음이 세상과 동떨어진 이분법적 방관과 관망이 아니라 철저한 낮아짐과 희생의 성육신적(incarnational) 정신에서 구현됨을 전제로 하기 때문이다. 언행과 성품을 통해 드러난 그리스도의 복음은 가난하고 궁핍한 자의 필요를 채우는 것이었고, 병든 자를 치유하고 돌보는 것이었으며, 고여 부패해 불의로 가득 찬 사회와 정면으로 충돌하는 것이었다. 이처럼 그리스도로 오신 예수의 모습은 세상을 불결하게 여겨 차단하거나 소위 경건의 모양만을 취했던 당시 종교 지도자들의 모습과는 완전히 다른 모습이었다.[2]

---

* 이 글은 김신구, "행위예술의 관점에서 본 예수의 비언어적 표현들: 선교적 행위예술의 신학적 규정을 위한 한 시도," 「선교신학」 71(2023)을 보완한 것이다.

1) 김은수, "로잔운동에 나타난 통전적 선교 연구," 「선교신학」 56(2019), 101.

2) 김신구, "통전적 선교를 위한 현대교회의 성육신적 모습," 「선교신학」 57(2020), 35.

그렇다면 오늘날 기독교는 어떻게 "정의를 물 같이, 공의를 마르지 않는 강 같이 흐르게"(암 5:24) 할 수 있을까? 모든 지역교회는 어떻게 "맛을 잃지 않은 소금처럼, 산 위에 있는 동네가 숨지 못할 세상의 빛처럼"(마 5:13-16) 선교적 존재로 기능할 수 있을까? 또한 모든 그리스도인은 어떻게 자기 인생을 "하나님이 기뻐하시는 거룩한 산 제물"(롬 12:1)로 드릴 수 있을까? 선교사로 오신 예수의 일상 행위를 따라 산다는 것은 과연 가능한가? 이러한 질문들은 그리스도인의 삶에 선교적 의미를 부여하는 핵심적 도전이다. 분명한 것은 이런 모습들이 그리스도를 통해 변화 받은 자에게서 자연스럽게 흘러나온다는 점이다. 따라서 그리스도를 닮음은 이미 '선교적'(missional)이다. 이러한 관점에서 선교 행위는 하나님의 원뜻인 영혼 구원으로부터 창조 세계의 원형을 회복하고 보전하는 온 구원으로 확장되며, 이는 하나님의 본질적 아름다움을 추구하는 미적 행위로 이해될 수 있다. 따라서 "너희가 먹든지 마시든지 무엇을 하든지 다 하나님의 영광을 위하여 하라"(고전 10:31)는 말씀처럼 일상적이고 본능적인 행위라 할지라도 그것이 하나님의 영광을 위한 것이라면 선교신학적으로 해석할 수 있다는 말이다.

같은 맥락에서 에이든 토저(A. W. Tozar)[3]는 일상의 영역을 신성과 세속으로 나누는 일반적인 습관이 내적 삶을 무너뜨려 분리의 삶을 살게 할 때 그리스도인의 내적 평안을 방해한다고 지적한다. 그는 "모든 것을 하나님의 영광을 위하여 하라"는 바울의 권면이 단순한 경건주의의 차원을 넘어서는 깊은 의미를 지니고 있다고 강조한다. 그래서 이 구절은 삶의 모든 행위

---

3) 토저를 "중부 아프리카의 선교적 주교," "투지가 넘치는 목사"로 표현한 것은 존 본(C. E. John Bourne)의 저서 『리빙스턴의 죽음에서 1882년까지의 아프리카 발견과 모험의 영웅들』(*The Heroes of African Discovery and Adventure, from the Death of Livingstone to the Year 1882*)에서다. 이는 초기 선교적의 의미가 선교 활동을 지칭할 때 사용된 역사적 근거다. 크레이그 밴 겔더 & 드와이트 J. 샤일리/최동규 역, 『선교적 교회론의 동향과 발전』 (서울: CLC, 2015), 91-92.

를 하나님의 영광에 기여하도록 열어주는 가능성을 제시하며, 신성한 계시의 필수 요소로 이해될 수 있다. 토저는 이를 진리의 말씀으로 받아들일 때 하나님께 영광 돌리지 못하는 행동은 아예 생각조차 어려운 것이라고 주장한다.[4] 따라서 삶의 예배로서 교회와 그리스도인의 행위가 하나님의 영광과 원뜻을 추구하는 것이라면 일상의 보편행위라 할지라도 하나님의 나라와 선교를 위한 행위로 간주될 수 있다. 이런 관점에서 이 글은 앞 장에서 다룬 '언어'(말)에 이어 그것과 불가분의 관계를 맺는 '행위'(삶)를 다룬다. 곧 하나님 나라 복음의 구현 차원에서 '선교적 행위'(missional performance)라 규정할 만한 신학적 근거와 핵심 요소들을 탐구한다.

2. 선교 행위의 신학적 이해

1) 선교적 교회론자들과 에큐메니컬적 이해

영국의 신학자이며 에큐메니컬 운동가였던 레슬리 뉴비긴(Lesslie Newbigin)은 교파 중심의 기독교 세계를 강하게 비판하면서 교회의 선교가 반드시 삼위일체 하나님 중심의 선교여야 한다고 강조한다. 곧 그에게 성경적인 하나님의 교회는 초교파적 연합에 기반한 선교신학적이고 종말론적인 공동체이다.[5] 뉴비긴에게 교회는 무엇보다도 '그리스도의 몸'으로서 역사적

4) 에이든 토저/이영희 역, 『하나님을 추구함』 (서울: 생명의 말씀사, 1980), 131-134. 마찬가지로 성-속 분리를 거부하는 해석은 존 스토트((John R. W. Stott)와 크리스토퍼 라이트(Christopher J. H. Wright)에게도 뚜렷히 나타난다. John Stott, *The Contemporary Christian* (Downer Grove, IL: InterVarsity, 1992), 142; 크리스토퍼 라이트/정효진 역, 『하나님의 선교, 세상을 바꾸다』 (서울: IVP, 2024), 220-223.

5) 김신구, 『통섭적 목회 패러다임』 (고양: 나눔사, 2023), 105.

연속성을 지닌 교회의 성례전에 참여하고, 교파를 초월해 그리스도와 연합된 삶을 통해 형성된 제자들의 공동체이다. 이러한 맥락에서 하나님과의 관계는 성부의 값없는 은혜와 사람의 믿음을 통해 형성되며, 이 관계는 바른 말씀 선포와 성례의 시행 안에서 이루어진다.[6] 이런 차원에서 이차적으로 꼭 이뤄져야 할 성부와의 관계는 그리스도와 함께 죽고 사는 연합, 곧 성례전적 삶을 통해 증언되어야 한다.[7] 말하자면 선교적 교회의 참된 표지는 '성육신적 삶'을 통해 드러난다.

따라서 그리스도와의 연합적 삶은 영적이고 내적(교회 안)인 것을 넘어 외적(교회 밖)으로 행하는 기독교 공동체의 통전적인 삶을 포함한다. 이런 관점에서 뉴비긴은 교회의 연합과 일치에 기초한 총체적 복음이 '온 세상을 향하는' 선포적 선교일 때, 선교의 주권을 삼위일체 하나님께 돌리는 본질적 선교라고 주장한다. 특히 이러한 그의 생각은 저서 『삼위일체적 선교』(*Trinitarian Faith and Today's Mission*)에서 잘 나타난다. 뉴비긴은 선교를 삼위일체 하나님의 행위로 보며, 객체를 통해 이루어지는 선교 행위의 정당성은 선교의 주체인 삼위일체 하나님에 대한 절대적 이해에서 비롯된다고 다음과 같이 설명한다.

> 선교가 우리의 활동이 아니라는 점을 강조하는 것은 대단히 중요하다. 선교는 삼위 하나님의 활동이다. 성부 하나님은, 사람들이 자신을 인정하든 하지 않든, 그들의 마음과 생각 가운데 그리고 모든 피조물 가운데 쉬지 않고 일하고 계시며, 은혜로운 손길로 역사를 그 목표점까지 이끌고 계신다. 성자 하나님

6) 레슬리 뉴비긴/홍병룡 역, 『교회란 무엇인가?』 (서울: IVP, 2010), 35, 37.

7) Ibid., 35, 83, 87.

은 성육신을 통해 이 피조물의 역사의 일부가 되셨으며, 성령 하나님은 종말의 맛보기로서 교회에 능력을 주고 교회를 가르치기 위해, 그리고 세상에 대해 죄와 의와 심판에 관한 잘못된 생각을 깨우치기 위해 친히 오셨다.… 이것이 선교의 일차적 본질이며, 나머지는 부차적인 것이기 때문이다.[8]

같은 맥락에서 하워드 스나이더(Howard A. Snyder)는 교회를 하나님의 위대한 선교사이신 예수 그리스도의 선교적 공동체로 이해한다. 그는 선교가 그리스도의 몸인 교회의 DNA 안에 이미 내재해 있다고 주장하며, 교회의 우선적(preferential) 과제를 빈자를 향한 복음 전파로 본다.[9] 그러나 이것은 단순히 빈자를 향한 구두 복음 전도만을 의미하지 않는다. 치유, 가르침, 보살핌, 설교 그리고 하나님 나라의 공동체를 세우는 행위 등을 통해 복음이 실제로 삶에서 육화하는 것을 포함한다. 나아가 그는 선교적 교회의 세 가지 전제로 첫째, 온 땅의 주인은 창조주 하나님, 둘째, 교회의 진정한 삶은 예수의 선교적 삶인 '종의 모습'을 따르는 것, 셋째, 교회의 선교적 부르심은 공적 제자도(public discipleship)[10]를 통해 세상으로 나아가는 것이라고 제시한다. 이러한 이해를 바탕으로 교회는 단지 신비로운 영적 공동체에 그치지 않고, 하나님의 창조 세계 전체를 보전해야 할 지구공동체로서의 역할을 감당해야 한다.

이처럼 스나이더의 선교적 교회는 뉴비긴의 삼위일체적 공동체와 같이 아들을 보내시는 성부 하나님, 성령을 보내시는 성자 하나님, 백성을 보내시

---

8) 레슬리 뉴비긴/홍병룡 역, 『다원주의 사회에서의 복음』 (서울: IVP, 2007), 255-256.

9) 하워드 스나이더/최형근 역, 『교회 DNA』 (서울: IVP, 2006), 68-70.

10) Ibid., 257.

는 성령 하나님의 '역동적인 선교 행위'가 함께 이루어지는[11] 육화적이고 종말론적인 공동체다. 따라서 그에게 교회의 모든 선교 행위는 성부의 창조적 사랑과 돌봄, 우리의 구원을 위해 종으로 오신 성자의 자기희생, 그리고 세상으로 나아가라는 성령의 부르심과 강권하심에 순복하는 '세상을 향하는 선교'[12]로 이해된다. 말하자면 교회와 그리스도인의 행위가 '선교적'이 되기 위해서는 삼위일체 하나님을 선교의 절대 주체로 인정하고, 그분의 나라를 추구하는 통전성을 갖추는 것이 중요하다. 참된 교회는 하나님 나라의 복음을 선포하고 가시화할 때 비로소 그리스도와 연합한 성경적 하나님의 공동체가 되는 것이다.

한편, 크레이그 밴 겔더(Craig Van Gelder)는 선교를 삼위일체 하나님의 활동으로 인정하면서 특히 성령의 사역에 주목한다. 그는 성령의 주요 사역을 성부와 성자의 역사와 활동들을 돕고 이행하는 것으로 이해하며, 성경에서 성령에 대한 기록이 막연하거나 추상적이지 않고, 특정 상황과 구체적인 신앙 공동체와 밀접하게 관련되어 나타난다고 주장한다.[13] 이에 따라 그는 신구약에 나타난 성령 사역을 다음의 다섯 가지로 정리하여 제시한다.

크레이그 밴 겔더의 성령 사역

구약[14]	신약[15]
① 성령은 기본 재능들을 인간에게 부여하시고, 특별 목적을 위해 선택된 사람에게 영적 은사 및 능력을 부여하신다. ② 성령은 분열 중인 신앙 공동체를 회복하시기 위해 리더들을 사용하시지만, 그들의 실패나 부족함조차도 사용하신다.	① 성령은 예수 그리스도의 구속을 통해 성취된 새로운 형태의 화해 공동체를 창조하시고, 이 공동체에 예수 그리스도의 교회라는 새로운 정체성을 부여하신다. ② 성령은 교회를 인도하기 위해 리더십을 주시고 강화하신다.

③ 성령은 약한 영들을 드러내시고, 악의 힘들과 대적하신다. ④ 성령은 하나님의 자비를 나타내기 위해 신앙 공동체를 사용하시고, 압제당하는 자에게까지 정의를 확대하시며, 하나님에 관한 지식을 모든 이들에게 열어 놓으신다. ⑤ 성령은 약속된 메시아와 종말론적 미래에 대한 희망을 계시하신다.	③ 성령은 교회가 그리스도 안에서 주어진 새 본성을 가지고 성화된 삶을 살도록 인도하신다. ④ 성령은 교회가 적극적인 사역을 하도록 인도하신다. ⑤ 성령은 십자가 고난의 섬김 사역을 통해 이 땅의 악한 정사들과 권력들의 가면을 벗기기 위하여 교회를 세상 속으로 이끄신다.

이처럼 밴 겔더는 오늘날에도 성령의 사역이 동일한 방식으로 이루어진다고 말한다. 성령은 각 시대 문화 속에서 하나님의 통치와 선교를 위해 활동하시며, 하나님의 백성 공동체인 교회를 사용하신다고 그는 주장한다. 이러한 이유로 그에게 교회는 성경적이고, 사도적이며, 역사적이고, 상황적이며, 종말론적이고, 실천적이며, 발전적이다.[16] 풀어서 말하면 교회가 하나님의 선교에 참여하는 과정에서 변화하는 상황들을 계속 다루게 되면 성령께

---

11) 권오훈, "하워드 스나이더(Howard A. Snyder)의 선교적 교회론,"「선교신학」36(2014), 61.

12) 아서 글라서(Arthur F. Glasser)는 하나님의 선교적 관점에서 신구약에 나타난 하나님의 창조, 구속, 재창조, 심판의 이야기를 다룬다. 특히 예수 그리스도는 하나님 나라의 중심이며, 하나님 선교의 온전한 모델이므로 모든 교회는 성자의 모습처럼 통전적 선교를 구현해야 한다. 또한 통전적 선교는 인간을 포함하여 인간을 둘러싼 우주적 환경까지 구속의 범위에 포함하는 하나님의 선교다. Arthur Glasser, *Announcing the Kingdom* (Grand Rapids, MI: Baker Academic, 2003); 홍기영, "선교적 교회론의 관점에서 본 선교," 한국선교신학회 편,『선교적 교회론과 한국교회』(서울: 대한기독교서회, 2015), 216에서 재인용.

13) Craig Van Gelder & Dwight Zscheile, *The Missional Church in Perspective: Mapping Trends and Shaping the Conversation* (Grand Rapids, MI: Baker Academic, 2011), 25; 이병옥, "크레이그 밴 겔더(Craig Van Gelder)의 선교적 교회론," 한국선교신학회 편,『선교적 교회론과 한국교회』(서울: 대한기독교서회, 2015), 105.

14) Craig Van Gelder & Dwight Zscheile, *The Missional Church in Perspective*, 31-35.

15) Ibid., 41-46.

16) 크레이그 밴 겔더/최동규 역,『교회의 본질』(서울: CLC, 2015), 69-70.

서는 교회를 발전적 변화의 방향으로 이끄신다는 의미다. 특히 밴 겔더는 교회의 삶의 중 '상황적'(contextual) 측면을 비중 있게 다룬다. 이는 상황이 교회의 형성과 선교의 내용에 지대한 영향을 미치기 때문이다.[17] 곧 하나님은 문화를 초월하시는 분이지만, 인간과의 지속적인 상호작용을 위해 문화를 사용하신다. 따라서 성령에 이끌리는 선교는 상황적, 개혁적, 고백적 행위를 수반한다.

2) 교회성장학자들과 복음주의적 이해

교회성장학자들이 이해하는 선교의 전통적 의미를 정리하기 위해서는 이 이론의 창시자인 도널드 맥가브란(Donald McGavran)의 선교 개념을 살펴볼 필요가 있다. 그는 하나님께서 선교를 분명하게 원하신다고 강조하며, 선교는 인간의 활동이 아닌 '미시오 데이'(*Missio Dei*), 곧 세상에서 이루어지는 '하나님의 선교'라고 주장한다. 따라서 그는 선교의 주체이자 책임자는 하나님이시고, 선교의 내용과 방향도 그분의 계시된 뜻 안에서 고찰되어야 한다고 보았다. 달리 말해, 하나님께서는 그리스도 안에서 선교의 본질을 드러내고자 하시는데, 이 선교는 다면적 특성을 가지지만 각양각색의 선한 행위 중에서도 우선되어야 할 것이 있다는 말이다.[18]

그렇다면 하나님의 선교에서 맥가브란이 말하는 가장 중요한 것은 무엇일까? 그것은 여러 선한 사업이 있겠지만, 무엇보다 하나님 자신과 화해케 하는 일, 곧 "잃은 자들을 되찾는 것"이다. 그에게 하나님의 가장 큰 관심은

17) 이병옥, "크레이그 밴 겔더(Craig Van Gelder)의 선교적 교회론," 107-108.

18) 도널드 맥가브란/박보경·이대헌·최동규 외 1인 역, 『교회성장 이해』 (서울: 대한기독교서회, 2017), 53-54.

모든 사람이 구원받는 것이며, 인간이 예수 그리스도와 구속적 관계에 이르고, 그분의 이름으로 세례를 받아 하나님의 가족 구성원이 되는 것을 원하신다고 강조한다. 이런 이유로 그는 선교를 거대하고 지속적인 "일종의 거룩한 되찾음"(a divine finding)으로 이해했으며, 이를 탐색이 아닌 추수의 신학으로 표현한다. 여기서 교회성장은(확장을 포함하여) 대체할 수 없는 선교의 목적이자 하나님께 대한 충성으로 간주된다. 물론 사회봉사를 통해서도 하나님을 기쁘시게 할 수 있지만, 잃은 자를 되찾는 일과는 결코 대체될 수 없다고 그는 주장한다. 현대선교신학적 관점에서 보면 맥가브란이 말하는 하나님의 선교는 다소 협의적이다. 그에게 선교의 초점은 오직 예수 그리스도의 복음을 선포하는 일과 사람들이 그리스도의 제자가 되어 교회의 책임 있는 구성원이 되도록 설득하는 일에 대한 헌신에 맞춰져 있다.[19] 이에 따라 교회성장학적 선교는 네 단계 활동으로 구성되는데, 조지 헌터(George G. Hunter III)는 이를 확장하여 마지막 한 단계를 추가함으로써 기독교 선교를 다음 다섯 단계로 정리한다: (1) 탐험(조사), (2) 선교본부 설립 및 사역, (3) 국내교회(내국인이 선교 본부와 사역을 리더), (4) 토착화 교회(기독교 공동체 설립, "자기 신학화"(self-theologizing)), (5) 효과적인 기독교화.[20]

이처럼 맥가브란의 선교 행위는 추수 신학을 뿌리로 하여 복음 전도와

---

19) 도널드 맥가브란, 『교회성장 이해』, 30, 54-59. 팀 켈러(Timothy J. Keller)는 세상 구원의 복음 없이 개인 구원의 복음만 강조하면 제자도를 모르는 이기적인 그리스도인을 낳고, 개인 구원의 복음 없이 세상 구원의 복음만 강조하면 그리스도와 전도를 상실한다고 말한다. 그래서 그는 두 복음을 동전의 양면처럼 '공생 관계'로 여기지만, 행동 사역은 사람을 구원할 수 없으므로 개인 구원의 복음은 세상 구원의 복음을 이끄는 토대로서 우선성을 갖는다. 이 점에서 켈러는 맥가브란만큼 복음을 협의적으로 이해하진 않지만, 복음 전도의 우선성에 대해서는 그와 결을 같이한다. Timothy J. Keller, "The Gospel in All Its Forms," in *Gospel in Life*, 1, accessed September 28, 2017; https://www.cru.org/us/en/train-and-grow/share-the-gospel/the-gospel-in-all-its-forms.html 참조.

20) 조지 G. 헌터 3세/전석재·정일오 공역, 『사도적 교회』 (서울: 대서, 2014), 126-135.

제자 삼기를 위한 교회와 그리스도인의 모든 활동(선한 사업을 포함한)에 더 큰 비중을 둔다. 또 [illegible] 복음 지향적으로 성장하는(다양한 기제로 성장하는)[21] 교회들의 전략적 활동을 "사도적 활동"[22]이라고 말하면서 20가지를 제안한다. 그중 직접적인 행위만 선별하면 다음과 같다: (1) 반응하기, (2) 끌어들이기, (3) 접촉하기, (4) 대화하기, (5) 관계맺기, (6) 복음 전하기 등.[23] 결론적으로 두 학자가 우선시하는 선교 사역과 활동은 모두 '복음 전도적인 행위들'이라고 말할 수 있다.

그러나 짚어볼 것은 전통적인 교회성장학이 견지한 복음주의가 처음에는 협의적으로 선교를 정의했지만,[24] 오늘날에는 에큐메니컬 신학의 선교 이해와 대동소이하다는 점이다. 이를 살펴보면, 2010년 로잔 3차 대회에서 채택한 CTC(The Capetown Commitment) 서약문 10항, "우리는 하나님의 선교를 사랑한다"에서는 "우리의 선교가 지녀야 할 총체성"에 대해 다음과 같이 말한다. "우리의 선교는 온전히 하나님의 선교로부터 나오며, 하나님의 창조 세계 전체를 다루며, 그 중심이 십자가의 구속하는 승리 위에 세워져 있다."[25] 이것은 하나님의 선교를 말하면서 LC(The Lausanne Covenant)의 기초를 놓았던 존 스토트와, 로잔 3차 대회 신학위원장이었던 크리스토퍼 라이트

21) Ibid., 174.

22) Ibid., 192.

23) Ibid., 174-193.

24) 1966년 휘튼(Wheaton) '교회세계선교대회'(The Church's Worldwide Mission), 1974년 제1차 스위스 로잔 세계복음화대회(Congress on World Evangelization)까지는 복음 전도와 교회개척 선교에 대한 우선권을 주장하면서 에큐메니컬 선교가 자유주의 신학의 영향으로 인해 전도의 확산을 상실했고, 전도를 사회행동으로 대치했다고 비판했다. 이런 점에서 복음주의 선교의 총체성은 복음 전도의 우선성을 강조하면서 사회참여에 대한 해석에 초점이 맞춰져 있었다. 충분한 이해에 도달하진 못했지만, 새로운 변화의 시작으로 1989년 제2차 필리핀 마닐라 세계복음화대회의 두 가지 주제 강연으로 "가난한 자를 위한 좋은 소식"(Good News for the Poor), "사회적 관심과 복음전도"(Social Concern and Evangelization)는 통전적 선교에 대한 긍정적 평가를 낳는 계기가 되었다. 김은수, "로잔운동에 나타난 통전적 선교 연구," 「선교신학」 56(2019) 참조.

(Christopher J. H. Wright)의 영향이 공식적으로 빛을 보게 된 것이다. 이런 결론에 이른 이유는 하나님의 선교 개념이 이미 총체적 선교를 내포하기 때문이다. 물론 에큐메니컬 선교와의 차별화로 시작한 로잔 운동이 그들의 영향을 받은 것은 사실이지만, 그보다는 하나님 선교의 본질을 충실히 따름으로써 도달한 결과로 보는 것이 적절하다는 평가도 있다.[26] 이는 로잔 운동과 에큐메니컬 운동이 함께 이룬 총체적 선교의 신학적 진전으로 케이프타운 서약에는 다음과 같이 선교를 설명한다.

> 우리의 모든 선교의 근원은 성경에 계시된 것처럼, 하나님이 온 세상의 구속을 위해 그리스도 안에서 행하신 일이다.… 우리의 모든 선교가 이루어지는 장소는 우리가 살아가는 세상, 곧 죄와 고통과 불의와 창조질서의 왜곡으로 가득한 세상이며… 우리의 모든 선교에서 복음 전도와 세상에서의 헌신적인 참여가 통합되어야 하며, 이 둘은 모두 하나님의 복음에 관한 성경전체의 계시가 명령하고 주도하는 일이다.[27]

이것과 연관하여 맥가브란이 "대중운동"(people movements)으로, 데이비드 기타리(David Gitari)가 "지역사회 전도"(community evangelism)라고 불렀던 것을 고려하면, 대중과 지역사회에서 회개와 회심이 일어날 때 각 개인은 결단을 내리고 하나님과의 관계 안으로 들어가게 된다. 성경은 각 개인이든 지역

25) Ibid., 111.

26) 안승오, "로잔운동에 나타난 에큐메니칼 선교신학의 영향," 한국로잔연구교수회, 『로잔운동과 현대선교전략』 (서울: 한국로잔위원회, 2018), 77-102.

27) 로잔운동, 『케이프타운 서약-하나님의 선교를 위한 복음주의 헌장』 (서울: IVP, 2012), 60-61; 김은수, "로잔운동에 나타난 통전적 선교 연구," 113에서 재인용.

사회에 속한 이든 모든 이를 그리스도의 초대에 반응하도록 부르신다고 증언한다. 이와 같은 맥락에서 로널드 사이더(Ronald J. Sider)는 복음 전도와 사회운동이 동일하지 않으므로 구분이 필요하지만, 둘은 불가분의 상호 연관성을 지닌다고 말한다.[28] 또한 올랜도 코스타스(Orlando Costas)도 교회가 행하는 모든 사명에는 이미 복음 전도적 차원이 있다고 강조한다. 그는 "교회가 하는 모든 것이 복음 전도는 아니다. 교회는 몇 가지 선교적 과제에 착수할 소명이 있다. 그러나 교회가 존재하고 행하라고 보냄 받은 모든 것은 복음 전도적 차원을 지닌다.… 교회의 다양한 선교적 과제들과 복음 전도를 혼동해서는 안 된다. 그럼에도 불구하고 우리는 이 모든 과제들의 복음 전도적 잠재력을 인식해야 한다."[29]고 말한다. 이와 같은 주장은 1982년 6월 그랜드래피즈에서 열린 "복음전도와 사회적 책임의 관계에 관한 회담"(The Consultation on the Relationship between Evangelism and Social Responsibility: CRESR) 보고서에 나타난 구분과 일치한다.[30] 아울러 제4차 로잔 세계복음화대회에서는 다음의 3가지 주제를 중심으로 논의가 이루어졌다: (1) 온 교회(하나님의 백성), 하나 됨, 함께 함(Let the Church, Together), (2) 복음을 선포하고, 행동으로 영향을 주며 드러냄(Declare and Display), (3) 예수 그리스도의 통치와 세상을 향한 하나님의 목적 성취(Christ). 이 3대 주제는 7개의 주요 주제와 25개의 이슈 트랙으로 세분화되며, 각 주제의 성격은 다음과 같이 구분된다.

---

28) 로날드 J. 사이더/이상원 박원국 역, 『복음전도와 사회운동』 (서울: CLC, 2013), 255-256.

29) Orlando E. Costas, *Liberating News: A Theology of Contaxtual Evangelization* (Grand Rapids MI: Eerdmans, 1989), 136.

30) Grand Rapids Report, *Evangelism and Social Responsibility: An Evangelical Commitment* (LCWE and WEF, 1982), 24.

제4차 로잔 세계복음화대회 대표 주제와 이슈 트랙 그리고 성격 구분

순	주제	이슈 트랙	성격
1	복음 전파 (reaching people)	전 세계 인구 고령화	**시대 상황에 따른 복음 선포**
		새로운 중산층	
		다음 세대 전도	
		이슬람	
		세속주의	
		최소 전도 종족	
2	디지털 시대의 사역 (ministry in a digital age)	디지털 시대의 성경	**과학기술 시대에 따른 교회의 본분**
		디지털 시대의 교회 형태	
		디지털 시대의 제자 훈련	
		디지털 시대의 전도	
3	인간됨의 이해 (understanding humanness)	트랜스 휴머니즘, 기술 그리고 구원 재정의	**대항문화적 기독교 가치관**
		성과 성별	
		정신 및 신체 건강	
4	다중심적 선교사역 (polycentric missions)	다중심적 선교	**다원적 시대의 사역 구조와 형태**
		다중심적 자원의 동원	
		기독교인의 연합과 지상대위임령	
5	선교와 거룩함 (mission & holiness)	정직과 반부패	**선교적 영성과 리더십**
		통전적 영성 및 선교	
		지도자 품성 개발	
6	공동체 증인되기 (bearing witness within communities)	이주민	**지역사회와 공동체**
		도시 공동체	
		디지털 공동체	
7	사회적 상호교류 (societal interaction)	기독교, 급진적 정치 그리고 종교의 자유	**대화, 변혁, 생태, 환대, 선교적 공간**
		창조 세계와 취약계층 돌봄	
		일터 사역	

위 표에서 알 수 있듯, 오늘날 복음주의가 추구하는 선교 행위는 시대성과 문화성을 고려하면서도 대항문화적으로 기독교적 가치관을 고수하려는

것으로 해석된다. 이에 따른 실제 선교 사역의 구조와 형태에 대한 논의는 모든 지상교회가 하나님의 선교를 위한 우위적 공동체이므로 지상대위임명령 수행을 위한 초교파적 연합을 강조한다. 또한 지역사회의 변화에 능동적으로 반응하며, 현대 사회의 다양한 공동체 안에서 어떻게 공적 증인의 역할을 감당할지를 지역 공동체적이면서 기술적인 차원에서 접근하고 있다. 나아가 국가적 정치 구조와 타 종교에 대한 존중, 종교의 자유 옹호, 사각지대에 몰린 취약계층 돌봄, 신앙과 일터의 통합을 통한 사회적 교류, 창조 세계 보전을 위한 변혁, 환대와 생태적 책임 그리고 사회적 공간에서의 선교적 책임과 접점에 많은 관심을 기울이고 있다.

덧붙이면, 로잔운동의 총체적 선교는 제1차 로잔 대회(1974)에서 복음 전도의 우선성을 강조한 데서 출발했다. 이후 제2차 마닐라 대회(1989)에서는 사회적 책임을 포함했지만, 여전히 복음 전도의 우선성 아래에서 이해되었다. 그러나 제3차 케이프타운 대회(2010)에서는 우선성 논의를 종결하고 복음 전도와 사회적 책임을 균형 있게 강조함으로써 에큐메니컬의 통전적 선교와 매우 유사한 입장으로 나아갔다. 이어 제4차 서울-인천대회에서는 복음에 담긴 두 구원의 의미를 하나로 통합한 '복음의 중심성'(centrality)을 선언하기에 이르렀다. 이는 하나님의 복음이 '하나님께서 행하신 일'이라는 엔진(동력원)을 통해 타이어가 지면에 닿는 것처럼 '구체화'되는 실천이 필수적임을 강조한 것으로서 결국, 복음 선포는 복음을 드러내는 실천적 삶과 함께 이루어져야 한다는 뜻이다.[31)]

31) https://www.goscon.co.kr/news/articleView.html?idxno=41432 (2024년 10월 1일 접속).

3) 성경신학적 이해

예수의 하나님 나라 선포, 치유, 축귀, 약자들을 향한 섬김과 환대는 성육신적 선교의 통전성을 분명히 보여준다.[32] 예수께서는 기뻐하는 자들과 우는 자들과 감정을 함께 나누셨고(요 11:35), 빈자들에게 복음을 전파하며 그들의 진정한 벗이 되셨다. 또한 갈릴리나 이방인 지역사회로부터 외면받거나 권력에 억압당한 자들과 함께하시며, 아픈 자들의 상처를 치유하여 인간의 존엄성을 회복시키셨다. 이처럼 하나님 나라 복음으로서의 선교는 단지 말의 문제가 아니라 행함의 문제이기에 단순히 현존의 문제로 축소될 수 없다. 선교는 그리스도 안에서 하나님과의 화목(고후 5:18-19)을 선포하고, 새 창조(고후 5:17)를 위한 복음 전파와 더불어 그리스도를 닮은 실제적 행위를 요구한다.[33] 따라서 그리스도와 한 몸을 이룬 교회 공동체는 기도, 성경 읽기, 금식 등의 경건 훈련을 넘어, 이사야의 메시지(사 58:3, 6-7)처럼 형식적인 종교 행위에서 벗어나 빈자, 배고픈 자, 약하고 아픈 자, 권력에 억눌린 자들의 필요를 채우는 사회적 책임을 통한 복음 증거에도 사명감을 가져야 한다. 또한 자신이 거주하는 지역사회와 문화 안에서 아모스의 외침(암 5:24)처럼 하나님 나라의 공의를 세워 나가야 한다.[34] 궁극적으로 하나님의 관심은 단순히 교회를 세우는 것만이 아니라 인간의 재창조에 있다.

따라서 선교적 교회는 인간의 재창조를 위한 하나님의 선교에 참여해야 하며, 변화하는 시대적 상황에 따라 끊임없이 새롭게 존재해야 한다. 선교는

---

32) Robert J. Suderman, "Reflections on Hospitality and the Missional Church," Vision 3/1(2002), 48-50; https://press.palni.org/ojs/index.php/vision/article/view/589/532 참조.

33) Arthur Grasser, *Announcing the Kingdom*, 262-263.

34) 홍기영, "선교적 교회론의 관점에서 본 선교," 218.

단순히 말이나 행함 중 하나가 아니라 존재와 활동, 상징과 실천이 조화를 이루는 과정이다. 이는 십자군 정복이 아니라 십자가 정신을 바탕으로 십자가와 부활의 증인이 되어 하나님의 선교에 참여하고 그분의 나라를 이 땅에 불러와야 하기 때문이다. 이러한 이유로 세계 곳곳의 모든 지상교회는 성육신적 낮아짐과 섬김의 선교를 통해 하나님 나라를 드러내고 표현하는 지역적 존재이다.[35)]

이처럼 하나님의 선교를 위한 교회는 세상으로 보냄을 받은 존재답게 하나님께 예배하기 위해 모이는 공동체(행 2:42-47)일 뿐만 아니라 선교사를 파송하는 '보내는 공동체'로 존재하고 기능해야 한다. 선교적 교회는 모여서 하나님의 말씀을 가르치고(코이노니아 koinonia와 디다케 Didache), 배운 말씀을 따라 사람과 지역의 필요를 채우고(말투리아 martyria 또는 디아코니아 diakonia), 그리스도의 말씀에 순종하여 복음을 증거하는(케리그마, kerygma) 공동체가 되어야 한다. 다시 말해, 교회는 모여서 기도하고 성령의 충만함을 받아 적극적으로 복음을 전할 뿐만 아니라 삶의 다양한 양식을 통해 하나님 나라를 가시화할 수 있어야 한다. 왜냐하면 선교적 교회는 세상의 소금과 빛이며, 산 위의 동네이기 때문이다.[36)]

이런 모습은 사도 바울의 선교에서도 잘 드러난다. 그는 기근으로 굶주린 예루살렘 교회를 돕기 위해 마케도니아 지역에서 헌금을 모아 전달했으며(롬 15:25-26; 고후 9:1-5), 하나님 나라의 복음 사역으로 그리스도를 선포하

---

35) David Bosch, *Transforming mission: paradigm shifts in theology of mission* (Maryknoll, NY: Orbis Books, 1991), 378, 390, 519; Ibid., 212.

36) Jeppe Bach Nikolajsen, "Beyond Sectarianism: The Missional Church in a Post-Christendom Society," *Missiology: An International Review* 41/4(2013), 465-469; https://www.academia.edu/4092420/Beyond_Sectarianism_The_Missional_Church_in_a_Post_Christendom_Society 참조. 찰스 벤 엥겐/임윤택 역, 『하나님의 선교적 교회』 (서울: CLC, 2014), 146-168.

고 가르쳤다. 또한 기적을 행하고 병자들을 고치며, 빈자들과 교제했다(고후 8:9). 바울은 이러한 필요 중심적 섬김과 낮아짐의 선교를 통해 교회를 개척하고 확장하여 하나님 나라의 지평을 넓혀갔다. 그는 통전성 있는 성육신적 선교를 통해 하나님 나라 복음을 전파했는데, 이는 이 땅의 모든 선교적 백성이 어떤 방식으로 존재하고 기능해야 하는지를 자기 삶으로 보여준 성경적 모델이라 할 수 있다.

이렇듯 바울의 선교도 그리스도의 선교 형태와 매우 흡사함을 알 수 있다. 이는 그리스도의 성육신적 선교가 바울의 복음 이해와 사역의 중심에 올곧게 서 있음을 의미한다. 따라서 성육신의 의미와 자세는 시공을 초월하여 모든 교회와 그리스도인의 선교 정신과 행위에 고스란히 녹아 있어야 한다. 왜냐하면 근본적으로 교회와 그리스도인들이 수행하는 모든 선교가 본질적으로 우리의 선교가 아닌 삼위일체 하나님의 선교이기 때문이다.[37]

3. 그리스도 행위의 선교적 읽기와 분석

1) 선교적 그리스도 읽기

그리스도의 행위를 선교적으로 읽기 위해서는 먼저 '그리스도'라는 용어부터 이해해야 한다. 그리스어 크리스토스(Χριστός)에서 유래한 이 용어는 '기름 부음 받은 자'라는 뜻으로, 땅의 온전한 구원을 위해 제2위격 하나

37) 김신구, "통전적 선교를 위한 현대교회의 성육신적 모습," 46.

님께서 성부 하나님께 택함을 받아 보냄 받으셨음을 의미한다.[38] 그러나 이 유비는 보냄과 택함의 시간에서 그치지 말고 그것이 실제의 성육신의 궁극적인 목적을 파헤칠 때 더 깊이 이해될 수 있다. 단도직입적으로 그것은 '하나님의 복음'(막 1:14), '하나님 나라'(마 4:17; 막 1:15; 눅 4:43)로 드러난다. 다시 말해, 그리스도의 참 의미를 알기 위해서는 '하나님 나라의 복음'을 이해해야 한다는 말이다. 이것은 이스라엘 공동체에서 시작하여 온 열방과 창조 세계 전체를 회복하고 다스리시는 하나님 통치의 왕적 개념[39]으로서 그리스도의 행위를 하나님 나라의 선교적 관점에서 해석해야 한다는 말이다.

이런 맥락에서 차정식은 예수 그리스도의 행위를 네 가지 의미로 설명한다. 첫째, 예수께서는 하나님의 돌봄적 주권을 인정하는 소박한 행복(소확행)을 삶의 중심에 두셨다. 이는 하나님의 섭리에 의탁하여 생명의 지속과 약동 일체를 창조주께 맡기며, 더 잘 먹고, 더 잘 입고, 더 풍요롭게 살려고 발버둥 치지 않는 자족의 삶을 누리셨음을 의미한다. 예수의 복음에서 공중 나는 새(마 6:26)는 하나님의 돌봄 안에서 자유롭게 활공하고, 들판에 핀 백합화(마 6:28-29)는 솔로몬의 모든 영광을 상회하는 모습을 보여준다. 여기서 그리스도의 아름다움은 태초 질서에 따른 천연의 상태로서 소유 지향적인 인간 문명의 가치체계를 송두리째 뒤집는다. 이러한 모습은 만물에 대해 열린 마음과 본질적 아름다움을 추구하는 그리스도의 자세를 나타내며, 창조 세계를 관장하는 '신적 인간'으로서 예수를 조명한다.[40]

둘째, 예수께서는 정의를 위한 저항적 행위를 통해 신적 사랑을 표현하

---

38) Ibid., 57-58.

39) 김신구, 『통섭적 목회 패러다임』, 46.

40) 차정식, "예수의 행위예술," 이정구·오택현·이종록 외 14인, 『예술신학 톺아보기』 (서울: 신앙과 지성사, 2017), 85-86, 88.

셨다. 그분은 세상 현실을 방관하는 초연한 무관심이나 관조적 묵상이 아닌 당대의 현실을 감싸안는 초월적 인간 사랑을 통해 하나님 나라 복음을 형상화하셨다. 정치적 억압과 사회경제적 착취로 인해 병들고 가난한 생명들을 돌보셨으며, 이들에게 거룩한 소망을 심어주기 위해 자신의 신적 에너지를 아낌없이 사용하셨다.[41]

셋째, 예수께서는 행위예술처럼 성부의 구원 드라마를 위해 오신 하늘의 선교사요 예언적 성취의 산증인으로 사셨다. 그분께서는 유대로 가서 자신을 세상에 나타내라는 형제들의 권유에도 아직 자기 '때'가 아니라고 말씀하시면서 초막절 명절에도 예루살렘으로 올라가지 않겠다고 단언하셨다(요 7:1-10).[42] 또 그날과 그때는 아무도 모르고 오직 아버지만 아신다고 말씀하시면서(마 24:36) 재림은 물론 자신의 성육신적 사명조차도 오롯이 성부의 뜻을 위한 것임을 마치 연극배우처럼 연출하셨다. 또 감람산에서 십자가 쓴잔에 대해 성부께 여쭙는 기도 행위도(눅 22:42) 현실적 욕구에 충실한 인간적 자아에서 비롯된 것이 아니라 현실을 초극하려는 하나님의 이상,[43] 곧 하나님 나라를 위한 복음 사상에서 자연스럽게 표현된 것으로 그리스도의 연극적 자아에서 파생된 선교 행위로 볼 수 있다.

특히 감람산 기도의 마지막은 구원 드라마를 위한 몸부림으로 성부의 아름다움을 재확인하고 죽기까지 복종하시려는 사멸적 기도로 이어진다. 그리스도의 혈흔이 맺힌 기도는 하나님의 원뜻을 이루시려는 것으로 하나님의 선교를 위한 궁극의 행위로 간주된다. 이 기도는 빌라도 앞에서의 침

41) Ibid., 87-88.

42) Ibid., 93.

43) Ibid., 95.

묵과 함께 극악한 고문과 폭행, 십자가 처형에 자기 몸을 맡김으로써 세상이라는 선교적 무대에서 그리스도의 연극적 자아가 최고조로 활성화하는 클라이맥스다. 이러한 과정에서 세상을 통해 조명되는 그리스도의 삶은 하나님과 사람에게 버림받은, 흠모할 것조차 없는 처참함으로 드러난다. 아니, 오히려 예수께서는 그리스도의 사명을 잘 감당키 위해 처참한 역할에 더욱 충실하신다. 이처럼 자기와 무관한 고통의 삶을 견디셨던 궁극적인 이유는 바로 그것이 자기에게 주어진 배역이라 믿으셨기 때문이다(마 16:21; 막 10:38; 눅 24:26; 요 12:27, 18:11).[44]

넷째, 예수께서는 구분된 대조적 퍼포먼스를 통해 하나님 나라를 가시화하셨다. 비록 역설적인 존재로 계셨지만, 창조 세계의 원형 회복을 위해 세상과 적극적으로 상호작용하시며, 자신의 존재 의미와 위상을 검증하거나 선포하셨다. 이는 예루살렘 성전의 정화 퍼포먼스(마 21:12-17; 막 11:15-19; 눅 19:45-48; 요 2:13-22)에서 잘 드러난다.[45] 이 사건에서 예수께서는 성전에서 치부(致富)를 해온 대제사장 집단을 비롯한 종교 귀족들 그리고 이들과 결탁한 로마 식민 권력자들을 겨냥하셨다. 이때 성전은 본래의 종교적 기능을 상실하고, 상업주의와 권력 놀음의 현장으로 전락해 있었다.[46] 이런 상황에서 예수께서 펼치신 과격한 몸짓은 '강도의 굴혈'로 변질한 성전의 타락성을 예언자적 행위를 통해 강력히 질타하신 것이다. 이는 성전 본연의 역할이 반드시 회복되어야 한다는 복음 메시지의 선포이며, 그리스도라는 자아를 충분히 활성화하여 벌이신 자기희생의 선교적 행위라고 말할 수 있다.

---

44) 류욱렬, "배우로 부름 받은 그리스도인, 연극으로서의 예배," 「신학과 실천」 82(2022), 128.

45) 차정식, "예수의 행위예술," 97.

46) Hans Dieter Betz, "Jesus and the Purity of the Temple (Mark 11:15-18): A Comparative Religion Approach," *JBL* 116(1997), 455-472; Ibid., 98에서 재인용.

정리하면 예수 그리스도의 행위는 하나님 나라 복음 사상에서 비롯된 것으로, 자기를 선택하여 파송하신 성부의 아름다운 뜻을 성취하기 위한 하나님 통치의 신체 행위로 볼 수 있다. 따라서 교회와 그리스도인이 예수 그리스도와 연합한 존재로 산다는 것은 세상이라는 하나님의 선교적 무대 위에서 하나님과 함께 연기하는 배우, 곧 선교적 백성으로서의 삶을 의미한다.[47] 그렇기에 하나님 나라 이야기가 펼쳐질 무대는 그분의 창조 세계 전체이며, 하나님의 원뜻이 영혼을 향한 부르심, 창조 세계의 회복 그리고 온전한 평화임을 고려할 때, 선교적 행위는 세상을 위한 하나님 중심의 모든 활동과 행위[48]로 정의될 수 있다.

2) 마가복음과 누가복음에 나타난 예수의 행위 분석

마가복음의 흥미로운 점은 인간의 시공간으로 들어오신 하나님의 종 메시아와 초월적 하나님의 모습을 동시에 보여준다는 점이다. 예수께서는 성육신하신 하나님으로서 세상 가치와 질서를 무너뜨리시고, 성부 하나님의 가치를 중심으로 새로운 공동체를 세워가신다. 따라서 마가복음에 나타난 그리스도의 강조점은 예수의 하나님 나라 복음이 먼 미래의 구원이 아니라 이 세상에 현존하는 하나님 나라라는 데에 있다.

한편, 사복음서 중 인자이신 예수를 가장 잘 그려낸 복음서는 누가복음이다. 잘 알려져 있듯이, 누가는 의학 전문의로서 역사적이고 객관적인 자료를 바탕으로 복음서를 기술했다. 누가복음이 인상 깊은 것은 두 가지로

47) 류욱렬, "배우로 부름 받은 그리스도인, 연극으로서의 예배," 136.

48) 김신구, "행위예술의 관점에서 본 예수의 비언어적 표현들," 29-30.

첫째, 다른 복음서에서는 찾아볼 수 없는 예수의 유년기 시절을 유일하게 다루고 있다는 점, 둘째, 누가의 [illegible] 관련한 병 고침이 복음적 기사가 사회적 병폐에 대한 책임으로까지 확장해 세상 문제를 해결하시기 위해 현실 세계와 소통하시는 그리스도의 사역을 사실적으로 묘사한다는 점이다. 아울러 누가는 하나님 나라를 구현하시는 그리스도의 모습을 역사적 사실과 순서에 따라 체계적으로 기록하고 있다.

따라서 예수의 삶을 역사적이고 사실적으로 표현한 두 복음서에는 그리스도의 사역과 활동이 창조 세계 안에서 이루어지는 하나님 나라와 선교를 위한 본질적 행위임을 명확히 알려준다. 또 일상에 나타난 그리스도의 행위를 자세히 분석함으로써 선교적 행위로 규정지을 만한 현대선교신학적 구분과 성격도 다음의 표와 같이 정리할 수 있다. 그러면 표[49]에서 말하는 여섯 가지 구분과 성격이 왜 선교적 행위로 규정될 수 있는 신학적 근거와 핵심 요소인지 그 개념에 대해서는 다음 장에서 살펴보고, 자세한 본문 이해는 부록에서 다루도록 하겠다.

마가·누가복음에 나타난 예수의 일상 행위 구분과 성격

*(1), (2)는 구분과 성격의 중복을 의미함, *각 행위의 본문, 상황, 주석은 부록 참조

순	구분	성격	행위
1	주권	본질적 창조성	머무심, 이끌리심, 기도하심, 침묵하심(1)
2	원형	생명적 치유성	쫓아내심(축귀), 고치심, 살리심
3	동화	육화적 전인성	다가가심(1), 동석하심(1), 우심, 섭취하심(1)
4	복음	증언적 복음성	가르치심, 피하심, 다가가심(2) 이동하심, 전파하심, 나누심(1), 섭취하심(2), 재촉하심, 보이심, 축복하심, 침묵하심(2), 받지 않으심(1)

5	변화	지속적 혁신성	쫓아내심(정화), 나누심(2), 동석하심(2)
6	미래	초월적 현재성	초월적 평안과 자연을 꾸짖으심, 받지 않으심(2)

4. 선교적 행위를 규정짓는 여섯 가지 핵심 요소

1) 주권, 본질적 창조성

본래부터 피조물인 인간의 창조성은 무에서 유를 창조하는 것이 아니라 이미 창조된 것에 정신과 감성을 불어넣는 과정에서 발현된다. 따라서 예술적 창조성은 창조 세계에 담긴 미적 정신과 하나님의 원뜻을 형상화하거나 실제화하는 모든 창의적 표현이나 활동과 밀접하게 연결된다. 이런 맥락에서 선교적 행위는 창조주의 원뜻인 인류의 구원, 창조 세계의 원형 회복과 보전을 위한 온 구원의 '몸부림'으로 이해할 수 있다. 이승규는 선교 행위를 선교의 절대 주체이신 삼위일체 하나님의 구원 계획과 의지 수행을 위해 하나님께 파송 받은 에이전트(agent)들의 활동으로 정의한다.[50] 나아가 선교의 왜곡을 피하고 에이전트들의 행위가 진정성과 정당성을 가지기 위해 선교 행위의 검증이 필요하다고 주장한다.[51] 곧 선교적 행위는 삼위일체 하나님의 본질과 그 나라의 전제로서 하나님의 주권적 통치 아래 행하는 본질적

---

49) Ibid., 38.

50) 박보경, "로잔복음화 운동과 한국 교회: 로잔운동에 나타난 전도와 사회적 책임의 관계," 한국로잔연구교수회 편, 『로잔운동과 선교』 (서울: 한국로잔위원회, 2014), 38; John Stott, *The Contemporary Christian*, 439-440; David Bosch, "Reflection on biblical Models of Mission," in *Towards the Twenty First Century in Christian Mission*, Edited by John M. Phillips & Robert T. Coote (Grand Rapids MI: Eerdmands, 1993), 189-200; 이승규, "에이전시 신학으로 본 선교 행위의 정당성과 진정성," 「선교와신학」 59(2023), 465에서 재인용.

이고 창의적인 모든 표현과 활동이라 할 수 있다.[52] 이런 이유로 하나님 나라를 구현하는 선교의 형태는 영혼 구원과 사회적 구원을 아우르는 통전적인 선교로 나타나며, 근본적으로 이는 성부의 의지를 실행하고, 예수 그리스도의 지상 명령을 수행하기 위해 '보내는 것'과 '보내심을 받는 것'에서 비롯된다.

한편, 예술적 관점에서 안용준은 그리스도인의 예술 활동이 하나님 나라 운동과 밀접하게 연관된다고 말한다. 그는 창조 세계의 미(美)를 발전시키고, 역사와 문화 예술을 가능하게 하는 독자적 역할로서 기독교 교육적 예술을 주장하는데,[53] 이런 뜻에서 하나님의 창조 활동을 재현하는 창의적 예술 활동을 '선교적 행위예술'(missional performance art)[54]로 정의할 수 있다고 본다.

또한 기독교 윤리적 측면에서 그리스도인의 착한 행실은 선교신학적 논의의 중요한 주제가 된다. 최상인은 마태복음 5장 16절의 착한 행실을 빛을 비추는 행위와 동일시하면서 이를 마귀와의 갈등과 영적 전쟁으로 이해한다. 이런 차원에서 빛이 비춰야 할 대상은 세상(사람 앞)이다. 같은 맥락에서 마태복음에 나타난 이사야의 주제들을 살피면 "세상의 빛"(마 5:14)은 "이방의 빛"(사 42:6)과 연결된다.[55] 따라서 교회와 그리스도인이 빛의 존재로 살

---

51) 이승규는 선교 행위에 하나님의 의지와 계획, 의도, 목적, 정당성, 신실성, 진리, 방법을 담고 있더라도 역사 과정에서 면밀하게 분석 평가되어야만 진정성과 정당성을 가질 수 있다고 말한다. Lee, Seung Gyu, "A study on the possibility of agency theology," Unpublished Ph. D. Dissertation (Doctoral diss. King's College London, 2015), 126-127; 이승규, "에이전시 신학으로 본 선교 행위의 정당성과 진정성," 465-466.

52) 김신구, "행위예술의 관점에서 본 예수의 비언어적 표현들," 39.

53) 안용준, "개혁주의생명신학 하나님나라운동의 예술적 함의," 「생명과말씀」 18(2017), 90.

54) 김신구, "행위예술의 관점에서 본 예수의 비언어적 표현들," 13.

55) Patrick Schreiner, *The Body of Jesus: A Spatial Analysis of the Kingdom in Matthew*, The Library of New Testament Studies Series, no 555 (London: Bloomsbury, 2016), 100; 최상인, "착한 행실에 대한 신학적 논의," (서울신학대학교 박사학위논문, 2023), 22-23에서 재인용.

아간다는 것은 단순히 하나님을 알지 못하는 이방인들에게 빛을 비추는 것을 넘어 그들로 하여금 성부께 영광을 돌리게 하는 행위를 의미한다. 다시 이러한 영광의 표현은 회심을 내포하며,[56] 착한 행실은 회심을 유도하는 중요한 선교적 도구가 된다. 이것은 마귀의 영역이 된 세상 사람들의 '코스모스'(κόσμος)로 들어가 기능하는 것이므로 자비의 행위, 회개의 메시지이면서 동시에 마귀에게 사로잡힌 자를 해방하는 영적 전투로 볼 수 있다.[57]

이처럼 맥가브란은 회심과 연관하여 교회성장과 부흥의 관계를 에드윈 오르(J. Edwin Orr)가 강조한 '복음적 각성'(evangelical awakenings)으로 설명한다. 오르에 의하면 "복음적 각성은 신약성경적 기독교의 부흥을 일으키는, 그리스도의 교회 안에서 역사하시는 성령의 활동"이다.[58] 그는 "부흥은 기관차의 증기압과 같다. 증기압이 없으면 기관차는 움직이지 않는다."라고 말하면서 신약 시대 오순절 사건을 예로 둘의 긴밀한 관계를 설명한다.[59] 또한 뉴비긴은 교회의 선교사역이 삼위일체 하나님의 기독교 교리 안에서 이해돼야 한다고 강조한다. 그는 성자께서 성령의 임재를 통해 성부에 대한 사랑으로 순종하신 것처럼 우리도 하나님의 활동에 참여하도록 초대받은 것이 창조의 핵심이라고 주장한다.[60] 따라서 교회와 그리스도인의 행위를 선교적이라고 부르기 위해서는 삼위일체 하나님에 대한 주권 신앙을 근간으로 해야 하며, 이러한 행위는 본질적 창조성이 담긴 선교적 행위로 간주될 수 있다.

---

56) 김회성, 『입체적으로 본 산상보훈』 (서울: 영성, 2005), 70; 최상인, "착한 행실에 대한 신학적 논의," 23에서 재인용.

57) 최상인, "착한 행실에 대한 신학적 논의," 23.

58) 도널드 맥가브란, 『교회성장 이해』, 55.

59) Ibid., 249.

60) Lesslie Newbigin, *Trinitarian Faith and Today's Mission* (Richmond: John Knox Press, 1963), 77-78.

그러므로 일상적 삶에 드러나는 보편행위가 선교적 행위로 진정성과 정당성을 가지려면, 그 행위에 세상의 유린된 구원을 향한 염원이 담겨 있어야 한다. 교회와 그리스도인의 보편행위가 하나님의 주권 아래에서 잃어버린 창조의 원형을 추구하며, 기독교적 윤리성을 지닌 본질적 행위로 나타날 때 그것은 그 자체로 실존적 복음이 된다. 이러한 이해에 비추어 볼 때 마가복음과 누가복음에 나타난 예수의 '머무심,' '이끌리심,' '기도,' '침묵' 등과 같은 형태는 다소 소극적인 모습처럼 보일 수 있으나 자신의 비활동적 모습조차 선교의 참된 주권자이신 성부의 뜻에 철저히 맞춘 선교적 행위로 단언할 수 있다.

2) 원형, 생명적 치유성

기본적으로 행위에는 두 가지 미적 가치가 있다. 하나는 인간의 욕망을 충족하는 자유로운 표현으로 나타나는 외적 가치이며, 다른 하나는 다양한 표현을 통해 성찰의 깊이와 폭을 점차 확장하는 철학적인 내적 가치다. 이 둘을 행위의 미적 가치로 간주하는 이유는 다음과 같다. 먼저 희망적 충족을 위한 외적 행위는 변화의 동인으로서 치료적 효과를 가지며, 다양한 표현은 내적 통찰의 수준을 높여 치료 기제의 일부가 되기 때문이다.[61] 따라서 행위의 가치에서 공통된 발견점은 왜곡된 상태를 교정해 원형의 모습을 회복시키면서 동시에 건강한 통찰력을 제공하는 생명철학적 가치라는 것이다. 이처럼 예수의 하나님 나라 구현은 영적·정신적·육체적 질병의 치유뿐만 아니라 시대적이고 사회적인 한계 상황을 창조의 원형으로 회복함으로써 본

61) 김익진, "예술치료에서 예술의 의미," 「예술심리치료연구」 9(2013), 218.

질적 관계성을 되찾는 생명 사역(또는 운동)으로 이해된다. 이러한 맥락에서 예수의 사역을 통해 건강성을 회복한(은혜를 입은) 사람들이 참 생명의 원천이신 창조주를 알아 그분을 찬양하고, 그분께 영광 돌리는 것은 예수의 보편 행위가 하나님의 존재를 명확히 드러내고, 창조주의 아름다움을 구현하는 생명철학적 미적 행위임을 보여준다.

그러나 짚어볼 것은 예수의 행위에 나타난 생명적 치유성은 세속적 목표와는 본질적으로 다르다는 점이다. 다시 말해서 행위의 세속적 표현으로 인간의 욕망을 충족하는 자유로운 행위는 인간이 좋아하는 미적 취향과 스타일을 지켜주고 도와준다.[62] 심리치료 또한 내담자의 인지와 행동을 자신이 속한 사회와 공동체가 이해하고 수용할 수 있는 수준으로 조정해 내담자의 자발적 인지와 행동이 사회에서 아무런 문제가 없도록 하는 것을 최종 목표로 삼는다. 그러나 그리스도의 행위로 나타나는 생명적 치유성은 세속적 의미의 아름다움이나 일반적 기준을 목표로 삼지 않고 철저히 하나님 나라를 향한 목적을 지닌다. 이는 그 나라를 실제로 누림으로써 하나님께 영광 돌리는 선교적 삶을 목표로 한다.

그래서 선교적 삶을 이루는 교회와 그리스도인의 보편행위는 인간의 취향과 스타일을 중시하는 인본주의적이고 희망적인 욕구 충족에 머물지 않는다. 오히려 그리스도를 통해 맛본 하나님 나라를 본질적 아름다움으로 간주하며, 이를 일상 속에서 추구하고 증언하는 하나님 백성의 올바른 영적 관계에서 비롯된다. 이런 이해처럼 예수께서 열 명의 한센병 환자가 모두 나음을 받았지만, 하나님의 영광을 위해 돌아온 한 사람 사마리아인을 보시고 "네 믿음이 너를 온전하게 하였느니라"(눅 17:18)고 하신 말씀은 선교적 행위

62) Ibid., 228.

에서 발현된 생명적 치유성의 궁극적인 목적을 보여준다.

이런 맥락에서 종교(religion)라는 용어는 동사인 "서로를 묶는다," "서로를 견고하게 얽어맨다"(이 외 여러 어원학적 견해가 있지만)라는 뜻을 지니듯, 건전한 자기대상(selfobject) 경험들은 인간을 하나님 그리고 다른 사람들과 연결해 온전한 관계를 맺도록 돕는다.[63] 따라서 하나님과 다른 사람들을 향한 온전한 관계성으로서 자기는 하나님과의 연합을 지향하면서 심리적·영적 치유를 함께 추구한다.[64] 거꾸로 말하면 예수의 일상을 통해 나타난 치유 행위는 단순한 육체의 회복을 넘어 신과 인간의 관계까지 회복시키는 화해의 선교적 의미를 지닌다. 곧 선교적 행위의 성격으로 생명적 치유는 온전한 사랑의 관계 안에서 이루어지며, 이 행위의 근원적 가치는 영적 연합인 '원형으로의 회복'에 있다. 그 때문에 세속적 행위와 선교적 행위의 미적 가치는 본질적으로 다르다.

성경의 기록처럼 시몬 장모의 열병이 예수의 축귀 사역을 통해 치유된 것은 어둠의 영에 지배받았던 한 인간의 정신과 일생을 하나님 통치의 세계로 뒤바꿔 영적 연합으로 이끄는 생명 치유 사건이라 할 수 있다(막 1:34; 눅 4:40). 나병환자를 고치신 뒤 제사장에게 가서 확인받고 예물을 드리라고 하신 것은 인간 예수만이 메시아임을 증명함과 동시에 치유 받은 자의 사회복귀를 통해 하나님 나라를 실제화하는 사건이라 할 수 있다(막 1:41; 눅 5:13). 특히 당시 시체에 접촉하는 것은 부정을 전염시키는 위험한 행동으로 여겨졌지만(민 19:11-13), 예수의 손이 닿았을 때 죽은 아이가 살아난 것은 혈루병 걸린 여인이 예수의 옷에 손을 대어 나은 것과 유사하다. 이는 사람에게는

63) 김동영, "관계성을 향한 인간의 욕구와 종교적 체험," 「신학논단」 77(2014), 339-354.

64) 김동영, "사랑의 관계성 회복과 치유에 대한 통전적 이해," 「신학과 실천」 56(2017), 385.

불결함이 전염되지만, 예수께서는 어떤 불결도 몰아내어 정결케 하시는 참 그리스도이심을 증명함으로써 근원적 관계를 깨닫게 하고, 사망에서 생명으로 이끄는 원형 회복의 선교적 치유임을 일러준다(막 5:41; 눅 8:54).

3) 동화, 육화적 전인성

일상의 보편행위가 선교적 기능을 수행하려면 먼저 그 행위의 근원적 의미와 지향점에 대한 이해가 필요하다. 만약 보편행위가 동물적 본능과 같이 원초적 수준에 머문다면, 그것은 미셔널한 행위로 볼 수 없다. 그러나 보편행위 자체를 본질미로 인정할 수 있는 틀로 그 행위가 하나님의 간절한 소망에 기인한 분명한 의도와 지향점을 담고 있다면, 흔한 행위라 할지라도 그것은 하나님 나라를 위한 선교적 의미를 내포한다고 볼 수 있다. 왜냐하면 그런 보편행위조차도 그것에는 하나님의 아름다움을 반영한 미적 정신과 욕구가 응축된 것이기 때문이다. 따라서 선교적 행위의 세 번째 핵심 요소인 육화적 전인성을 올바로 이해하기 위해서는 하나님의 아름다움이 실행된 최초 단계로서 '보냄의 신학'(theology of sending), 곧 보냄(요 3:16; 롬 8:3; 갈 4:4)에 대한 이해가 먼저 필요하다. 왜냐하면 '육화적'이라는 말은 '성육신'에서 나온 용어이기 때문이다.

잠시 살펴보면, 기독교의 성육신은 성부로부터 보냄 받은 성자 하나님의 이야기이다. 그리고 이것의 실재인 그분의 존재와 삶은 '자기 비움'(self-emptying)의 방식을 고수한다(고후 8:9; 빌 2:6-8). 그래서 이재석은 지금까지 예수의 발씻기 내러티브(요 13:1-20)를 성찬식과 세례의 상징, 죄용서의 상징, 겸손과 환대, 윤리적 해석과 같이 기독론적, 구원론적, 종말론적, 교회론적,

윤리적 관점에서 해석해 왔다고 언급한다. 그러나 그는 이제 이 내러티브를 선교적 관점에서 읽어야 한다고 주장한다.[65] 달리 말해, 자기 비움은 보냄 받은 그리스도 예수만이 아니라 삼위일체 하나님의 근본 존재와 활동이 이미 자기 비움의 성육신적 방식을 포함하고 있음을 시사한다. 이런 맥락에서 몰트만(Jürgen Moltmann)은 하나님의 자기 비움을 "어떤 제한과 한계 없이, 모든 사람 각자의 삶 전체가 하나님께 참여할 수 있도록" 인간의 모든 상황을 수용하신 사건으로 해석한다.[66] 다시 말해, 성자의 성육신 사건은 그보다 먼저 삼위일체 하나님의 사건이라는 말이다.

같은 뜻에서 성육신은 아무리 세상이 전쟁과 살인으로 점철되고, 이기적 탐욕으로 인해 타락하여 더 이상 희망이 없는 객체처럼 보일지라도 절대 주체인 삼위일체 하나님과의 단절이나 격리를 정당화하지 않는다. 이런 전제는 선교적 활동에 있어서 절대 주체와 객체가 어떤 상황에도 연결될 수밖에 없는 구속의 가능성을 열어 준다. 그래서 선교는 이런 가능성을 구체화하는 것이며, 주체와 객체 사이의 올바른 교류를 위해 그 연결 지점에서 '샬롬의 코이노니아'를 형성하는 것이다.[67] 곧 샬롬의 코이노니아를 이루는 동화(同和)의 사건이야말로 그리스도의 '성육신'(incarnation)을 의미한다. 예를 들어 예수께서 사람에게 다가가신 것(눅 5:3), 죄인들과 동석(눅 11:37)하셔서 함께 잡수신 것(막 2:15; 눅 5:29, 24:30, 43), 예루살렘의 종말을 앞두고 슬피 우신 것(눅 19:41) 등은 선교적 행위의 요소 중 육화적 전인성 카테고리로 분류될

65) 이재석, "예수의 발 씻기 내러티브(요 13:1-20)의 선교적 읽기," 「선교신학」 64(2021), 194-196, 198.

66) Jürgen Moltmann, *The Crucified God: The Cross of Christ as the Foundation and Criticism of Christian Theology*, Translated by R. A. Wilson and John Bowden (New York: Harper & Row, 1974), 276.

67) 이승규, "에이전시 신학으로 본 선교 행위의 정당성과 진정성," 479.

수 있다.

한편, 토저는 성육신적 삶을 "성례의 삶"이라고 표현하면서 "그러므로 너희가 먹든지 마시든지 무엇을 하든지 다 하나님의 영광을 위하여 하라"(고전 10:31)는 구절의 큰 장애물 중 하나가 생활 속에서 신성(영적 세계)과 세속(자연 세계)을 구별하는 일반적인 습관이라고 지적한다. 그는 이 두 영역의 뚜렷한 대조를 신성과 세속의 반정립(신약에서 근거가 없는 개념)으로 보고, 이런 구분에 갇혀 넘어지지 말아야 한다고 주장한다. 오히려 그는, 하나님 나라의 신분을 소유해 그리스도와 친밀히 교제하는 하나님의 자녀로서 더 높은 차원의 삶을 즐길 줄 알아야 한다고 강조한다.[68] 토저는 분리된 삶을 알지 못한 채 안정되고 균형 잡힌 모습으로 사신 예수를 우리의 완전한 모범으로 소개하면서 "모든 것을 하나님의 영광을 위하여 하라"는 바울의 권면은 모든 행위를 이 안에 포함시키기 위한 것으로, 먹고 마시는 것과 같은 소박한 행위까지도 주저 없이 포함할 수 있다고 설명한다. 그러나 그는 여기서 멈추지 않고, 일상의 모든 행위는 기도, 세례, 성만찬과 마찬가지로 신성할 수 있다고 주장한다. 이것은 모든 행동을 살아 있는 하나님의 나라 안으로 끌어올려 전체 삶을 하나의 성례식으로 변화시키는 것이라고 표현한다.[69]

결론적으로 육화적 전인성은 따뜻하고 친밀한 그리스도적 성품을 가지고 세상으로 들어가 하나님과 단절된 관계를 원형의 상태로 회복하는 성육신적 행위를 모두 포함한다. 따라서 이 땅의 모든 교회와 그리스도인은 보내신 분의 뜻을 일상의 보편행위로 구현할 때 삼위일체 하나님의 소망을 삶으로 증명하며, 보내신 분과 연합한 행위예술 선교사로 살아가게 된다. 그러므

68) 에이든 토저, 『하나님을 추구함』, 131-133.

69) Ibid., 133-135.

로 보냄을 받은 자는 보내신 자의 뜻과 일을 성취하며, 그분의 정체성과 역할, 권위를 공유해야 한다.[70]

4) 선포, 증언적 복음성

기독교의 소통은 복음의 증언적 기능을 내포해야 한다. 이는 기본적으로 두 가지 방식을 취하는데, 하나는 입을 통한 구두 복음 전도이고, 다른 하나는 몸을 통한 행위이다. 여기서 행위의 증언적 기능이란, 예수께서 삶으로 성부의 생명, 영광, 거룩, 정체성, 생명 주심과 심판하시는 권세 그리고 그분의 일하심을 보여주신 것[71]처럼 교회와 그리스도인들도 삶으로 하나님을 나타냄으로써 세상이 하나님을 알게 하는 것을 말한다. 교회성장학적 관점에서 보면, 피터 와그너(C. Peter Wagner)의 3P 전도(현존(presence)), 선포(proclamation), 설득(persuasion)) 중 현존에 속한다. 또 칼 헨리(Carl F. H. Henry)는 인류에게 주어진 거룩한 문화적 위임에 대해 "그리스도인은 일할 때와 여가를 즐길 때, 무엇인가를 배울 때와 창작할 때 그리고 가정생활과 공공생활 속에서 외관상으로나 실제로 하나님의 영적이고 도덕적인 차원을 나타내야 한다."고 강조한다.[72] 이는 복음의 증언적 행위가 우리의 일상 곳곳에서 나타나야 함을 의미한다.

한편, 월터 브루그만(Walter Brueggemann)은 구약의 선지자(예언자)를 (1) 이스라엘 사회의 지배계급들과 거짓 선지자들이 안일하고 낙관적인 환상만

---

70) 이재석, "예수의 발 씻기 내러티브(요 13:1-20)의 선교적 읽기," 199.

71) Ibid., 201.

72) Carl F. H. Henry, *A Plea for Evangelical Demonstration* (Grand Rapids MI: Baker Books, 1971), 113-114; 하워드 스나이더/김영국 역, 『그리스도의 공동체』 (서울: 생명의 말씀사, 1987), 29에서 재인용.

심어주어 기만할 때, (2) 소수 지배계급이 부를 독점하는 비민주적인 분배 구조로 빈부의 격차가 심화될 때, (3) 지배계급들이 국가 질서를 우선시하며 민중을 억압할 때 등장해 하나님의 말씀을 전하고 현실의 민낯을 드러낸 저항적 사람들이라고 소개한다.[73] 브루그만에 따르면, 선지자들의 메시지는 사회와 종교가 잘못된 방향으로 기울 때 문제를 지적하고 올바로 잡으려는 데 목적이 있다. 이런 차원에서 구약의 예언자는 단순히 미래를 예견하는 존재라기보다 하나님의 전달자인 대사(ambassador)다. 일반적으로 예언자적 기능을 떠올릴 때는 메시지로서 '말'(선포)에 초점을 두는 경향이 있지만, 에스겔서 12장 1-16절을 보면 꼭 그렇진 않다. 오히려 에스겔은 말보다 행위를 상징화해 하나님의 뜻을 알렸고, 이로 인해 예언자들의 다양한 행동적 예언은 '기호행위'(sign-act), '상징행위'(symbol-act), '예언적 상징이나 드라마'(prophetic symbolism, drama)로 이해된다. 특히 에스겔서 12장의 상징예언은 '말'이 아닌 '에스겔 자신'으로서 이런 점은 에스겔 예언의 독특성이다. 그리고 그의 신체 행위는 예언적 선포, 곧 복음의 증언적 기능을 하기에 "상징예언"을 넘어 "행위예언"으로 볼 수 있다.[74]

이처럼 행위예언의 관점에서 살펴볼 시공 예술에는 '공연'이 있다. 이종록은 공연을 통해 삶을 조명하고, 설명하며, 해석할 수 있다고 말하면서 공연에 나타난 예술 행위는 삶을 조망하고 통찰하며 풀이하는 '우리의 삶'이라고 설명한다. 특히 에스겔의 행위예언이 많은 사람 앞에서 행해진 것을 고려할 때 그것은 분명히 공연의 성격을 띤다는 것이 그의 주장이다. 이종록

73) 월터 브루그만/김기철 역, 『예언자적 상상력』 (서울: 복있는사람, 2009), 82-84

74) 스테이시(W. D. Stacey)는 구약에서 행위예언적 내용이 40회 이상이라고 말한다. W. D. Stacy, *Prophetic Drama in the Old Testament* (London: Epworth Press, 1990), 3; 이종록, "예언과 공연," 이정구 외 16인, 『예술신학 톺아보기』 (서울: 신앙과 지성사, 2017), 55에서 재인용. 상징 예언으로 "너는 줄과 멍에를 만들어 네 목에 걸고"라는 구절(렘 27:2)도 같은 맥락에서 이해할 수 있다.

은 이러한 행위예언이 특정한 예술 공간에서 이루어진 전통적인 공연 방식이 아닌 일상에서 벌어진 행위라는 점에서 더욱 현대적 의미와 가치를 찾는다.[75] 곧 하나님의 구속적 아름다움을 행위로 표현하고, 예언자의 행위에 복음의 의미를 부여함으로써 하나님의 궁극적인 뜻을 드러내는 신체 행위는 선교적 해석이 가능하다는 말이다.

이런 내용을 잠시 살피면, 작가이자 감독이신 하나님은 에스겔에게 "너는 포로의 행장을 꾸리고 낮에 그들의 목전에서 끌려가라"(겔 12:3)고 지시하신다. 이 행위예언의 대본과 연출은 하나님께서 하시지만, 하나님께는 이를 연기할 배우가 필요하며, 에스겔은 신체로만 공연하는 무언극 배우로 선택된다. 그의 행위는 현실과 분리된 가상의 무대에서 이루어지는 연기가 아니라 현실 세계에서 실제로 행하는 공연이다.[76] 따라서 에스겔의 예언자적 행위는 전통적인 행위예술의 재현적 기술과 달리 구체적이고 현존적인 삶으로서의 공연이다. 그것은 그 자체로 하나님의 메시지이면서 동시에 복음의 '모멘트'(moment)다. 그리고 행위예언의 무대는 "그들의 목전"(겔 12:4, 5, 6, 7)이다. 하나님은 유대인들의 눈 앞에 펼쳐진 행위예언을 통해 현실의 실체를 드러내심으로써 실존적 진리는 은닉을 벗어나게 된다. 행위예언자는 이러한 무대가 현실 세계라는 것을 알게 되고, 관객은 매우 불편한 관람객이 된다. 하지만 행위예언을 목격함으로써 은폐되었던 부패와 타락한 현실에 대한 팽팽한 긴장감을 느끼게 된다. 그래서 행위예언은 투쟁적 상호 대립성을 가진 저항적 작품으로서 하나님을 저버린 현실 세계와 인간의 죄악성을 낱낱이 투영한다. 나아가 진실을 대면한 관객들은 회개와 결단을 촉구받으면서 동시

75) 이종록, "예언과 공연," 56.

76) Ibid., 59, 63.

77) Ibid., 75.

에 승리의 소망을 듣는다.77) 이런 맥락에서 존 듀이(John Dewey)는 어떤 활동이 표현행위로 발전하려면 마주치는 환경 속 사물이나 사태가 충동 혹은 과거 경험과 접촉하면서 이중적 변화를 일으켜야 한다고 말한다.78) 따라서 에스겔의 행위예언은 변질되고 타락한 세상을 사실적으로 보여주고, 이를 통해 새로운 변화를 촉구하는 거룩한 충동질로 해석된다.

정리하면 예언행위에 대한 하나님의 반복적 지시는 구두 복음 전도의 언어적 증언과는 다른 형태의 현존적 복음 전도로, 이는 비언어적 선포의 생철학적 의미를 가진다. 따라서 선교적 행위로서의 예언자적 행위는 단순한 퍼포먼스의 의미를 넘어 복음 전도의 의미도 함께 내포한다. 특히 행위로 보기에 애매할 수 있는 예수의 침묵이나 포도주를 받지 않으신 행동은 하나님 나라의 완성과 그리스도의 마지막 사명 완수를 위한 의지적 묵언과 거부로 해석된다. 얼핏 아무것도 아닌 것처럼 보일 수 있는 이러한 행위에도 죽음을 불사(不辭)하는 강력한 복음 메시지가 담겨 있다.

5) 변화, 지속적 혁신성

복음 메시지의 효과성과 역동성을 실현하기 위해서는 모든 시공간을 초월하는 상황화 관점을 견지해야 한다. 쉽게 말해, 복음은 각 시대와 문화에 맞는 옷을 요구한다. 하나님 나라를 위한 선교적 행위(삶)에는 두 가지 초월성이 요구되는데, 하나는 다문화적 차원의 '초문화성'(transculturality)이고, 다른 하나는 시공간적 차원의 '초연결성'(hyper-connectivity)이다.79) 이는 현대 사

78) 존 듀이/박철홍 역, 『경험으로서 예술(1)』 (파주: 나남, 2016), 137.

79) 김신구, 『통섭적 목회 패러다임』, 305.

회가 보여주는 포스트모던, 민주 자본주의 시장경제 그리고 과학 문명의 급속한 발전과 변화 속에서 선교의 기능이 원활히 작동하기 위해 미래지향적인 방법을 강구해야 함을 의미한다. 같은 맥락에서 기독교 공동체는 시대 문화를 초월하여 하나님 나라에 반하는 세속 문화를 정화하고, 혁신하며, 건강한 저항성과 공창조성을 발휘하는 사회문화적 운동을 펼쳐나가야 한다.

그렇다고 해서 이런 사회문화적 선교 행위가 조건 없는 도발성과 반사회성을 띤 저항적 퍼포먼스를 의미하는 것은 아니다. 퍼포먼스의 관점에서 말하면, 행위는 부조리한 사회를 향해 갱신과 혁신의 필요성을 발산하여 아름다운 공공사회를 형성하는 것을 궁극적인 목적으로 한다. 따라서 선교적 행위는 단순히 세상과 충돌하여 혼란과 문제를 가중하는 무질서한 행위가 아니다. 또한 실재에 혼란을 일으키는 환영적이고 신비주의적인 미적 추구나 이단적인 눈속임은 더욱 아니다. 오히려 이것은 기독교의 불변 진리가 사회적이고 공적인 영역에서 나타나는 것으로, 상황화한 사회문화적 행위를 통해 선교적 영향력을 발휘하는 것을 뜻한다. 이런 맥락에서 찰스 크래프트(Charles Kraft)는 하나님의 백성다움(people of God-ness)을 문화화(inculturating)한 많은 사례가 성경에 있다고 말한다. 그는 이를 통해 인간의 문화를 다루시는 하나님의 방식을 잘 이해하도록 도우며, 오늘날에도 교회를 향한 하나님의 의도를 이해하는 데 중요한 통찰을 제공한다고 주장한다.[80]

따라서 교회는 먼저 자신의 거점, 곧 지역사회에 대한 올바른 선교 해석학적 기능과 함께 문화적 감각을 가져야 한다. 이는 교회가 지역사회와 공유된 문화를 갖지 못할 때 공동체적 연대는 물론이고 그 존재의 의미마저 상실하여 교회의 존재 가치가 점점 하락할 수 있기 때문이다. 이런 이유

80) 찰스 H. 크래프트/임윤택·김석환 역, 『기독교와 문화』 (서울: CLC, 2006), 509, 514.

로 교회는 거점의 상황을 선교 해석학적 기능을 통해 비판적으로 읽어내며, 지역의 주요 의제들을 파악할 수 있어야 하며, 점차 수용자 중심의 효과적인 복음 전파를 위해 문화적 접근 방법을 모색해야 한다. 이와 같은 맥락에서 프로스트(Michael Frost)와 허쉬(Alan Hirsch)는 지역공동체로서 교회의 고결함과 사명 의식의 힘이 소금과 빛이 되기 위해서는 '거기 계시는 하나님'께서 그리스도를 통해 개인과 문화를 변혁시키시도록 소망해야 한다고 말한다. 그래서 이들은 지역사회의 변화를 위한 선교적 교회의 네 가지 공통 접촉점으로 근접 공간, 공동 프로젝트, 영리사업, 자생적 신앙공동체를 제시한다.[81)]

또한 다문화적인 현대사회는 기하급수적인 변화와 혁신 가치를 중시하며, 지역적인 것과 세계적인 것이 만나는 초연결 글로컬 사회이므로 문화 이변까지 염두에 두는 감수성과 민첩함을 함께 키워야 한다. 그렇게 할 때 보편적이든 특수적이든 상관없이 초문화적으로 역사하시는 하나님의 선교에 동참할 여러 기회를 얻을 수 있다. 이에 대해 크래프트는 문화적 패턴과 과정이 그것을 사용하는 사람에 따라 끊임없이 변화하며, 개인의 변화는 문화의 사용방식과 문화 구조에 변화를 초래한다고 말한다. 더불어 더 많은 사람의 변화가 더 넓은 영역에서 변화를 일으켜 새로운 문화의 사용 방식과 문화 구조를 만들어낸다고 주장한다. 특히 하나님과 맺은 관계로 인한 변화는 격렬한 문화적 재조정 과정을 포함하므로 현대선교신학은 이를 '변혁적'(transformational)이라는 용어로 지칭한다.[82)]

결론적으로 초문화성과 초연결성을 지닌 상황화는 하나님 나라의 문화

81) 마이클 프로스트·앨런허쉬/지성근 역, 『새로운 교회가 온다』 (서울: IVP, 2016), 146-147.

82) 찰스 H. 크래프트, 『기독교와 문화』, 207.

를 창조하고 구현하는 방법론적·변혁적 모델로, 변화하는 상황에서 교회가 내부 이미지를 가지고 변혁적 기능을 수행하기에 대한 동질과 동화의 의미로 이해할 수 있다. 이런 맥락에서 모든 그리스도인은 문화 안에 사는 하나님의 백성들(the people of God)로서 복음의 원래 청자들에게 미쳤던 영향력을 현대인에게도 동일하게 끼치는 역동적 등가적인 존재로 살아가야 한다.[83] 마치 예수께서 성전을 정화하신 사건(막 11:15; 눅 19:45)이나 사회적 약자들을 돌아보신 행위, 세리 및 죄인들과 대화하시면서 음식 잡수신 행위(막 2:15; 눅 5:29)처럼 이는 단순한 행위가 아니라 유대주의적 사상에 맞붙는 공적 저항이자 사회적 부조리를 혁신하는, 초문화성과 초연결성을 지닌 선교적 행위라고 말할 수 있다.

6) 미래, 초월적 현재성

그리스도의 사역은 십자가와 부활로 완결된 성자 예수만의 사명이 아니다. 그것은 삼위일체 하나님의 사역이며, 동시에 그리스도와 연합한 모든 교회와 그리스도인에게 계승된, 완전한 하나님 나라가 확실히 도래할 때까지 지속해야 할 본분이다. 이와 관련하여 밀리오리(Daniel Migliore)는 하나님의 선교를 위한 그리스도인의 존재와 임무에 대해 다음과 같이 언급한다.

> 기독교인으로서 우리는 세상에서 하나님의 선교를 위해 동역자가 되도록 부름을 받는다.… 이는 이웃을 향한 사랑과 하나님의 구원 활동의 완성이라는 미래를 향한 운동에 참여하는 것이다. 기독교인의 소명은 해방적인 화해의 사

83) Ibid., 518.

역이며, 정의가 실현되고 자유와 사랑이 넘치는 새로운 공동체 안으로 사람들을 초대하는 부름이다. 이 공동체는 예수 그리스도에 기반을 두고, 성령에 의해 능력을 받고, 삼위일체 하나님과의 영원한 교제 속에 참여하도록 운명지어진 존재들로 구성된다.… 기독교인들은… 새 하늘과 새 땅에서 새로운 인간이라는 하나님의 약속의 궁극적인 완성에 대한 확신과 희망 속에서 이러한 과업들을 수행한다.[84)]

한편, 벤 엥겐(Charles Van Engen)은 교회(부름을 받은 존재)를 이끌어가는 강력한 힘의 원천을 하나님 나라의 임재와 밀접히 연관시킨다. 여기서 오는 힘의 실재는 하나님의 역사하심과 성령의 능력 안에서 생명을 '이미'(already)에서 '아직'(not yet)으로 움직이는 역동성을 가진다. 이와 관련하여 마가복음 4장 38-39절과 누가복음 8장 22-24절에서는 예수께서 맹렬한 파도를 잠잠케 하시고 두려움에 사로잡힌 제자들을 평안케 하시는 장면이 나온다. 이 사건은 스승 예수가 도대체 어떤 존재이기에 바람과 물결까지 순종하는지 제자들에게 깊은 경외와 놀라움을 불러일으킨다. 이는 시편의 기록(시 65:7, 89:9, 107:29)처럼 바다와 파도와 광풍을 잠잠하게 하실 분은 오직 하나님이심을 보여주는 구약의 계시와 연결되며, 동시에 그들과 동행하시고 기적을 행하시는 예수가 성부로부터 보냄 받은 메시아이심을 명확히 드러낸다.

또 마가복음 6장 48-51절을 보면, 오병이어의 기적을 체험하고도 심한 바람에 일렁이는 바다 위에서 두려움에 떨고 있는 제자들의 나약한 모습이 나타난다. 이런 상황에서 바다 위를 걸어 그들에게 찾아오신 예수는 바다를 다스리시는 초월자를 연상케 하며(욥 9:8; 시 77:16), 한계에 봉착한 자기 백성

84) 다니엘 L. 밀리오리/이정배 역, 『조직신학입문』 (서울: 나단, 1994), 281-282.

을 방관하지 않으시는 구원의 하나님을 잘 드러낸다. 신적 능력을 지닌 예수는 사기 끼세 이때 있는 자연이 요동 앞에서도 평안을 누리시며 자기 백성을 거세게 몰아치는 자연을 꾸짖으신다. 이렇게 예수를 통해 드러난 하나님 나라의 역동성은 성자 자신의 사역은 물론 아직 도래하지 않은 완성된 하나님 나라의 모습(하나님의 통치)을 현재화한다. 이와 같이 그리스도와 연합한 교회는 하나님 나라의 역동적 관계 속에서 본질적 속성을 가지며, 더 충만한 단계로 부름받은 존재인데, 벤 엥겐은 이것이야말로 '선교적 교회를 향한 부르심'이라고 말한다.[85]

그렇다면 이 땅의 모든 교회와 그리스도인은 초월적 하나님 나라를 현존적 하나님 나라로 어떻게 구현하며 그 나라의 복음을 제시할 수 있을까? 그것은 머물러 있는 증인이 아니라 계속해서 '경계를 넘는 행위'를 통해 증거의 삶을 사는 데 있다. 김민희는 초대교회 성도들에게 선교적 공동체라는 명칭은 없었지만, 그들이 자신이 속한 사회 각 분야에 스며들어 선교적 삶을 통해 불신자들에게 복음에 대한 호기심(궁금증을 유발할 정도의 '매력 있는 모습'으로)을 불러일으켰다고 말한다.[86] 같은 맥락으로 죽음을 앞둔 예수께서 빌라도 앞에서 어떤 변명이나 변증도 없이 오직 침묵을 일관하신 것은 빌라도에게 그리스도에 대한 깊은 궁금증을 불러일으키며, 이해할 수 없는 복음의 매력을 드러낸 사건이었다. 곧 예수의 침묵은 아직 미완인 하나님 나라가 완성을 향해 나아가게 하는 성육신의 외길이었다.

따라서 모든 교회와 그리스도인은 '이미'와 '아직'의 긴장 속에서 시공간적 경계를 넘어 하나님 나라를 가시화하기 위해 타성에 젖은 경직을 경계하

85) 찰스 벤 엥겐, 『하나님의 선교적 교회』, 38.

86) 김민희, "증언의 도구로서의 평신도 사도직의 사회적 소명," 「선교신학」 66(2022), 61-62.

고 거부해야 한다. 더불어 희망이 아닌 소망의 인내를 통해 하나님의 선교적 성실을 역사 속에 계속 드러내야 한다. 이것이 '이미'와 '아직' 사이에서 초월성을 드러내는 선교적 행위이다. 이처럼 예수께서 하나님 나라의 승리와 완성을 바라보시며 몰약 탄 포도주를 거부하신 행위는 초월적 평안과 함께 그 나라를 인류 안으로 끌어오시는 현재적 모습이라 할 수 있다.

5. 나가는 말

포스트모던과 과학 문명의 급속한 발전과 함께 다문화, 팬데믹, 나노 현상 등 급변하는 사회 속에서 현대인들은 획일적이고 결정론적인 주장을 경청하거나 이를 수용하려는 경향이 매우 낮을 뿐만이 아니라 거부하는 경향이 짙다. 이런 사회 분위기에서는 일방적이고 선포 중심적인 복음 증거가 효과를 발휘하기 어렵다. 따라서 복음 전도적 전략이라 할지라도 기독교 공동체는 경청과 공감을 기반으로 한 행위와 삶의 현존적 증거 방식을 통해 선교의 패러다임을 전환할 필요가 있다. 특히 모든 교회와 그리스도인은 예수 그리스도와 연합한 하나님의 백성으로서 일상의 모든 보편행위에서도 창조주의 아름다움을 드러낼 수 있어야 한다. 분명한 것은 이것이야말로 하나님께 속한 존재에게서 자연스럽게 나타나는 본질적인 모습이다. 이러한 맥락에서 마이클 그린(Michael Green)은 로잔회의 공식 연설에서 초대교회의 일상생활이 복음 전도의 강력한 파급효과를 지녔음을 다음과 같이 설명한다.

이 기독교인들은 고대사회의 모든 색채, 계급, 심지어 불가촉천민들까지도 포용했다.… 그들이 서로의 필요를 돌보는 모습은 고대사회에서 화제가 되었고, 사람들이 이들이 서로 어떻게 사랑하는지를 보았을 때… 그들은 예수님의 메시지에 귀를 기울이게 되었다.… 기독교인 회중 안에서의 교제가 사회의 다른 어떤 곳에서도 찾아볼 수 있는 수준에 불과하다면, 아무리 기독교인들이 목이 쉬도록 예수님의 변화시키는 사랑과 능력에 대해 이야기한다 해도, 사람들은 귀를 기울이지 않을 것이다.[87]

이상에서 살펴본 것처럼 여전히 죄악성을 가진 교회와 그리스도인들의 모든 행위를 선교적이라 부를 수는 없으나 선교적이라는 명칭이 합당하려면 이에 걸맞은 성격을 갖추어야 한다. 달리 말하면, 선교적 행위란 팔복(마 5:3-12)의 정신을 구현하는 것으로 심령의 가난함, 애통함, 온유함, 의에 주리고 목마름, 긍휼, 청결함, 화평케 함 그리고 의를 위해 박해를 기꺼이 감내하는 선교사적 정신과 신앙이 일상에서 자연스럽게 우러나오는 것이다. 이러한 행위는 하나님 나라의 임재로부터 오는 힘을 실제로 형상화하는 복음의 실존적 행위라 할 수 있다.

끝으로, 본 글이 주장하는 선교적 행위의 여섯 가지 핵심 요소는 성경신학적이고 선교신학적인 복음의 통전성 안에서 이해되어야 한다. 결국, 그리스도께서는 "선한 일을 열심히 하는" 자기 백성을 창조하기 위해 우리를 구속하셨고(딛 2:14), 우리는 "그리스도 예수 안에서 선한 일을 위하여 지으심을 받은"(엡 2:10) 선교적 존재임을 잊지 말아야 한다.

---

87) Michael Green, "Methods and Strategy in the Evangelism of the Early Church," in *Let the Earth Hear His Voice, Edited by J. D. Douglas* (Minneapolis: World Wide Publication, 1975), 169.

마가·누가복음에 나타난 예수 행위의 선교적 분석

아래 표[88]는 두 복음서에서 예수의 행동이 언급된 구절만 선별해 분석한 것이다. 예수의 가르침이더라도 행동 표현이 있으면 언급했고, 사역의 결과물이 있더라도 행동 표현이 없으면 언급하지 않았다. 말 그대로 선교적 행위의 관점에서 오롯이 그리스도의 일상 사역에 나타난 '행위'에만 주목했다. 물론 행위만으로 선교의 결과물이 나왔다고 단정 지어 말할 순 없지만, 구두 복음 전도에 수반되는(그렇지 않더라도) 예수의 행위도 선교적 결과물을 낳는 원인으로 볼 수 있다는 뜻이다. 하나님의 원뜻을 온 구원으로 볼 때 이를 추구하는 행위는 선교적 행위로 칭할 수 있다. 이런 논리에서 마가복음과 누가복음에 나타난 예수의 선교적 행위는 다음의 22가지로 구분하여 살펴볼 수 있다.

88) 김신구, "행위예술의 관점에서 본 예수의 비언어적 표현들," 31-37.

* (1), (2)는 구분과 성격이 중복됨을 의미함

1) 주권성: 예수의 근본 행위는 자기를 보내신 성부의 뜻에 대한 순종이었다.

행위	본문		상황	내용
머무심	눅 2:43	머무르셨도다, 아버지 집에 있어야 될 줄을	자신이 머물 곳은 아버지의 집이라고 말씀하심. 선생들은 그 지혜와 대답에 놀람	예수의 다음 생애를 규정하는 것이면서 육친의 관계를 끊는 과정으로 예수께서는 십자가 사명을 위해 오신 메시아이심을 나타내심
이끌리심	막 1:13 눅 4:1	사십일을 계시면서, 돌아오사, 이끌리시며	사탄에게 시험받으심	성령 충만을 입은 상태로 성령은 예수를 충만하게 감싸주시고 예수께서는 성령께 이끌리심
	눅 4:2	잡수시지 아니하시니	40일간 먹지 않으심으로 굶주린 예수의 상태임	40일의 시험은 40년간 시험받은 이스라엘 역사와 유사함. 또 모세가 시내산에서 40주야 떡과 물을 취하지 않은 것과도 유사함(출 34:28; 신 9:9)[89]
기도	막 1:10 눅 3:21-22	올라오실새, 세례를 받으시고, 기도하실 때에	하늘이 갈라짐, 성령 강림, 하나님 음성이 남	복음서 중 누가복음은 예수의 기도를 부각함. 세례받으신 행위는 요한의 사역에 대한 인정과 인간 예수를 뜻함. 이때의 초월적 현상은 메시아이심을 확증함

89) 신현우, 『누가복음 어떻게 읽을 것인가』 (서울: 성서유니온, 2016), 82.

90) Ibid., 100, 111.

막 1:35 물러가사 한적한

기도 하심	막 1:35 눅 5:16	물러가사 한적한 곳에서 기도하심	몰려든 군중을 피해 하나님께 기도하기 위해 이동하심	누가복음에서 광야와 산은 메시아의 기도와 계시 장소임90)
	눅 6:12	기도하시러 산으로 가사 밤이 새도록 하나님께 기도하시고	기도 후 열둘을 사도로 칭하심	메시아 사역은 독단적인 것이 아닌 보내신 이의 뜻을 여쭙고 따르는 사역이었음
	막 6:46	기도하러 산으로 가심	사역을 마치신 후	사역 후나 다음 사역을 위해 사람들이 없는 한적한 곳을 택해 기도하심
	막 8:27-29 눅 9:18	기도하실 때에 (물으심)	메시아의 고난, 돌아가심, 부활을 제자들에게만 알리심(21-22절)	베드로의 신앙고백은 예수의 기도 배경에서 등장함. 곧 베드로의 답변은 예수 기도의 응답이면서 메시아의 미래 사건에 대한 암시임
	눅 9:28	기도하시러 산에 올라가사	변화체와 함께 별세를 말씀하심 (29-31절)	십자가의 돌아가심과 부활을 통해 얻게 될 영광의 일시적 변형
	눅 11:1-4	기도하시고	기도의 본(1절)과 내용(2-4절)을 알려주심	기도의 궁극적인 내용은 아버지의 영광이며, 이를 통해 아버지의 나라가 임한다는 것과 일용할 양식, 죄 용서, 시험에 들지 않는 것에 관한 것임
	막 14:35 눅 22:44	땅에 엎드리어, 힘쓰고 애써 더욱 간절히 기도하시니	마지막 사명 완수를 위한 메시아의 격한 고뇌와 몸부림	사명 완수를 위한 내적 긴장과 고뇌의 표현. 땀이 핏방울처럼 떨어졌다는 것은 감당할 수 없을 만한 긴장과 고뇌로 인한 격한 몸부림의 표현임

침묵 하심 (1)	막 14:61, 15:5	침묵하고 아무 대답도 아니 하시거늘, 다시 아무 말씀으로도 대답하지 아니하시니	14장 61절에서 침묵은 다른 질문으로 이어짐, 예수의 굳은 의지에 빌라도는 놀람	재판 결과를 알고 계신 예수께서는 거짓 증언에도 대응치 않으시고 침묵하심. 특히 15장 5절에서는 '다시 아무 말씀으로도 대답하지 아니하시니'라고 기록하고 있는데, 이는 부정어 두 개가 연속 사용된 것으로 의지적 침묵임을 밝힘[91]

2) 원형성: 예수의 행위는 잘못 변형된 모습을 창조의 본 모양으로 치유하는 것이었다.

행위	본문		상황	내용
쫓아 내심 (축귀)	막 1:25, 34 눅 4:35, 41	꾸짖어 이르시되, 꾸짖어, 꾸짖으사	귀신이 그 사람에게 경련을 일으키고 큰 소리를 지르며 나옴	꾸짖는 행위는 악령을 제압하려는 강한 어조. 당시 꾸짖음의 축귀 방식은 헬라인, 유대인들과 다른 독특한 방식이었음. 예수께서 꾸짖어 쫓아내심은 귀신의 왕 마귀를 제압할 영적 권위가 자신에게 있다는 뜻임. 귀신의 지식은 참 믿음과 다름
	막 9:27 눅 9:42	손을 잡아 일으키시니, 꾸짖으시고	아이가 나음. 행하신 모든 일을 사람들이 놀랍게 여김, 제자들이 축귀 실패를 여쭘	귀신 축출을 통해 하나님의 위엄을 나타내심. 그러나 제자들은 실패함. 제자들은 예수께 받은 사명 감당이나 하나님의 영광을 드러내기에는 역부족임. 마가복음에서는 이 모든 것이 기도 부족으로 기록함

고치심	막 1:31 눅 4:38-39	들어가시니, 잡아 일으키시니, 꾸짖으신대	시몬 장모의 병이 떠남, 예수께 수종듬	이 꾸짖음은 예수의 축귀에서도 나타남. 예수께서는 시몬 장모의 열병이 귀신에 의한 열병으로 이해하셨던 것으로 보임. 이어 하나님 나라 복음을 말씀하시는 것을 통해 볼 때 축귀와 치유 사역이 함께 나타나는 것은 당연함[92]
	막 1:34 눅 4:40	손을 얹으사	온갖 병자의 몸이 고쳐짐	-
	막 1:41 눅 5:13	손을 내밀어 대시며	나병이 떠남	나병환자 치유와 제사장에게 치유 확인을 받고 예물을 드리라는 것은 메시아임의 증명. 또 치유 받은 자가 사회로 복귀케 하는 것이므로 하나님 나라를 구현하는 행위임
	눅 7:14	가까이 가서 그 관에 손을 대시니	나인성 과부의 아들 (청년)이 살아남	손을 대시는 행위는 접촉을 통한 복 전달의 의도를 친근함으로 표현한 것. 또 죽은 자를 살리는 일은 메시아만의 기적으로 간주함. 이로써 예수는 하나님의 아들, 예언 성취의 주체로서 성육신하신 메시아이심을 초월적 힘으로 드러내심
	막 6:5	안수하여	소수 병자를 고치심	-

91) 두란노서원, 「생명의 삶 +PLUS: 마가복음 11-16장/디도서」 (서울: 두란노서원, 2019), 168.

92) 대한성서공회, 『관주·해설 성경전서(개역개정판)』 (서울: 대한성서공회, 2005), 신약25.

	막 7:33-35	데리고 떠나서, 손가락을 그의 양 귀에 넣고 침을 뱉어 혀에 손을 대시며	귀가 열리고 혀가 맺힌 것이 곧 풀려 말이 분명해짐	귀먹고 말 더듬는 자를 따로 데리고 가신 이유는 치유로 야기할 만한 불필요한 [illegible] 피하기 위해서였을 것임. 또 환자 당사자와의 개인적 관계를 의도하신 것처럼 보임. 침을 뱉는 행위는 고대 치유 이야기에서 종종 발견되는 요소임[93]
고치심	막 8:23-25	손을 붙잡으시고, 데리고 나가사 눈에 침을 뱉으시며, 안수하시고, 그 눈에 다시 안수하시매	밝히 보게 됨	23절에 "무엇이 보이느냐"라고 물으신 후 25절에서 "다시 안수하시매"라고 말씀하신 것은 치유가 단번에 이루어지지 않았음을 의미함. 이것은 예수 능력의 불완전성이 아니라 맹인 치유 사건을 통해 제자들의 영적 상태를 묘사하려는 마가의 의도와 연관된 것으로 보임. 이어 베드로의 고백이 등장하지만, 이 또한 아직 부족한 상태로 보임. 곧 벳새다 맹인의 육체적 어두움은 제자들의 영적 어두움과 은유적 조화를 이룸
살리심	막 5:41 눅 8:54	손을 잡고	소녀(회당장 야이로의 딸)가 일어나 걸음	시체에 접촉하는 것은 시체의 부정이 전달될 만한 행동이지만(민 19:11-13) 예수의 손이 닿을 때 죽은 아이가 살아남. 혈루병 걸린 여인이 예수의 옷에 손을 대어 나은 것과 유사한 현상임. 사람에게는 불결이 전염되지만, 메시아께서는 불결을 몰아내어 정결케 하심

3) 친밀성: 예수의 행위는 전인격적 동화로서 진정한 벗의 모습이었다.

행위	본문		상황	내용
다가 가심 (1)	눅 5:3	한 배에 오르시니	무리를 향해 하나님 나라의 복음을 전하시지만, 적당한 거리를 두심	이것은 베드로를 제자 삼기 위한 의도적 접근임. 여기서 예수께서는 제자 될 사람들과 한배를 타심
동석 하심 (1)	눅 11:37	들어가 앉으셨더니	바리새인의 탐욕과 악독의 가득함을 지적, 청결 강조	종교 지도자들과 식탁 교제(7:36-50, 11:53-54, 14:1-6)는 늘 부정적인 결과로 끝남. 곧 예수의 동석은 논쟁의 시작을 알림
우심	눅 19:41	성을 보시고 우시니	예루살렘 멸망과 성전 파괴의 예언	예루살렘의 종말이 이르렀음을 보시고 우심. 이것은 예루살렘 성을 향한 사랑의 표현임
섭취 하심 (1)	막 2:15 눅 5:29	잡수실 때에, 함께 앉아 있는지라	세리 및 죄인들과 함께 앉아 식사하심	정결법을 어긴 자들과의 식사는 부정에서 피할 수 없지만, 세리, 죄인들과 함께 식사하심으로써 형제로 받아들이심. 이것은 치유를 위한 식탁임의 증명(눅 5:31-32)
	눅 24:30, 43	잡수실 때에, 떼어, 주시니, 잡수시더라	육체를 가지신 형상으로 부활하심	떡을 가지고 축사하신 후 떼어 제자들에게 주시니 그들의 눈이 밝아져 예수이신 줄 알아봄. 또 유령으로 여기는 제자들에게 육체적 부활을 입증하시고자 음식을 드심. 아직 믿지 못하는 제자들의 믿음을 확고히 하시려는 메시아의 모습임

93) Ibid., 199.

4) 선포성: 예수의 행위는 언어적 기능이 없이도 복음의 증언성이 있는 선포였다.

행위	본문		상황	내용
가르치심	눅 4:16-17	성경을 읽으려고 서시매, 책을 펴서 기록된 데를 찾으시니	성경 읽는 관습을 따르심. 이사야의 글을 읽으신 후 자기 언어로 해석하심	자신을 통해 이사야 61장 1-2절이 성취되고 있음을 선언하심. 영적 해방과 포로 해방, 희년 선포를 통해 자신이 메시아임을 암시하심
	막 9:36	어린아이 하나를 데려다가 그들 가운데 세우시고 안으시며	어린아이를 통한 영접 비유	사회적 약자를 대하는 태도가 자신에게 한 태도이며, 자기를 보내신 성부에 대한 태도임을 밝히심(마 25:34-46; 약 1:27). 참된 제자도로 복음을 개인 차원에서 사회적 구원으로 확장하여 가르치심
	막 10: 21, 23, 27	그를 보시고, 둘러보시고, 그들을 보시며	사랑 위에서 말씀하신 구원의 답변과 이에 충격받은 제자들	영생에 대한 관심과 함께 예수를 따르려는 의지가 있었던 부자에게 재물을 다 팔아 빈자들에게 나눠준 후 따르라고 말씀하심. 이후 부자가 천국에 들어가는 것이 낙타가 바늘귀로 들어가는 것보다 어렵다는 충격적 발언을 하시면서 구원은 하나님의 능력으로만 가능함을 말씀하심
	눅 19:5	이르사 쳐다보시고 (유하여야 하겠다)	삭개오와 대면, 세리인 그의 집에 머무름이 필요하다고 표현하심	예수의 눈빛은 쳐다봄에서 그친 것이 아니라 죄인과의 교제가 금기시된 당시 상황과 사람들의 평가를 넘는 메시아로서의 교제임. 비판에 개의치 않으시고, 죄인을 구하러 오신 사명에만 집중하심

피하심	눅 4:30	그들 가운데로 지나서 가시니라	분노한 유대인들을 피해 지나치심	고향이 아닌 이방인에게 기적을 베풀겠다는 것과 이사야서의 말씀이 자신을 통해 성취된다고 말씀하심으로써 자신이 메시아임을 드러내심
다가 가심 (2)	눅 5:3	한 배에 오르시니	무리를 향해 하나님 나라의 복음을 전하시지만, 적당한 거리를 두심	이것은 베드로를 제자 삼기 위한 의도적 접근임. 여기서 예수께서는 제자가 될 사람들과 한배를 타심
이동 하심	막 10:32 눅 19:28	그들 앞에서 서서 가시는데 예루살렘을 향하여 앞서서 가시더라	예루살렘을 향해 나아가시는 예수의 굳은 결심을 보여줌	하나님의 구원을 위한 마지막 사역으로의 상징적 행보. 메시아는 나귀 새끼를 타고 들어가시는 퍼포먼스를 통해 겸손의 왕이심을 나타내심. 이는 스가랴 9장 9절 예언의 성취임
	막 11:7, 11	타시니, 들어가사 둘러보시고, 나가시니라	예루살렘 입성	스가랴의 예언대로 메시아는 준비된 나귀 새끼를 타심. 메시아는 세상이 기대하는 지배와 정복의 왕이 아닌 겸손과 섬김의 왕이심을 의미함
	막 9:2 눅 9:28	데리시고 따로 높은 산에 올라가셨으니 그들 앞에서 변형되사, 데리고, 올라가사	변형체를 본 베드로의 고백, 베드로, 야고보, 요한은 몹시 무서워 말을 못 함	예수께서 이 세 명의 제자를 데리고 가신 것은 10장에서 그들이 다른 제자들보다 더 높은 지위를 요구한 것과 연관성이 있을 수 있음.[94] 예수께서는 이들 앞에서 변형하심

94) 두란노서원, 「생명의 삶 +PLUS: 마가복음 1-10장」 (서울: 두란노서원, 2014), 238.

전파 하심	눅 4:42-44	나오시	복음 전도를 위한 이동	43절에서 예수는 '하나님의 나라 복음'을 전하여야 한다고 말씀하심. 이는 하나님 통치가 이뤄지는 새 나라의 종말론적 구원을 말함
	눅 8:1	각 성과 마을에 두루 다니시며		하나님 통치의 나라를 선포하시기 위한 발걸음으로 성과 빈부 차는 아무런 의미가 없음
나누심 (1)	막 6:41 눅 9:16 (오병 이어)	떡을 떼어 제자들에게 주어, 물고기 두 마리도 모든 사람에게 나누시매, 떼어	예수께 받은 떡을 다시 많은 사람에게 나눠줌, 남은 떡 조각과 물고기가 열두 바구니나 됨	이 과정의 첫째 단계는 예수께서 제자들에게 떼어 주실 때, 둘째 단계는 제자들이 무리에게 나누어 줄 때 일어남. 5천 명의 무리가 먹고 12 바구니가 남은 것은 모든 백성에게 구원의 양식을 풍성히 먹이시는 구원자 예수에 관한 기적임
	막 8:6 (칠병 이어)	떼어 제자들에게 주어 나누어 주게 하시니	배불리 먹고 남은 조각 일곱 광주리를 거둠	연속적인 예수의 동작 기록은 감사를 표현하는 것임. 또 많은 무리에게 먹이신 것은 이방인들도 하나님의 언약 공동체의 일원으로 참여할 수 있음을 뜻함. 이는 종말론적 잔치로 이해 가능
	막 14:22-23 눅 22:19-20	떼어 제자들에게 주어 나누어 주게 하시니	최후의 만찬	떡을 몸으로 비유하시면서 떼어주신 것은 몸이 되어 오신 그리스도를 상징. 또 포도주는 우리를 살리시려 흘리신 의인의 피로서 생명 주신 것을 뜻함. 메시아의 살과 피로 세우는 새 언약임

섭취 하심 (2)	눅 24:30	떼어 (부활 이후)	육체를 가지신 형상으로 부활하심	부활의 예수와 두 제자의 만남을 묘사한 이 구절은 오병이어 사건(9:16)과 유월절 만찬(22:19)과 유사함. 두 제자는 예수께서 주신 떡을 받아먹은 후 배불렀고, 예수이심을 기억했고, 눈이 밝아짐
	막 2:15 눅 5:29	잡수실 때에, 함께 앉아 있는지라	세리 및 죄인들과 함께 앉아 식사하심	정결법을 어긴 자들과의 식사는 부정에서 피할 수 없지만, 세리, 죄인들과 함께 식사하심으로써 형제로 받아들이심. 이것은 치유를 위한 식탁임이 증명됨(눅 5:31-32)
	눅 24:30, 43	잡수실 때에, 떼어, 주시니, 잡수시더라	육체를 가지신 형상으로 부활하심	떡을 가지고 축사하신 후 떼어 제자들에게 주시니 그들의 눈이 밝아져 예수이신 줄 알아봄. 또 유령으로 여기는 제자들에게 육체적 부활을 입증하시고자 음식을 드심. 아직 믿지 못하는 제자들의 믿음을 확고히 하시려는 메시아의 모습임
재촉 하심	막 6:45	재촉하사, 보내는	오병이어의 기적 이후 예수께서는 제자들에게 강요하여 건너편 벳새다로 건너가게 하심	제자들을 재촉해 벳새다로 보내신 것은 헛된 영광(사람들의 환호와 관심)을 구할 위험에서 보호하시려는 목적임. 실제 제자들이 헛된 영광을 구할 위험에 빠질 수 있음을 알고 계셨음(9:34, 10:37). 또 예수는 사역 후 기도 시간을 가지셨는데, 사역의 집중을 위해 사람들을 피하곤 하셨음

보이심	막 16:9, 12, 14 눅 24:36-43	보이시니, 나타나시니, 나타나사 친히 그들 가운데 서서	부활체로 제자들을 만나심	예수는 육체를 가진 부활체로 손과 발의 십자가 흔적을 복음의 증거로 제시하심. 자신이 십자가에서 처형당한 예수임을 명확히 하시고자 온전치 못한 육체로 부활하심
축복하심	눅 24:50	손을 들어 그들에게 축복하시더니	마지막 축복과 승천	부활하신 예수는 제자들을 데리고 베다니로 가셔서 축복하심. 이곳은 마지막 만찬이 있었던 곳이면서 제자들이 실패했던 자리임. 이곳에서 예수께서는 승리하셨고, 축복하셨으며, 승천하심
	막 10:16	어린아이들을 안고 그들 위에 안수하시고 축복하시니라	제자들은 서로 누가 큰지 논쟁하기에 바쁜 나머지 사람들이 데려온 아이들을 막아섬	어린아이를 세워 하나님 나라의 섬김과 제자도를 가르치시면서 하나님 나라가 이런 자의 것임을 선언하심. 하나님 나라는 사회적 약자가 인정받고 소중히 여김 받는 나라. '안수'는 치유와 연결되지만, 본문은 어린아이들을 사랑으로 품고 받아주시는 예수의 모습을 나타냄
침묵하심 (2)	막 14:61 막 15:5	침묵하고 아무 대답도 아니 하시거늘, 다시 아무 말씀으로도 대답하지 아니하시니	14장 61절에서 침묵은 다른 질문으로 이어짐, 예수의 굳은 의지에 빌라도는 놀람	재판 결과를 알고 계신 예수께서는 거짓 증언에도 대응치 않으시고 침묵하심. 특히 15장 5절에서는 '다시 아무 말씀으로도 대답하지 아니하시니'라고 기록하고 있는데, 이는 부정어 두 개가 연속 사용된 것으로 의지적 침묵임을 밝힘[95]

95) 두란노서원, 「생명의 삶 +PLUS: 마가복음 11-16장/디도서」 (서울: 두란노서원, 2019), 168.

받지 않으심 (1)	막 15:23	몰약을 탄 포도주를 주었으나 예수께서 받지 아니하시니라	예수의 의지적 거부	14장 25절에서 "내가 포도나무에서 난 것을 하나님 나라에서 새것으로 마시는 날까지 다시 마시지 아니하리라"라고 말씀하신 것처럼 몰약 탄 포도주를 거부하시는 모습

5) **변화성**: 예수의 행위는 창조 세계의 온 구원을 위한 지속적 혁신 운동이었다.

행위	본문		상황	내용
쫓아내심 (정화)	막 11:15 눅 19:45	내쫓으시며, 의자를 둘러엎으시며	성전 정화	성전을 기도의 집이라고 말씀하시면서 이사야 57장 7절을 인용하심. 그들이 성전을 '강도의 소굴'로 만들었음을 지적하심
나누심 (2)	막 6:41 눅 9:16 (오병이어)	떡을 떼어 제자들에게 주어, 물고기 두마리로 모든 사람에게 나누시매, 떼어	예수께 받은 떡을 다시 많은 사람에게 나눠줌, 남은 떡 조각과 물고기가 열두 바구니나 됨	이 과정의 첫째 단계는 예수께서 제자들에게 떼어 주실 때, 둘째 단계는 제자들이 무리에게 나누어 줄 때 일어남. 5천 명의 무리가 먹고 12 바구니가 남은 것은 모든 백성에게 구원의 양식을 풍성히 먹이시는 구원자 예수에 관한 기적임
	막 8:6 (칠병이어)	떼어 제자들에게 주어 나누어 주게 하시니	배불리 먹고 남은 조각 일곱 광주리를 거둠	연속적인 예수의 동작 기록은 감사를 표현하는 것임. 또 많은 무리에게 먹이신 것은 이방인들도 하나님의 언약 공동체의 일원으로 참여할 수 있음을 뜻함. 이는 종말론적 잔치로 이해 가능

나누심 (2)	막 14:22-23 눅 22:19-20	떼어 세사들에게 주시며, 그들에게 주시니	최후의 만찬	떡을 몸으로 비유하시면서 떼어주신 것은 몸이 되어 오신 그리스도를 상징. [illegible]는 우리를 살리시려 흘리신 의인의 피로서 생명 주신 것을 뜻함. 메시아의 살과 피로 세우는 새 언약임
	눅 24:30	떼어 (부활 이후)	육체를 가지신 형상으로 부활하심	부활의 예수와 두 제자의 만남을 묘사한 이 구절은 오병이어 사건(9:16)과 유월절 만찬(22:19)과 유사함. 두 제자는 예수께서 주신 떡을 받아먹은 후 배불렀고, 예수이심을 기억했고, 눈이 밝아짐
동석하심 (2)	눅 11:37	들어가 앉으셨더니	바리새인의 탐욕과 악독의 가득함을 지적, 청결 강조	종교 지도자들과 식탁 교제(7:36-50, 11:53-54, 14:1-6)는 늘 부정적인 결과로 끝남. 결국 예수의 동석은 논쟁의 시작을 알림

6) 미래성: 예수의 행위는 '이미 그러나 아직'(already but not yet)의 초월적 확신에서 나온 것이었다.

행위	본문		상황	내용
초월적 평안과	막 4:38-39 눅 8:22-24	주무시더니, 오르사, 잠이 드셨더니, 꾸짖으시니	바람과 물결이 그침	예수가 누구시기에 바람과 물결이 순종하는지에 대해 제자들이 놀람. 시편에서는 바다의 파도와 광풍을 잠잠하게 하실 분은 오직 하나님이시라고 기록함(시 65:7, 89:9, 107:29). 따라서 예수께서는 스스로 하

				나님이시면서 하나님께서 보내신 분임을 초월적 힘을 통해 드러내심
자연을 꾸짖으심	막 6:48-51	보시고, 바다 위로 걸어서 그들에게 오사, 배에 올라	제자들은 바람이 그치므로 심히 놀람. 이들은 오병이어 사건을 체험했음에도 깨닫지 못함	바다 위를 걸으신 모습은 바다를 다스리는 하나님의 모습을 연상케 함(욥 9:8; 시 77:16). 이것은 자연을 다스리시는 초월적 존재로서 신(창조주)께서 친히 자기 백성을 찾아오시는 분이심을 드러냄
받지 않으심 (2)	막 15:23	몰약을 탄 포도주를 주었으나 예수께서 받지 아니하시니라	예수의 의지적 거부	14장 25절에서 "내가 포도나무에서 난 것을 하나님 나라에서 새것으로 마시는 날까지 다시 마시지 아니하리라"라고 말씀하신 것처럼 몰약 탄 포도주를 거부하시는 모습

제 3 장

박종현 함께심는교회 담임, 사단법인 센트 이사, 웨스트민스터신학대학원대학교 M.A.

하나님의 선교로 바라보는 일과 일터

선교신학적으로 일과 일터는 단순히 생계를 위한 것이 아니라 하나님의 선교(Missio Dei)에 참여하는 중요한 신앙의 장이다. 각자가 보냄받은 일터는 하나님 나라를 구현하는 선교적 공간이며, 우리의 노동은 창조 질서를 보존하고 회복하는 도구가 된다. 교회와 그리스도인들은 이러한 소명 아래, 일터에서 하나님의 사랑과 정의를 실천하고, 피조 세계와 공동체를 섬기는 데 헌신해야 한다. 기술의 대변혁, 생태 위기, 디지털 전환의 도전 속에서도 하나님의 선교는 새로운 가능성을 열어간다. 우리가 선교적 삶을 살아낼 때, 하나님의 나라는 우리의 일상과 세상 속에서 온전히 드러날 것이다.

이 글은 하나님의 선교 관점에서 일과 일터의 신학적 의미를 고찰하고, 4차 산업혁명 시대의 변화하는 노동 환경에 대한 신학적 대응 방안을 모색하는 데 목적이 있다. 이를 위해 일의 신학적 의미와 그 역사적 변천 과정을 탐구하고, 하나님의 선교가 일과 일터에 부여하는 신학적 가치를 조명한다. 나아가 교회와 일터의 관계를 재정립하며, 급변하는 시대적 맥락 속에서 신학적 실천 방안을 제안한다. 특히 하나님의 창조와 구속 사역에 동참하는 도구로서의 일을 재발견하고, 이를 통해 삶의 본질적 가치를 회복하는 데 초점을 맞춘다.

1. 들어가는 말

우리는 일한다. 일의 관점에서 보면 우리가 하는 대부분의 행위가 일로 수렴한다. 우리는 일하기 위해 교육받고, 더 나은 조건을 갖추기 위해 노력하며, 더 나은 일자리를 선택하려 한다. 심지어 일하지 않는 듯 보이는 이들조차도 보이지 않는 일의 도움을 받는다. 여가를 즐기거나 온전히 쉬기 위해서도 일해야 하며, 휴식은 다른 누군가의 일에 의해 가능해진다. 우리는 일을 벗어날 수도 없고, 벗어나서도 안 된다.

일은 언제나 생존에 관한 문제였다. 고대 수렵채집 사회에서 인류는 일용할 양식을 구하기 위해 끊임없이 수고해야 했다. 농경사회로 발전하면서 조금씩 체계를 갖추기 시작한 일은 공동체의 생존과 번영을 위한 필수적인 활동이 되었다. 산업혁명을 거치며 사람 중심이었던 일의 형태는 기계를 중심으로 급격하게 변화했고, 분업화에 따른 개인의 전문성과 효율성이 강조되기 시작했다. 현대에는 과학기술의 발달과 디지털 시대의 도래로 AI와 로봇이 인간의 노동을 대체하는 상황에 이르렀다. 이제 누군가에게 일은 창의성과 가치 창출의 대상이지만, 특정 계층의 일자리 접근성을 제한하는 심각한 문제를 낳고 있다. 현대 사회에서 일은 인간의 생존, 정체성, 사회적 역할을 포함하고 있으며, 그리스도인들에게는 신학적 사명까지를 요구하는 복합적이고 다차원적인 활동이다. 이는 단순히 개인의 생계 수단을 넘어 하나님과의 관계, 사회적 책임 그리고 자아실현을 포함하는 유의미한 행위로 간주된다.

일터는 단순히 경제 활동만이 이루어지는 물리적 공간이 아니다. 사람들은 일터에 모여 일을 통해 관계를 형성하고, 협력하며, 자신의 가치를 발견한다. 이곳은 개인의 재능이 발휘되고, 공동체가 형성되며, 사회적 변화를 이끄는 장(場)이 된다. 현대에 이르러 일터는 물리적 경계를 넘어 디지털과 가상 공간으로 확장되고 있다. 이는 새로운 형태의 협업과 상호작용으로 이어지고 있다. 일터는 또한 하나님의 나라를 확장하는 선교의 무대가 된다. 그리스도인은 자신의 일을 통해 하나님께 영광을 돌리고 이웃을 섬기는 일상을 일터를 통해 살아낸다. 이제 노동은 단순한 생산의 도구가 아니라, 하나님과 동행하며 창조 세계에 참여하는 신앙적 행위로 격상되었다. 오늘날 디지털 기술의 발달로 일터는 물리적 장소의 제약을 넘어서게 되었다. 원격 근무, 가상 회의 그리고 글로벌 협업과 같은 변화는 일터를 더욱 유연하게 연결된 공간으로 확장했다. 그러나 이러한 변화는 관계의 단절과 고립감을 초래할 위험도 내포하고 있다. 따라서 현대의 일터는 기술적 효율성을 넘어, 참된 인간성과 영성을 회복하는 장소로의 전환이 요구된다.

이제 우리가 일에 주목해야 하는 이유는 분명하다. 일은 단순히 생존의 수단이 아니라 삶의 질과 정체성을 형성하는 핵심적인 역할을 하기 때문이다. 일을 통해 우리는 자신의 재능과 능력을 발휘하며, 다른 사람과의 협력을 통해 공동체에 기여한다. 또한 일은 사회적 정의를 실현하고 창조 세계를 돌보는 책임을 수행하는 도구로 기능한다.

이 글은 일의 신학적 의미와 역사적 변천 과정을 탐구하며, 하나님의 선교가 일과 일터에 부여하는 신학적 가치를 조명한다. 이를 통해 교회와 일터의 관계를 새롭게 정의하고, 4차 산업혁명 시대라는 새로운 맥락 속에서 변화하는 노동 환경에 대한 신학적 대응과 실천 방안을 모색한다. 특히 하나님의 창조와 구속 사역에 참여하는 도구로서의 일을 재발견하고, 이를 통해 삶의 본질적 가치를 회복하는 데 초점을 맞춘다.

2. 일과 일터의 신학적 변천

초기 교회와 수도원 전통에서 노동은 생계를 위한 필수적 활동이자 경건의 한 방식으로 간주되었으며, 종교개혁 시대에는 모든 직업이 하나님께 부여받은 소명으로 재정의되었다. 이러한 변화는 산업혁명과 현대 사회의 경제적, 기술적 변화 속에서도 지속적으로 재해석되고 있다. 일터는 더 이상 단순한 경제 활동의 공간이 아니라, 하나님의 선교와 인간 삶의 본질을 실천하는 장으로 변화하고 있다. 본 장에서는 수도원 전통에서 시작된 노동관, 종교개혁 시대의 소명 신학, 산업혁명과 사회복음주의 운동의 기여, 그리고 현대 신학자들의 관점을 통해 일과 일터의 신학적 변천을 탐구한다. 이를 통해 일이 신학적, 사회적, 영적 차원에서 어떻게 재해석되었는지를 조명하고, 오늘날 그리스도인들에게 주는 교훈을 도출하고자 한다.

1) 초기 기독교의 노동관

수도원 전통 이전에도 노동에 대한 신학적 접근은 교회사 안에서 의미있게 다루어졌다. 초기 기독교 공동체와 초대 교부들은 노동을 단순한 생계 활동이 아닌, 신앙과 공동체 삶의 핵심 요소로 간주했다. 이들에게 노동은 하나님의 창조 질서를 유지하며, 인간 본연의 책임과 연대를 실현하는 수단이었다.

이들에게 노동은 또한 공동체 유지와 나눔의 필수적인 요소였다. 초대 교회는 "믿는 사람들이 모든 물건을 서로 통용하며, 각 사람의 필요를 따라 나누어주었다."(행 2:44-45) 이러한 공동체적 나눔은 노동을 통해 이루어졌으며, 이는 단순히 개인적 생존 수단을 넘어 이웃을 섬기는 구체적인 실천이었다. 바울은 "일하기 싫어하는 자는 먹지도 말라"(살후 3:10)고 권고하며, 공동체 유지와 책임 있는 신앙생활의 본질로서 노동을 강조했다.

또한 교부들은 지나친 노동의 위험성에 대해 경고하며, 쉼과 예배를 통해 영적 균형을 유지할 것을 강조했다. 마르다와 마리아의 이야기(눅 10:38-42)를 통해 일의 분주함 대신 말씀을 듣는 영적 활동의 중요성을 가르치신 점은 이를 잘 보여 준다.

초기 기독교의 노동관은 로마 사회의 계층적 노동 관념과 대조되었다. 로마 제국은 육체 노동을 주로 노예와 하층민의 몫으로 간주했지만, 초기 기독교는 모든 형태의 노동을 존엄한 행위로 보았다. 기독교는 노동을 인간의 본질적 활동으로 간주했고, 신분과 관계없이 모든 사람이 노동에 참여함으로써 공동체에 기여할 수 있다고 보았다.

또한 노동과 안식의 신학적 통합은 초기 기독교 노동관의 중요한 요소였다. 출애굽기 20장에 나타난 안식일 전통은 6일간의 노동 이후 7일째의 쉼을 통해 노동과 안식의 균형을 유지하도록 했다.[1] 노동은 창조의 질서에 속하며, 안식 또한 하나님과의 관계 회복을 위한 시간이었다. 이러한 노동과 안식의 조화는 이후 수도원 전통에서 "기도와 노동(Ora et Labora)"의 원칙으로 발전했다.

---

1) Matthew Haynes & P. Paul Krüger, "Creation Rest: Exodus 20:8-11 and the First Creation Account," *Old Testament Essays* 31/1(2018), https://scielo.org.za/pdf/ote/v31n1/05.pdf.

2) 중세 초기의 수도원 전통

중세 초기를 대표하는 수도원 전통은 노동을 단순한 생계 수단이 아닌 신앙 생활과 성화의 핵심 요소로 보았다. 수도사들은 공동체 생활과 금욕을 통해 하나님과의 깊은 관계를 추구했으며, 노동을 영적 훈련과 성화의 도구로 이해했다. 이러한 노동관은 초기 기독교 공동체와 교부들의 노동 신학을 계승, 발전시킨 것이다.

베네딕토 규칙(Regula Benedicti)은 중세 초기 수도원의 노동관을 명확히 보여준다. 이 규칙은 "기도와 노동"의 원칙을 중심으로 수도사들의 일상을 구성하며, 육체노동과 영적 활동을 조화시켰다.[2] 노동은 생존만을 위한 수단이 아닌, 하나님께 영광을 돌리고 공동체를 섬기는 실천이었다. 수도사들은 농업, 필사, 공예 등 다양한 노동을 통해 공동체의 필요를 충족하고 지역 사회에 기여했다. 노동은 나태를 극복하고, 마음과 몸을 단련하며, 하나님께 헌신하는 삶을 실천하는 과정이었다.

수도원의 노동관은 중세 유럽 사회의 경제와 문화에 깊은 영향을 미쳤다. 수도사들은 농업 기술을 발전시키고, 필사를 통해 고대 문헌을 보존했으며, 공예와 건축으로 지역 사회에 기여했다. 이는 노동을 통해 지역 사회와 연결되며 경제적 자립과 복음 전파를 동시에 실천하는 기반이 되었다. 이러한 수도원의 노동관은 수도원 내부에 머물지 않고 사회적 정의와 복지에 기여하는 형태로 확장되었다. 이는 오늘날에 이르러 현대 기독교인들에

---

2) Jonathan Malesic, ""Nothing Is to Be Preferred to the Work of God": Cultivating Monastic Detachment for a Postindustrial Work Ethic," *Journal of the Society of Christian Ethics* 35/1(2015), https://scholar.google.com/citations?view_op=view_citation&hl=en&user=q6inszEAAAAJ&citation_for_view=q6inszEAAAAJ:_FxGoFyzp5QC.

게 일과 신앙의 통합적 이해를 위한 중요한 영감과 교훈을 제공하고 있다.

3) 중세 전성기와 후기 중세의 노동관

중세는 노동과 직업에 대한 이해가 다층적으로 발전한 시기였다. 이 시기에는 도시의 성장과 사회적 변동 속에서 노동관의 다양화가 눈에 띈다.

11-13세기는 도시의 성장과 함께 노동관이 더욱 다양화된 시기였다. 토마스 아퀴나스(Thomas Aquinas)는 『신학대전』(*Summa Theologiae*)에서 노동에 높은 가치를 부여하지는 않았지만, 육체노동의 네 가지 목적을 언급하며 노동에도 영적 가치가 있음을 시사했다.[3] 그는 모든 정직한 노동이 영적 가치를 지닐 수 있다고 보았다. 도시의 길드(guild)는 직업의 전문성과 윤리를 강조하며, 노동자의 권리와 의무를 체계화했다. 대학이 설립되면서 지식 노동의 가치가 새롭게 조명되었고, 도시 상인들로 인해 정당한 이윤 추구와 공정 거래의 원칙이 발전했다. 여성의 노동도 주목할 만한 변화를 보였다. 수녀원은 교육과 의료 활동의 중심이 되었고, 베긴회와 같은 여성 공동체는 방직, 간호, 교육 등 다양한 노동을 통해 사회에 기여했다. 도시 여성들은 양조업, 직물업, 소매업 등에서 중요한 역할을 담당했으며, 일부는 길드의 구성원으로서 독립적인 경제 활동을 펼치기도 했다.

14-15세기는 흑사병으로 인한 인구 감소와 이로 인한 사회적 변동으로 노동의 가치가 재조명되었다. 인구 감소는 노동력의 가치 상승으로 이어져 노동자의 협상력을 높였고, 농민 반란과 도시 노동자들의 저항은 노동의 권

---

3) Jeffrey Hanson, "Thomas Aquinas and the Qualification of Monastic Labor," *Religions* 15/3(2024), 3-5, https://www.mdpi.com/2077-1444/15/3/366.

리와 존엄성에 대한 인식을 높였다. 교회는 "노동의 정당한 가격"과 같은 개념을 통해 공정한 노동 조건의 중요성을 강조했다. 성도 신앙 운동도 일상적 노동을 통한 영성 실천으로 이어졌다.

한계도 분명했다. 성직자와 성도의 구분은 노동의 가치를 위계적으로 규정하는 근거가 되었다. 성직은 고귀하고 성도의 육체노동은 낮게 평가되었기 때문이다. 또한 중세 교회는 출애굽기 22장 25절과 레위기 25장 35-37절에서 금지한 고리대금을 강력히 반대했다. 이로 인해 상업과 무역 확장에 필요한 자본 조달이 어려워졌다. 또 이들은 상업 활동이 탐욕과 부패를 조장할 수 있다고 보며 상업 활동에 대해 도덕적으로 의심했다. 이는 한동안 중세의 경제 발전을 저해하는 요소가 되었다가 12세기가 되어야 완화되기 시작했다.

결론적으로, 중세는 도시의 성장과 사회적 변화를 통해 노동관이 더욱 다양화되고 발전한 시기였다. 중세 성기의 길드와 지식 노동의 부상, 후기 중세의 노동 권리와 평등에 대한 인식은 노동 신학의 중요한 전환점을 제공했으며, 이후 종교개혁 시기 소명 신학으로 이어지며 현대에까지 영향을 미치게 되었다.

4) 종교개혁 시기의 소명 신학

종교개혁은 중세 노동관의 틀을 깨고, 직업에 대한 새로운 신학적 이해를 제시했다. 중세 교회는 성직자와 성도의 직업을 위계적으로 구분했으나, 루터(Martin Luther)와 칼뱅(Jean Calvin)은 모든 직업이 하나님으로부터 받은 동등한 소명으로 정의했다. 그들의 소명 신학은 모든 직업이 하나님께 영광을 돌리고 공동체를 섬기는 수단임을 천명하며 위계를 타파했다.

루터는 "모든 직업은 소명(Beruf)"이라는 혁신적 선언을 통해 성속의 구분을 무너뜨렸다. 그는 농부가 먹거리를 제공하고, 장인이 도구를 제작하는 일상적인 노동 역시 모두 하나님의 뜻에 따른 신성한 소명이라고 주장했다. 특히 그는 "무슨 일을 하든지 주께 하듯 하라"(골 3:23)를 인용하며 우유를 짜는 여인의 노동이 설교자의 말씀 선포만큼 거룩하다고 강조했다.[4] 그는 부모가 자녀를 양육하고 가정을 돌보는 역할 역시 하나님께서 맡기신 중요한 직무이자 소명으로 여겼다. 더불어 그는 직업을 "하나님의 가면(Larva Dei)"이라고 규정, 각자의 직업을 통해 하나님의 사랑이 이웃에게 전달된다고 설명했다.[5] 루터의 관점에서 직업은 생존을 위한 일터 이상의 것으로, 하나님의 창조 질서를 유지하고 이웃을 섬기는 구체적인 통로였다. 이러한 주장은 당시 성직자 중심의 위계적 노동관이 신앙과 삶을 분리한다고 비판한 맥락에서 더욱 깊은 의미를 갖는다.

칼뱅은 직업을 하나님의 섭리를 이루는 도구로 보았으며, 이를 "하나님의 부르심(vocatio)"이라는 개념으로 설명했다. 그는 『기독교 강요』(*Institutio Christianae Religionis*)에서 모든 사람의 직업과 지위가 "하나님께서 정하신 처소(station)"에 해당한다고 언급하며, 각자가 자신의 역할에 성실히 임하는 것이 곧 하나님께 드리는 예배라고 가르쳤다.[6] 또한 칼뱅은 직업을 통해 부를

---

4) David Kotter, "Milkmaids No More: Revisiting Luther's Doctrine of Vocation from the Perspective of a "Gig" Economy," *Southern Baptist Journal of Theology* 22/1(2018), 85-95. https://cf.sbts.edu/equip/uploads/2018/07/SBJT-22.1-Luther-Vocation-Kotter.pdf.

5) 마르틴 루터는 직업을 "하나님의 가면"으로 규정하며, 신자가 일상적인 노동을 통해 이웃의 필요를 채우는 것이 가면 뒤에서 역사하시는 하나님의 섭리를 따르는 것임을 강조했다. 이효재, 『일터신앙』(서울: 토비아, 2018), 70.

6) John Calvin, *Institutes of the Christian Religion* (Edinburgh: Calvin Translation Society, 1845), 3-10.

창출하는 것을 긍정적으로 평가하면서도, 이를 개인적 이익에 국한하지 않고 공동체의 유익을 위해 사용해야 한다고 강조했다. 제네바에서 그는 상공업을 발전시키는 동시에 이자율 규제와 공정 거래를 위한 제도를 도입했으며, 빈곤층을 지원하기 위한 복지 체계도 구축했다. 그는 모든 경제 활동이 정직과 투명성을 바탕으로 이루어져야 한다고 보았으며, 이를 통해 노동과 부가 하나님께 영광을 돌리는 수단이 될 수 있다고 주장했다. 게으름을 죄로 규정한 칼뱅은 근면과 절제를 강조했으며, 이는 후에 막스 베버(Max Weber)가 지적한 "프로테스탄트 윤리"의 기초가 되었다. 그의 직업관은 경제 활동에 윤리적 기준을 제공하며, 자본주의 형성과 발전에 중요한 영향을 미쳤다.

종교개혁은 중세의 성직자 중심적이고 위계적인 노동관에 강력히 도전했다. 당시 확산되던 상업과 자본주의는 종교개혁의 소명 신학과 결합되며 노동의 윤리적 가치를 새롭게 부각시켰다. 종교개혁가들은 정직, 성실, 책임감을 노동과 신앙의 본질적 요소로 강조하며, 세속적 노동과 영적 활동 사이의 경계를 허물고자 했다. 그들의 소명 신학은 모든 직업을 하나님께서 부여하신 거룩한 부르심으로 이해했으며, 이를 통해 개인의 소명과 공동체적 책임을 밀접하게 연결했다.[7] 또한 노동이 단순히 생계를 유지하는 수단을 넘어, 하나님 나라를 확장하는 도구임을 분명히 했다.

오늘날 소명 신학은 여전히 모든 직업이 하나님의 뜻을 이루는 통로라는 이해의 토대가 된다. 각자의 직업이 사회 정의와 평화를 실현하는 책임과 연결될 때, 소명 신학은 더욱 실질적이고 심화된 의미를 가진다. 종교개혁의 소명 신학은 현대의 일터 신학과 직업 윤리의 기초가 되어 신앙과 직업

7) 이효재, 『일터신앙』, 69.

을 통합적으로 바라보는 그리스도인들에게 중요한 방향성을 제공하고 있다.

5) 산업혁명과 사회복음주의

산업혁명은 노동의 본질과 사회 구조에 거대한 변화를 가져온 시기였다. 18세기 후반에서 19세기 초에 이르는 기간 동안 기계화와 도시화는 급격히 진행되었고, 새로운 노동 계층이 형성되었다. 그러나 이러한 변화는 비인간적이고 열악한 노동 환경을 수반했으며, 노동자들의 권리와 존엄성이 심각하게 침해되는 결과를 초래했다. 이러한 도전은 교회가 새로운 방식으로 응답해야 할 과제를 제기했다.

수공업에서 기계 노동으로의 전환은 노동자의 숙련도를 약화시키고, 자율성을 축소시켰다. 분업화와 작업의 표준화는 노동의 전체적인 의미를 축소했으며, 노동자들은 단순한 기계 부속품처럼 취급되었다. 하루 14-16시간에 이르는 장시간 노동은 보편적이었고, 아동 노동이 일반화되었다. 작업장은 기본적인 안전 기준조차 충족하지 못해 분진, 소음, 유해 물질에 의한 질병과 재해가 빈번했다. 더구나 노동자들에게 지급된 임금은 최소한의 생계조차 유지하기 어려운 수준이었다.

산업 도시의 급속한 팽창은 이러한 문제를 더욱 심화했다. 계획 없이 성장한 맨체스터와 리버풀 같은 도시들은 밀집된 노동자 거주지를 형성했으며, 위생 시설이 부족해 전염병이 만연했다. 전통적인 공동체와 가족 구조는 붕괴되었고, 노동자와 자본가 사이의 갈등은 점차 심화되었다. 이러한 상황은 노동자들의 삶을 더욱 고단하게 만들었으며, 러다이트 운동(Luddite Movement)이나 차티스트 운동(Chartist Movement)과 같은 저항 운동이 일어나게 했다. 그러나 초기에는 노동조합 결성조차 법적으로 금지된 상태였기 때문에 노동자들의 권리를 주장하는 것은 매우 어려운 일이었다. 이러한 변화들은 단순히 경제적 구조를 변화시킨 것에 그치지 않고, 인간의 삶과 노동의 본질적 의미를 왜곡시키며 비인간화를 초래했다.

19세기 말 등장한 사회복음주의 운동은 산업혁명이 초래한 사회적 문제에 대응하려는 신학적이고 사회적인 노력의 일환이었다. 이 운동을 주도한 핵심 인물 중 한 명인 월터 라우션부시(Walter Rauschenbusch)는 『사회 복음의 신학』(*Theology of the Social Gospel*)에서 교회의 역할이 단순히 개인의 구원에 국한되지 않고, 사회 정의를 실현하며 복음의 총체적 메시지를 드러내는 데 있다고 주장했다. 그는 공정한 임금 지급, 노동 환경 개선, 그리고 노동자 권리 보호를 복음적 사명으로 제시하며, 교회가 이러한 책임을 수행해야 한다고 강조했다.[8)]

이와 같은 주장은 다양한 실천으로 이어졌다. 교회는 노동자를 위한 쉼터를 마련하고, 아동 노동을 반대하며, 공정 거래를 촉진하기 위한 캠페인을 펼쳤다. 또한 공장 방문과 노동 환경 점검을 통해 열악한 작업 조건을 개선하려 했으며, 노동법 제정을 위한 사회적 움직임에도 적극적으로 참여했다. 이러한 활동은 교회가 사회적 변혁의 주체로서 중요한 역할을 수행할 수 있음을 보여주는 사례가 되었다.

이에 사회복음주의는 노동의 신학적 의미를 새롭게 정립하며, 노동이 단순한 생계 수단이 아닌 사회적 책임과 신앙 실천의 장임을 강조했다. 노동은 하나님께서 인간에게 맡기신 창조적이고 공동체적인 활동으로, 이를 통해 하나님의 사랑과 정의를 세상에 드러낼 수 있다고 보았다. 이러한 이

---

8) 월터 라우션부시/남병훈 역, 『사회복음을 위한 신학』 (서울: 명동, 2012), 112-115.

해 속에서 교회는 단순히 영적 돌봄의 역할을 넘어, 노동자와 약자를 돌보고 보호하는 사회적 안전망의 역할을 감당했다. 또한 복음을 개인 구원에만 한정하지 않고, 사회적 정의와 연대를 포함하는 통합적 메시지로 확장했다. 이는 노동 정의와 공정성을 실현하며, 인간의 존엄성을 지키는 실천적 신앙으로 이어졌다. 교회는 산업혁명 시대의 극심한 사회적 불평등 속에서 노동자들의 권리를 옹호하고, 열악한 노동 환경을 개선하기 위해 다양한 활동을 전개했다.

이와 같은 사회복음주의의 기여는 노동의 본질과 신앙의 사회적 책임에 대한 새로운 통찰을 제공했다. 교회는 이 시기를 통해 노동 정의와 사회적 변화를 위한 핵심적인 역할을 수행하며, 오늘날의 노동 신학 형성에 중요한 토대를 마련했다. 이러한 전통은 노동이 단순히 물질적 필요를 충족하는 활동을 넘어, 하나님 나라의 가치를 실현하는 신앙적 실천임을 깨닫게 한다.

6) 현대 복음주의와 일터 신학

현대 복음주의 일터 신학의 발전을 온전히 이해하기 위해서는 그 역사적 맥락을 살펴보아야 한다. 20세기 초 에든버러 선교대회(Edinburgh Missionary Conference, 1910)로 시작된 현대 선교운동은 국제선교협의회(International Missionary Council, 이후 'IMC')를 거쳐 세계교회협의회(World Council of Churches, 이후 'WCC')로 이어지며, 점차 사회 참여를 강조하는 방향으로 전개되었다. 이에 복음주의 진영은 1974년 로잔대회를 통해 복음전도와 사회적 책임을 통합하는 새로운 선교적 비전을 제시하며 응답했다.

이 과정에서 존 스토트(John R. W. Stott)는 로잔운동(Lausanne Movement)

을 이끄는 중심적인 역할을 담당했다. 그는 복음의 총체성을 강조하며, 복음전도의 우선성을 지나치게 강조했던 기존의 흐름을 비판했다. 그의 "이중 위임" 개념은 복음전도와 문화적 책임을 통합하려는 시도로, 현대 일터 신학의 신학적 기초를 마련했다. 스토트의 관점은 빌링겐 선교대회(Willingen Missionary Conference, 1952)에서 제시된 하나님의 선교 개념을 복음주의적으로 재해석한 것으로, 하나님의 선교가 교회의 직접적인 선교 활동뿐만 아니라 모든 그리스도인의 일상적 삶을 통해 실현된다는 점을 강조했다.

데이비드 보쉬(David J Bosch)는 『변화하고 있는 선교』(*Transforming Mission*, 1991)을 통해 이러한 신학적 흐름을 체계화했다. 그는 선교의 패러다임 변화 속에서 일상과 노동의 영역이 선교의 중요한 장으로 확장되어야 한다고 주장했다. 크리스토퍼 라이트(Christopher Wright)는 이를 더욱 발전시켜, 성경 전체를 하나님의 선교라는 관점에서 읽으며 일터에서의 그리스도인의 역할을 재조명했다.

한편, 현대 일터 신학의 형성 과정에서 개혁주의 전통은 중요한 토대가 되었다. 아브라함 카이퍼(Abraham Kuyper)의 영역 주권 사상은 모든 삶의 영역이 그리스도의 주권 아래 있다는 점을 강조하며, 직업적 소명을 신앙과 결부시키는 방향을 제시했다. 이러한 사상은 알버트 월터스(Albert Wolters)에 의해 더욱 체계화되었다. 그는 『창조 타락 구속』(*Creation Regained*, 1985)에서 창조-타락-구속이라는 틀을 바탕으로 모든 직업이 하나님의 창조 질서를 회복하는 데 기여하는 방식으로 이해되어야 한다고 주장했다.[9)]

폴 스티븐스(R. Paul Stevens)는 『21세기를 위한 성도 신학』(*The Other Six Days*, 1999), 『하나님의 사업을 꿈꾸는 CEO』(*Doing God's Business*, 2006), 『일의

---

9) 알버트 M. 월터스/양성만·홍병룡 역, 『창조 타락 구속』 (서울: IVP, 2007), 78-84.

신학』(*Work Matters*, 2012) 등을 통해 성도 중심의 신학과 일터 신학을 체계화했다. 그는 특히 "월요일의 신학(Theology of Monday)"이라는 개념으로 일상적 노동의 신학적 의미를 강조했으며, 만인제사장직을 현대적 맥락에서 재해석했다. 스티븐스는 리젠트 칼리지(Regent College)에서의 교육을 통해 성속 이원론을 극복하고, 직업적 소명과 영적 소명을 통합하는 '삶의 소명' 개념을 발전시켰다. 이를 통해 성도들이 자신의 직업 속에서 하나님의 뜻을 발견하고, 삶의 모든 영역에서 영적 소명을 실천하도록 돕는 신학적 자원을 제공했다.

팀 켈러(Timothy J. Keller)는 캐서린 알스도프 레더맨과 함께 쓴 『일과 영성』(*Every Good Endeavor*, 2012)에서 현대 도시의 맥락에서 일터 신학을 실천적으로 적용했다. 뉴욕 리디머 교회에서의 사역 경험을 바탕으로, 현대 도시의 맥락에서 일터 신학을 재해석하고 전문직 종사자들의 구체적인 도전에 대한 신학적 응답을 제공했다. 켈러는 '복음의 생태계'(gospel ecosystem) 개념을 통해 일터가 하나님의 사랑과 정의가 드러나는 중요한 공간임을 강조했으며, 노동이 단순히 개인적 성취에 그치지 않고, 공동체와 창조 세계를 돌보는 사명으로 확장되어야 한다고 주장하며, 이를 통해 하나님의 사랑과 정의가 드러나는 일터의 가능성을 제시했다. 특히 일터를 통한 문화 변혁의 가능성을 강조하며, 그리스도인의 노동이 사회의 공동선에 기여하는 방식을 구체적으로 제시했다.

미로슬라브 볼프(Miroslav Volf)는 『일과 성령』(*Work in the Spirit*, 1991)을 통해 노동이 성령의 사역과 긴밀히 연결되어 있음을 강조했다. 그는 노동을 통해 인간이 창조 세계와 공동체 안에서 창조적이고 관계적인 삶을 살아가도록 이끄는 성령의 역동적 활동을 조명했다. 볼프는 성령 안에서 행하는 일상적인 일이야말로 하나님과 협력하는 것으로 이해했으며, 따라서 노동이 하나님의 창조에 동참하며, 인간의 정체성과 공동체를 형성하는 신앙적 행위로 간주되도록 새로운 통찰을 제시했다.[10] 그의 논의는 특히 노동의 영성과 사회적 책임을 통합하는 데 있어 현대 일터 신학에 중요한 기여를 했다.

현대 일터 신학은 새로운 도전에 직면해 있다. 디지털 전환으로 인한 노동의 성격 변화, 플랫폼 경제의 부상, 환경 위기등은 일터 신학의 새로운 과제를 제시한다. 특히 코로나19 이후 가속화된 원격 근무와 디지털 노동의 확산은 일터에서의 공동체성과 관계의 의미를 재고하게 한다. 또한 기후 위기는 지속가능한 노동과 생태적 책임에 대한 신학적 성찰을 요구한다.

결론적으로, 현대 복음주의 일터 신학은 단순한 직업 윤리나 일터 선교를 넘어, 하나님 나라의 관점에서 노동과 직업의 의미를 재해석하며 새로운 도전에 응답하려는 신학적 노력을 지속하고 있다. 이는 그리스도인의 노동이 창조 세계의 보전과 공동체의 번영에 기여하는 중요한 사명임을 재확인하는 과정이라 할 수 있다.

3. 하나님의 선교 관점에서 일과 일터의 재정의

1) 미시오 데이(*Missio Dei*)의 역사적 발전

미시오 데이는 선교의 주체를 인간이나 교회가 아닌 하나님 자신으로 이해하는 신학적 개념이다. 이 용어는 칼 바르트(Karl Barth)가 1932년 브란덴부르크 선교회의(Brandenburg Missionary Conference)에서 "선교는 교회의 활동

10) 미로슬라브 볼프/백지윤 역, 『일과 성령』 (서울: IVP, 2019), 183-185.

이 아니라 하나님의 행위"라고 선언하면서 신학적 기초를 마련했다.

1934년, 칼 하르텐슈타인(Karl Hartenstein)은 바르트의 신학적 통찰을 바탕으로 미시오 데이라는 용어를 사용하며 선교 신학을 체계화했다. 그는 선교를 성부 하나님으로부터 시작되어 성자와 성령을 통해 이루어지는 삼위일체적 활동으로 정의했다. 이를 통해 그는 선교가 단순히 교회의 책임을 넘어, 하나님의 선교적 계획에 교회가 동참하는 행위임을 분명히 했다.

1952년 국제선교협의회(IMC) 빌링겐 회의는 "선교는 교회의 본질이 아니라 하나님의 본성에서 비롯된다"는 선언과 함께 미시오 데이를 선교 신학의 패러다임으로 공식 채택했다. 이는 선교를 단순한 교회의 해외 선교나 복음 전도가 아닌, 하나님의 창조와 구속의 포괄적 계획 속에서 이해해야 함을 의미했다. 또한 선교를 "하나님의 선교에 참여하는 교회의 역할"로 정의하며, 선교의 주도권이 하나님께 있음을 강조했다. 이로써 미시오 데이는 교회의 선교를 하나님의 창조와 구속 계획 안에 재정립하는 중요한 전환점을 맞이했다.

빌헬름 앤더슨(Wilhelm Andersen)은 그의 저서 『선교신학을 향하여』(*Towards a Theology of Mission*, 1955)에서 미시오 데이를 발전시키며, 선교가 삼위일체 하나님의 본성에서 비롯된다고 설명했다. 그는 선교를 교회의 독립적 활동이 아닌 하나님의 본질적 속성에서 나오는 신적 행위로 이해하며, 교회 중심의 기능적 접근에서 하나님의 본성적 선교로 전환하는 데 기여했다.

1960년대 미시오 데이는 새로운 해석적 도전에 직면했다. 요하네스 호켄다이크(Johannes Hoekendijk)와 WCC 진영은 이를 세속 세계 속 하나님의 활동으로 해석하며 교회 중심 선교를 비판했지만, 이는 교회의 정체성과 복음 전도의 중요성을 약화시킬 수 있다는 우려를 낳았다. 이에 대한 응답으로

1974년 로잔대회는 미시오 데이를 복음주의적으로 재해석했다. 존 스토트는 로잔언약에서 복음 전도와 사회적 책임의 통합을 강조하며, 미시오 데이가 영혼 구원과 사회 변혁을 모두 포함한다고 주장했다. 이는 교회의 선교적 본질을 유지하면서도, 선교가 모든 삶의 영역에서 이루어진다는 균형 잡힌 이해였다.

데이비드 보쉬는 『변화하고 있는 선교』에서 선교를 하나님의 본성에서 흘러나오는 움직임으로 정의하며, 이 개념을 체계적으로 정리했다. 그는 미시오 데이가 교회의 독점적 활동이 아니라, 하나님의 창조와 구속 계획에 교회가 참여하는 것임을 강조하며, 선교가 교회를 넘어 세상 전체를 포괄하는 하나님의 활동임을 밝혔다.

이는 이후 레슬리 뉴비긴(Lesslie Newbigin)과 크리스토퍼 라이트를 통해 더욱 발전했다. 뉴비긴은 『복음, 공공의 진리를 말하다』(*The Gospel as Public Truth*, 1991)에서 교회를 하나님의 선교적 목적을 위한 공동체로 정의하며, "선교사로 존재하지 않는 교회는 더 이상 교회가 아니다"라고 강조했다. 크리스토퍼 라이트는 『하나님의 선교』(*The Mission of God*, 2006)에서 성경 전체를 하나님의 선교적 내러티브로 이해해야 한다고 주장하며, 선교가 창조, 구속, 회복을 포괄하는 통합적 개념임을 설명했다.

결론적으로 미시오 데이는 삼위일체 하나님의 본성에서 비롯된 행위로서 교회와 그리스도인의 역할을 하나님의 선교적 계획에 동참하는 것으로 재정의한다. 이는 단순한 복음 전도를 넘어 창조와 구속, 회복을 포함하는 총체적 선교의 관점으로 발전하였으며, 현대 일터 신학의 중요한 신학적 기초를 제공한다.

2) 미시오 데이의 신학적 이해

미시오 데이는 선교의 주체를 인간이나 교회가 아닌 삼위일체 하나님으로 이해하는 개념으로, 선교를 하나님의 본질적 속성에서 비롯된 것으로 본다. 1932년 브란덴부르크 선교회의에서 칼 바르트는 선교를 "하나님의 행위(actio Dei)"로 규정하며, 그 기원이 교회의 활동이 아닌 하나님의 본성에 있음을 강조했다. 요하네스 베르카일(Johannes Verkuyl)은 『현대선교신학 개론』(*Contemporary Missiology: An Introduction*, 1978)에서 이러한 삼위일체적 선교 이해를 체계화하며, 성부는 창조주이자 선교의 근원, 성자는 선교의 모범과 내용, 성령은 선교의 능력과 실행자로 설명했다. 그는 선교가 교회의 선택적 활동이 아닌 하나님의 구속적 활동의 본질임을 강조하며, 교회를 하나님의 선교에 참여하는 공동체로 정의했다.

데이비드 보쉬는 『변화하고 있는 선교』에서 하나님의 선교를 체계화하며, 선교가 단순한 교회의 활동이나 방법론이 아닌 신학적 패러다임의 근본적 전환임을 강조했다. 그는 선교를 "하나님의 본성에서 흘러나오는 움직임"으로 정의하며, 복음 전도와 사회 참여를 통합하는 통전적(holistic) 관점을 제시했다. 또한 선교는 교회의 독점적 활동이 아니라 하나님의 창조와 구속 계획에 교회가 동참하는 행위임을 강조했다.

레슬리 뉴비긴은 인도에서의 선교 경험과 서구 사회로의 귀환을 통해 하나님의 선교에 대한 실천적 통찰을 발전시켰다. 그는 『복음, 공공의 진리를 말하다』와 『다원주의 사회에서의 복음』(*The Gospel in a Pluralist Society*, 1989)에서 포스트모던 서구 사회를 하나의 선교지로 인식하고, 교회의 선교적 본질을 재정립했다. 그는 교회가 단순히 선교사를 파송하는 기관이 아니라,

그 자체로 하나님의 선교에 참여하는 선교적 공동체로 보았다. 그는 복음이 사적 신앙이 아닌 공공의 진리이며, 교회는 이를 삶의 모든 영역에서 증언해야 한다고 보았다. 이러한 통찰은 세속화된 현대 사회에서 교회의 선교적 정체성과 공적 책임을 새롭게 조명하며, 이후 '선교적 교회'(Missional Church) 운동의 신학적 기초가 되었다.

크리스토퍼 라이트는 『하나님의 선교』에서 미시오 데이를 성경 해석의 핵심 열쇠로 제시하며 선교적 해석학을 정립했다. 그는 "성경은 선교를 위한 근거를 제공하는 것이 아니라, 그 자체가 하나님의 선교적 본성과 활동을 드러내는 거대한 내러티브"라고 주장했다. 또한 『하나님 백성의 선교』(*The Mission of God's People: A Biblical Theology of the Church's Mission*, 2010)에서 이 관점을 더욱 발전시켜, 미시오 데이가 창조 세계 전체의 구속을 목표로 하며, 이는 영혼 구원을 넘어 사회, 경제, 문화의 모든 영역을 포함한다고 강조했다. 그의 선교적 해석학은 성경을 하나님 나라의 관점에서 읽게 함으로써, 교회와 그리스도인의 선교적 정체성을 보다 풍성하게 이해할 수 있게 했다.

이러한 신학적 발전은 선교를 하나님의 본성과 직결된 포괄적이고 근본적인 개념으로 정립했다. 이는 현대 교회와 그리스도인이 자신의 사명을 재인식하고, 하나님의 구속 사역에 적극 참여하도록 하는 신학적 토대를 마련한다.

3) 일과 일터의 선교적 이해

미시오 데이는 삼위일체 하나님을 선교의 주체로 강조하며, 일을 하나님의 선교적 목적에 동참하는 중요한 통로로 본다. 하나님이 창조 때 부여하신 문화 명령(창 1:28)과 "경작하며 지키는 일"(창 2:15)은 단순한 생계 활동이 아니라 하나님 나라를 확장하는 선교적 행위였다. 타락 이후 노동은 고통이 되었지만(창 3:17-19), 그리스도의 구속을 통해 본래의 의미를 회복하며 오늘날 하나님 나라의 가치를 실현하는 소명으로 이해된다.

일터는 하나님의 선교가 실현되는 전략적 공간이다. 현대인은 직장에서 많은 시간을 보내며 관계와 영향력을 형성하기 때문에 일터는 복음의 실천과 변화를 위한 핵심 무대가 된다. 나아가 정의, 공정성, 창의성, 돌봄, 연대를 실천하며 하나님 나라의 문화를 형성할 수 있으며, 경제적 불평등, 환경위기, 노동 소외와 같은 문제에 대한 대안을 모색하는 장이 된다.

일터의 제도와 구조도 하나님의 선교적 비전과 연결된다. 공정한 임금, 윤리적 경영, 지속 가능한 생산 방식은 하나님 나라의 가치를 실현하는 방법들이다. BAM(Business as Mission, 이후 'BAM') 운동은 이러한 원리를 반영하며, 이윤 창출과 함께 공정무역, 환경 보호, 취약 계층 지원을 실천하는 기업 모델을 제시한다. 이는 기업이 하나님의 선교에 기여할 수 있음을 보여준다.

미시오 데이는 일터에서의 그리스도인의 영성과 실천을 새롭게 정의한다. 기존의 일터 사역이 개인적 경건과 복음 전도에 집중했다면, 이제는 전문성과 윤리적 책임, 공동체적 돌봄을 통합하는 접근이 요구된다. 탁월한 업무 수행을 통해 하나님의 창조적 지혜를 드러내고, 정의로운 결정을 통해 공의를 실현하며, 동료와의 관계에서 하나님의 사랑을 실천하는 것이 선교적 증언이 된다.

교회는 성도들이 일터를 선교적 소명의 자리로 인식하고, 그곳에서 하나님의 가치를 실천할 수 있도록 신학적 교육과 실천적 지원을 제공해야 한다. 경력 개발과 직업 선택에 대한 영적 분별, 윤리적 갈등에 대한 신학적 통찰,

멘토링과 지원 프로그램이 포함될 수 있다. 또한 노동권 침해, 경제적 착취, 환경 파괴와 같은 구조적 문제에 대해 예언자적 목소리를 내야 한다. 이를 통해 일터가 하나님의 선교적 현장이 되도록 이끄는 역할을 감당해야 한다.

결론적으로, 미시오 데이는 일과 일터를 하나님의 창조와 구속, 회복의 큰 그림 안에서 재조명하며 노동을 단순한 생계 수단이 아닌 거룩한 소명으로 바라본다. 일터는 복음 전도의 대상이 아니라 하나님 나라가 실현되는 공간이며, 그리스도인의 노동은 하나님 나라의 가치를 드러내고 세상의 변화를 이끄는 선교적 실천이다. 교회는 이를 위한 신학적·실천적 지원을 통해 현대의 일터가 하나님의 선교적 비전을 실현하는 장이 되도록 돕는 사명을 감당해야 한다.

4. 오늘날 교회와 일터의 연계

1) 교회의 선교적 정체성과 일터 선교

하나님의 선교에서 교회는 선교의 주체가 아니라 참여자로서의 정체성을 갖게 된다. 즉 하나님의 선교는 "교회중심주의(ecclesiocentrism)"에서 "하나님중심주의(theocentrism)"로의 전환이며, 교회는 하나님의 구속 사역에 동참하는 공동체로 재정의된다.[11] 교회는 하나님의 구속 사역에 동참하는 공동체로서, 첫째, 하나님의 선교에 응답하는 존재이며(바르트, 하르텐슈타인), 둘째,

11) Greg McKinzie, "An Abbreviated Introduction to the Concept of Missio Dei," *Missio Dei: A Journal of Missional Theology and Praxis* 1/3(2010), 9-10, https://churchhealthwiki.wordpress.com/wp-content/uploads/2016/09/article-abbrv-intro-to-missio-dei.pdf.

세상 속에서 복음을 증언하고 실천하는 사명을 가진다(뉴비긴, 라이트). 셋째, 복음 전도와 사회적 책임을 통합하여 깊이의 평화를 실천하는 역할을 수행한다(보쉬, 베르카일). 이러한 신학적 이해는 교회를 단순한 종교적 제도가 아닌 창조와 구속의 사역을 실현하는 공동체로 자리매김하게 하며, 현대 교회가 정체성과 사명을 인식하고 실천하는 데 중요한 기초를 제공한다.

교회의 선교는 예배와 전도를 넘어 성도의 일상적 삶과 직업적 공간 속에서 실현될 때, 하나님의 선교에 더욱 깊이 참여할 수 있다. 직장, 가정, 지역 사회 등 모든 영역에서 우리는 하나님의 창조와 구속 사역에 동참하도록 부름받았다. 특히 일터는 현대인들이 대부분의 시간을 보내고, 사회적 관계를 형성하며, 영향력을 발휘하는 중요한 공간으로, 하나님의 선교가 구체적으로 실현될 수 있는 전략적 장이다. 따라서 교회는 성도가 일터에서 복음적 가치를 실천하고, 정의와 사랑을 드러내는 방식을 통해 선교적 역할을 감당하도록 돕는 사명을 가진다.

2) 신학적 교육 지원

교회는 성도들이 자신의 직업을 통해 하나님의 선교에 참여할 수 있도록 신학적 교육과 실천적 지원을 제공해야 한다. 이는 교육, 멘토링, 영적 공동체 형성 등의 다양한 방식으로 이루어진다.

사랑글로벌아카데미(SaGA)는 성도들이 일상에서 신앙을 실천하도록 돕는 기관으로, 2021년 3월 개교 이후 예배아카데미, 제자훈련아카데미, 일터선교&글로벌네트워크아카데미, 복음통일아카데미등을 운영하며 신앙 성숙과 선교적 삶을 지원해 왔다. 특히 일터선교&글로벌네트워크아카데미는 일터를 하나님의 선교적 공간으로 인식하는 데 중점을 두고, 직장 복음화와 선교적 기업가 양성을 목표로 한다. 성도들은 자신의 직업을 단순한 생계 수단이 아닌, 하나님의 사랑과 정의를 실천하는 사역의 장으로 바라보도록 훈련받는다. 이를 위해 온·오프라인 강의, 토론, 프로젝트 학습, 현장 실습, 멘토링등의 교육 방식을 활용하여 신앙과 실천이 조화를 이루도록 돕는다. 또한 SaGA는 글로벌 네트워크를 통해 성도들이 넓은 시야를 가지고 하나님의 선교를 이해하고 실천할 수 있도록 지원한다. 단순한 신앙 교육을 넘어, 성도들이 삶의 자리에서 하나님의 부르심을 발견하고 실천하는 플랫폼으로 자리 잡고 있다.[12)]

새중앙교회의 직장인학교는 성도들이 직장을 하나님의 부르심의 현장으로 재인식하도록 돕는 주목할 만한 사례다. 이 학교는 직업적 활동을 복음적 관점에서 재해석할 수 있도록 체계적인 지원을 제공하며, 4주간의 집중 프로그램을 통해 성경적 직업관, 재정 관리, 갈등 해결, 비전과 소명과 같은 실제적인 주제를 다룬다. 이를 통해 성도들이 직장에서 직면하는 현실적 도전에 대해 신앙적으로 대응할 수 있는 구체적인 해결책을 제시한다. 이 학교의 교육 과정은 온·오프라인 강의, 토론, 현장 학습, 멘토링 등 다양한 학습 방식을 활용하여 이론과 실제를 균형 있게 습득할 기회를 제공한다. 특히 장년 스탭과 청년들 간의 자연스러운 교류와 협력을 촉진하는 멘토링 시스템은 눈에 띄는 특징이다. 이 시스템은 세대 간 신앙적 연대를 강화하며, 청년들이 직장 생활에서 신앙적 가치를 실현할 수 있는 방법을 자신들의 세대에 맞게 배울 수 있도록 돕는다.[13)]

---

12) 사랑글로벌아카데미, https://www.saga121.com/intro/history/ 참조.

13) 오만종, "일터사역을 위한 목회사회학적 고찰," (실천신학대학원대학교 박사학위논문, 2022), 117.

3) 일터 선교를 위한 네트워크 구축

교회는 성도를 위한 영적 공동체를 형성하여 신앙 실천을 돕는 네트워크를 구축해야 한다. 직장인 소그룹, 기도 모임, 멘토링 프로그램 등은 성도들이 일터에서 신앙을 실천하며, 하나님의 선교에 참여하도록 격려하는 중요한 도구가 된다.

한국기독교직장선교연합회(이후 '한직선')은 1981년 12월 설립된 초교파 기독 선교단체로, "모든 직장에 직장선교회를, 모든 직장인을 그리스도에게로"라는 비전을 중심으로 활동하고 있다. 현재 전국 40개 지역연합회와 42개 직능연합회, 8,000개 단위 직장선교회, 약 90만 명의 회원을 보유한 대규모 성도 단체로 성장했다. 한직선은 직장 내 기독교 문화를 확산하고, 매년 직장선교 전국대회와 직장인 예술제를 개최하여 성도들에게 신앙의 열정을 심어준다. 특히 "직장선교대학"과 "직장인 제자 학교"는 체계적인 신앙 훈련 과정을 통해 직장인들이 자신의 일터에서 선교적 사명을 자각하고 실천할 수 있도록 돕는다. 이 과정에서는 기독교 세계관, 직장 내 복음 전도 전략, 직업 윤리에 대한 강의가 이루어지며, 성도들이 신앙과 직업을 연결하는 구체적인 방법을 배울 수 있다. 또한 한직선은 교회와 직장 선교회의 긴밀한 협력을 통해 교회가 일터 사역에 적극적으로 참여할 수 있도록 독려하며, 전국적 네트워크를 구축하여 성도들의 선교적 삶을 확장하고 있다.[14)]

직장인성경공부모임(Business Bible Belt, 이후 'BBB')은 1990년 약 40명으로 시작해 현재 약 2,500명의 직장인이 참여하는 성도 중심의 성경공부 모임으

14) Ibid., 100-101.

로 성장했다. BBB는 귀납적 성경공부 방법을 활용해 직장인들이 성경을 연구하고, 신앙적 통찰을 자신의 일상에 적용하도록 돕는다. 정기적인 소그룹 모임은 직장인들이 서로의 신앙적 도전을 나누고, 기도하며 영적 공동체를 형성하는 데 중요한 역할을 한다. BBB는 단순히 성경공부에 그치지 않고, 신앙 실천을 위한 다양한 프로그램도 운영한다. 예를 들어 'BBB 비전 트립'은 회원들이 단기 선교지나 국내 봉사 현장을 방문하여, 자신의 신앙을 실천하고 사회적 책임을 체험할 기회를 제공한다. 또한 직장 내 복음 전도와 제자 양육을 중심으로 한 리더십 프로그램은 직장인들이 신앙적 영향력을 발휘하도록 돕는다. BBB는 교회와의 직접적인 연계는 약하지만, 자율적인 신앙 공동체 형성을 통해 직장이라는 공간을 복음적 삶의 터전으로 변화시키는 데 크게 기여하고 있다.[15)]

4) 실천 사례와 모델 제시

교회는 성도가 일터에서 실천할 수 있는 구체적인 사례와 모델을 제시해야 한다. 복음적 가치를 실현한 사례들을 공유함으로써, 성도가 자신의 직업적 선택과 행동에서 선교적 관점을 적용할 수 있도록 돕는다.

서울영동교회는 그 대표적인 사례이다. 2014년 한국공정무역단체협의회와 협약을 맺어 국내 최초의 공정무역교회가 되었으며, 교회 내 카페에서 공정무역 원두를 사용하고 윤리적 소비를 장려하고 있다. 매월 열리는 공정무역 장터와 바자회를 통해 성도들은 공정한 거래를 실천하며 빈곤 퇴치와 경

15) Ibid., 101-103.

제적 정의에 동참한다. 또한 교회 내 전담 부서를 통해 공정무역의 가치를 알리고, 실천할 수 있도록 교육과 캠페인을 지속적으로 펼치고 있다.[16)]

푸른사랑의교회는 지역 사회와의 소통과 섬김을 실천하기 위해 직접 기업을 설립했다. 2017년 교회 1층에 문을 연 '카페제이(Cafe J)'는 정의(Justice)와 기쁨(Joy)을 핵심 가치로 운영된다. 단순한 카페가 아니라 택배 기사와 임산부에게 무료 음료를 제공하고, 카페 창업을 희망하는 청년들에게 경영 체험 기회를 제공하는 등다양한 방식으로 사회적 가치를 창출한다. 카페 수익은 창업 지원금으로 활용되며, '산타 프로젝트' 같은 기부 활동을 통해 지역 사회를 돕는 데 쓰인다. 이곳은 지역 주민들에게는 따뜻한 공간이, 성도들에게는 신앙을 실천할 기회가 된다.[17)]

한 걸음 더 나아가 목회자가 일터의 노동자로 참여하며 교회와 일터의 경계를 허물고 지역 사회와 함께 성장하는 사례도 있다. 전라북도 익산의 함께하는교회 담임목사인 진교소 목사는 농촌 목회를 통해 자연농업과 친환경 양계사업을 운영하며 지역 주민들과 함께 일하며 소통하고 있다. 그는 교회 부지에서 다양한 작물을 재배하고, 수백 마리의 닭을 키우며 유기농 농산물과 유정란을 생산한다. 이러한 활동은 교회와 지역 주민들에게 경제적 자립의 기회를 제공하며, 지속 가능한 농업 모델을 통해 하나님의 창조 원리를 실천하는 구체적인 사례로 자리잡고 있다.[18)] 또한 그는 '리멤버 카페'를 운영하며 지역 주민과 목회자들에게 창조 원리에 따른 신앙과 삶을 나눌 수 있는 공간을 제공하고 있다. 진교소 목사는 이러한 경험을 바탕으로 전

16) 이용필, "서울영동교회, 국내 최초 공정무역 교회 되다," 「뉴스앤조이」 (2014.12.14.).

17) 박건도, ""돈쭐내러 왔습니다"…교회카페에 사람 몰리는 이유," 「굿뉴스」 (2022.12.20.).

18) 강태봉·구교형·김재완 외 32인, 『겸직 목회』 (서울: 솔로몬, 2022), 119-120.

국의 농촌 교회들과 협력하여 자연농업과 양계사업 기술을 전수하고, 자립과 상생의 길을 제시하며 하나님의 선교적 비전에 기여하고 있다.[19]

이러한 사례들은 성도가 일터에서 하나님의 선교적 목적에 동참할 수 있는 구체적인 방향을 제시하며 교회가 세상 속에서 하나님의 사랑과 정의를 구현하는 선교적 공동체로 나아갈 수 있음을 보여준다. 현대 사회에서 교회와 일터의 연계는 선택이 아닌 필수적 과제이며, 앞으로도 교회는 성도의 선교적 삶을 지원하고, 하나님의 창조와 구속 사역에 더욱 깊이 동참하는 공동체로 성장해 나가야 한다.

5) BAM 운동: 비즈니스를 통한 하나님의 선교

BAM 운동은 비즈니스를 단순한 경제 활동이 아닌, 복음 전파와 사회적 변화를 위한 선교적 도구로 이해하는 움직임이다. 이는 전통적인 선교 방식의 한계를 극복하고, 지속 가능한 선교 모델을 제시한다는 점에서 주목받고 있다. BAM은 비즈니스 활동과 선교적 사명을 통합하여, 일터에서 자연스럽게 복음을 전하고 하나님의 나라를 구현할 수 있는 기회를 제공한다. 이러한 접근은 모든 직업이 거룩하다는 신학적 이해를 바탕으로, 비즈니스 영역에서 하나님 나라의 가치를 실현하려는 시도로 볼 수 있다.

특히 BAM은 접근이 제한된 지역, 이른바 창의적 접근 지역에서 선교 활동을 가능하게 하며, 현지인들에게 실질적인 경제적 기회와 함께 복음을 전할 수 있는 효과적인 방법을 제시한다. BAM 운동은 1974년 로잔대회에

19) 조준영, ""크리스천 귀농 지원 교단적 관심 필요"," 「기독신문」 (2022.1.18.).

서 강조된 '복음 전도와 사회적 책임의 통합' 정신을 신학적 토대로 삼았으며, 2004년 태국 파타야 로잔 포럼에서 공식적인 정의와 10대 원칙이 확립되면서 본격적인 국제적 운동으로 발전했다.[20] 현재 BAM은 비즈니스와 선교의 통합을 통해 사회적·경제적 문제를 해결하고, 특히 개발도상국에서 지속 가능한 발전과 선교적 영향력을 확대하는 데 중요한 역할을 하고 있다.

BAM의 선교적 비전은 복음 전도와 사회적 책임을 통합하여 하나님의 선교를 구체화하는 데 있다. 이는 세 가지 핵심 원리로 구현된다. 첫째, 비즈니스 환경에서 형성되는 다양한 관계망을 활용하여 복음을 전하는 것이다. 직원, 협력사, 고객 등 다양한 이해관계자들과의 관계 속에서 그리스도의 사랑을 실천하며 복음을 자연스럽게 나눌 수 있다. 둘째, 공정 거래와 윤리적 경영을 통해 사회적 책임을 실현하는 것이다. BAM 기업들은 투명한 경영, 환경 보호, 공정한 노동 조건을 통해 하나님의 창조 질서를 회복하고 정의를 실현한다. 셋째, 경제적 약자를 보호함으로써 하나님의 정의를 구현한다. BAM은 취약계층 고용, 공정무역, 지역사회 개발 등을 통해 경제적 약자들의 자립을 돕고, 이를 통해 하나님의 정의와 사랑을 실천한다.

교회는 BAM 운동의 확산과 심화에 중요한 역할을 감당할 수 있다. 먼저, 성도를 대상으로 비즈니스 선교 교육을 제공하며, 이는 성경적 경영 원리, 선교적 기업가 정신, 문화 간 소통 능력을 포함한다. 또한 교회는 선교적 기업가를 양성하고 지원하는 플랫폼 역할을 할 수 있다. BAM 기업과의 협력을 통해 선교 프로젝트를 진행하거나, 이들의 제품과 서비스를 교회 공동체에서 활용함으로써 지속 가능성을 높일 수 있다. 이러한 교회의 역할은 단

20) 김광성, "복음주의 선교신학 관점에서 선교로서의 비즈니스선교 개념에 대한 선교신학적 근거 고찰 - 로잔운동 공식문서를 중심으로," 「장신논단」 51(2019), 280-282.

순한 선교 전략을 넘어 하나님의 창조와 구속 사역에 참여하는 방식이 된다.

한국에서는 BAM 운동이 IBA(International BAM Alliance 이후 'IBA')를 통해 더욱 체계적으로 전개되고 있다. IBA는 2007년 중국 상하이한인연합교회에서 시작된 상하이 한인 비즈니스 포럼(Shanghai Korean Business Forum)을 기반으로 발전했다. 이는 2013년 이후 한국으로 무대를 옮겨 IBA 서울포럼으로 자리 잡으며, 한국 교회와 기업들 사이에서 BAM에 대한 관심과 참여를 확대시켰다. 현재 IBA는 전 세계 BAM 기업가, 선교사, 신학자, 교회 지도자들을 연결하는 글로벌 네트워크로, BAM 운동의 신학적 기반과 실천적 방법론을 제공하고 있다. IBA는 포럼과 컨퍼런스를 통해 BAM의 철학과 실천 방안을 공유하며, 한국 교회와 기업들이 국제적 BAM 네트워크의 일원으로서 선교적 비즈니스를 실천하고 하나님 나라의 확장에 기여할 수 있도록 돕고 있다.[21]

BAM은 여전히 다양한 도전에 직면해 있다. 선교 제한 지역에서의 비즈니스와 선교적 사명 간의 균형, 자금 조달의 어려움, BAM 기업 운영을 위한 전문성과 신학적 기반의 아쉬움 등이 주요 과제로 남아 있다. 이를 극복하기 위해 교회와 BAM 기업 간의 긴밀한 협력과 네트워크 확대가 요구된다. BAM은 비즈니스 영역에서 하나님의 선교가 어떻게 구체적으로 구현될 수 있는지를 보여주는 중요한 사례로, 앞으로도 교회와 일터의 통합적 접근을 위한 새로운 가능성을 열어갈 것이다.

21) IBA, "IBA 와 BAM Global Think Tank," 접속 2025.2.14., http://www.iba-all.org/.

5. 디지털 전환(digital transformation)과 하나님의 선교

하나님의 선교는 시대와 문화를 초월하며, 디지털 전환이라는 새로운 현실 속에서도 변함없이 이어지고 있다. 디지털 전환이란 디지털 기술을 사회 전반에 적용해 전통적인 사회 구조와 비즈니스 모델을 혁신하는 과정으로, 기존의 프로세스나 서비스를 디지털 형태로 변환하는 단순 기술 도입과 구별된다.[22] AI, 빅데이터, IoT와 같은 첨단 기술이 발전하면서, 하나님의 창조와 구속 사역이 어떻게 현대 사회에서 구체적으로 실현될 수 있을지고민할 필요가 있다. 바르트가 강조한 것처럼, 선교의 주체는 인간이 아니라 하나님 자신이며, 이는 디지털 환경에서도 변함없는 진리이다.

디지털 전환은 노동의 방식과 형태를 근본적으로 변화시키고 있다. 특히 플랫폼 노동과 긱 이코노미가 확산되면서, 전통적인 고용 관계가 무너지고 있다. 2023년 고용노동부 조사에 따르면, 국내 플랫폼 종사자는 약 88만 3천 명으로 전년 대비 11.1% 증가했으며, IT 및 전문 서비스 분야에서 빠른 성장이 이루어졌다.[23] 이는 노동자들에게 유연성과 자율성을 제공하는 한편, 고용 불안정성과 사회적 고립이라는 문제를 초래하고 있다. 계약이 단기화되고, 경력 관리가 어려워지는 등 새로운 노동 환경에 맞는 대안이 필요한 시점이다.

비대면 업무 환경의 확산도 중요한 변화다. 팬데믹 이후 원격 근무와 하

22) IBM, "What Is Digital Transformation?," 접속 2025.2.14., https://www.ibm.com/think/topics/digital-transformation.

23) 고용노동부, "플랫폼종사자 88.3만명으로 전년 대비 11.1% 증가," (2024.8.5.), 접속 2025.2.14., https://www.moel.go.kr/common/downloadFile.do?bbs_id=12&bbs_seq=16906&file_ext=pdf&file_seq=20240800246.

이브리드 근무가 보편화되면서, 일터의 개념이 디지털 공간으로 확장되고 있다. 네이버의 '커넥티드 워크(Connected Work)' 제도는 이러한 흐름을 반영하는 사례다. 직원들이 출근 여부를 스스로 결정할 수 있도록 하여, 각자의 업무 스타일에 맞는 환경을 조성한다.[24] 하지만 이러한 유연성이 공동체의 약화를 초래하는 경우도 있다. 예를 들어 사무실에서 자연스럽게 이루어지던 대화와 멘토링이 줄어들면서, 세대 간 경험 공유와 신앙적 연대가 약화될 가능성이 크다.

이러한 변화는 하나님의 선교를 어떻게 이해하고 실천해야 할지 새로운 고민을 던진다. 보쉬는 하나님의 선교가 특정 시대나 문화에 한정되지 않는다고 보았다. 디지털 환경이 단순한 기술적 변화가 아니라, 선교적 기회의 장이 될 수 있음을 인식해야 한다. 예를 들어 원격 근무와 디지털 협업을 활용하면 새로운 형태의 공동체를 형성할 수 있고, 이를 통해 신앙의 나눔과 복음 전파가 이루어질 수 있다.

이러한 변화 속에서 그리스도인은 새로운 책임을 부여받고 있다. 기술의 발전을 그저 수용하는 것이 아니라, 하나님의 창조 질서를 더 깊이 이해하고, 구속 사역에 동참하는 도구로 활용하는 방향을 고민해야 한다. 일터와 신앙이 단절되지 않도록 교회와 공동체가 함께 실천할 방법을 찾는 것이 중요하다. 디지털 환경에서 하나님의 선교에 어떻게 동참할 것인지, 이제는 구체적인 행동이 필요한 시점이다.

---

24) 이재운, ""사무실 출근하지 마세요" 네이버 '커넥티드 워크' 1년, 직원들 평가 들어보니," 「아이뉴스24」 (2023.7.6.).

1) 디지털 전환의 선교 신학적 함의

하나님의 선교는 삼위일체 하나님의 본성에서 비롯되며, 시대와 환경이 변해도 그 본질은 변하지 않는다. 디지털 전환이라는 현실은 하나님의 선교가 현대 사회 속에서 어떻게 구현될 수 있는지를 새롭게 조명할 기회를 제공한다. 창조주이신 성부 하나님, 구속자이신 성자 예수 그리스도, 그리고 역사 속에서 일하시는 성령 하나님은 디지털 환경 속에서도 여전히 우리를 선교적 사명으로 초대하고 계신다.

디지털 기술이 발전하면서 하나님의 창조 사역에 대한 인간의 참여 방식도 더욱 다변화되고 있다. 창세기 1장 28절에서 주어진 문화 명령은 시대가 변해도 여전히 유효하며, 기술의 발전은 이를 새로운 방식으로 실천할 기회를 제공한다. AI와 빅데이터, IoT와 같은 기술은 인간이 창조 세계를 이해하고 돌보는 청지기적 역할을 감당하는 데 유용한 도구가 될 수 있다. 기후 변화와 환경 문제를 해결하기 위해 데이터를 분석하고 대응책을 마련하는 것은 하나님의 창조 질서를 보존하는 실천이 될 수 있다. 하지만 이러한 기술적 가능성은 책임감 있는 접근을 요구한다. 인간의 이해에는 한계가 있으며, 기술이 창조 질서를 왜곡하거나 인간의 존엄성을 훼손하지 않도록 지속적인 성찰이 필요하다. 기술이 단순히 효율성과 편리함을 위한 도구가 아니라, 하나님의 뜻에 부합하는 방식으로 사용되고 있는지를 점검하는 것이 중요하다.

현대 사회에서 복음이 디지털 문화 속에서도 구현되어야 한다는 점은 더욱 분명해지고 있다. 레슬리 뉴비긴은 복음이 모든 문화적 맥락 속에서 뿌리내려야 한다고 강조했으며,[25] 오늘날 디지털 문화도 예외가 아니다. 데이터와 알고리즘이 사회를 형성하고, 온라인 네트워크가 인간 관계의 중심이 되는 시대에 복음의 역할은 더욱 중요해졌다. 특히 온라인 커뮤니티와 가상 공간은 기존의 물리적 한계를 뛰어넘어 새로운 선교의 장이 될 수 있다. 메타버스, 소셜미디어, 디지털 협업 도구 등을 통해 사람들은 새로운 방식으로 연결되고 있으며, 이 속에서 신앙 공동체가 어떻게 형성될 수 있는지, 또 그리스도의 화해와 구속 사역이 어떻게 이루어질 수 있을지를 고민해야 한다.

하나님께서 인간에게 창조 세계를 돌보는 청지기적 사명을 맡기셨듯이, 디지털 기술이 발전한 시대에도 이러한 책임은 여전히 중요한 과제다. 데이터 생성과 활용, 알고리즘 설계, 디지털 플랫폼 운영 등은 단순한 기술적 문제가 아니라, 하나님의 창조 세계를 어떻게 보존하고, 인간 공동체를 어떻게 형성할 것인가에 대한 신앙적 책임을 동반한다. 성령께서는 디지털 시대에도 하나님의 창조 세계를 회복하고 구속하는 사역을 이루고 계신다. 따라서 교회와 그리스도인은 기술이 인간의 존엄성을 훼손하는 방향으로 흐르지 않도록 하고, 하나님의 뜻에 맞게 활용할 책임이 있다.

디지털 전환이 공동체성을 해체하는 것이 아니라 오히려 새로운 방식으로 신앙적 연대를 형성하는 도구가 될 수 있도록 고민해야 한다. 이는 단순한 기술의 문제가 아니라 하나님 나라의 가치를 디지털 환경에서 어떻게 구현할 것인가 하는 신학적 과제다. 디지털 시대는 그리스도인들에게 새로운 도전과 기회를 동시에 제공한다. 단순히 기술을 수용하는 것이 아니라, 하나님의 창조 질서를 더욱 깊이 이해하고, 구속 사역에 동참하는 방향으로 활용해야 한다. 기술이 발전할수록 우리의 책임도 커진다. 하나님의 선교는

25) Michael Goheen, "Gospel and Cultures: Lesslie Newbigin's Missionary Contribution," *Philosophia Reformata* 66/2(2001), 178, https://philpapers.org/rec/GOHGCA.

변하지 않지만, 이를 실천하는 방식은 시대와 환경에 따라 새롭게 정립될 필요가 있다. 디지털 환경에서도 우리는 복음을 전하고, 하나님의 창조 질서를 보존하며, 신앙 공동체를 세워가는 일을 지속해야 한다. 이것이 바로 디지털 시대의 선교적 소명이다.

2) 디지털 전환 속 공동체성과 선교

하나님의 선교는 본질적으로 관계를 회복하고 화해를 이루는 데 초점을 둔다. 삼위일체 하나님은 성부, 성자, 성령의 완전한 연합 속에서 존재하시며, 이는 모든 선교적 활동의 근원적 모델이다. 디지털 전환은 이러한 관계 형성의 전통적 방식과 의미에 근본적인 변화를 요구하고 있다. 물리적 거리와 시간의 제약은 사라졌지만, 그로 인해 관계의 지속성과 깊이는 새로운 도전에 직면하고 있다.

디지털 환경은 관계를 형성하는 방식을 크게 변화시키고 있다. 플랫폼 노동과 원격근무의 확산은 업무의 유연성을 높였지만, 일터에서 자연스럽게 이루어지던 교제와 멘토링을 약화시켰다. 2023년 고용노동부 조사에 따르면, 플랫폼 노동자의 대다수는 일회성 거래와 단기적 접촉에 의존하고 있다.[26] 일터에서 자연스럽게 이루어지던 교제와 멘토링이 약화되고, 신입 직원들의 조직 적응, 세대 간 지식 전수, 공동체 문화 형성에서도 어려움이 나타나고 있다. 이러한 상황에서 "진정한 관계란 무엇인가?"라는 질문은 더욱 중요해지고 있다.

26) 고용노동부, "플랫폼종사자 88.3만명으로 전년 대비 11.1% 증가," (2024.8.5.), 접속 2025.2.14., https://www.moel.go.kr/common/downloadFile.do?bbs_id=12&bbs_seq=16906&file_ext=pdf&file_seq=20240800246.

이러한 변화는 하나님의 선교적 관점에서 새롭게 이해되어야 한다. 성부 하나님은 인간을 관계적 존재로 창조하셨으며, 성자 예수님은 성육신을 통해 완전한 관계의 본을 보여주셨다. 성령 하나님은 지금도 우리를 하나님과의 관계로 이끄시며, 세상 속에서 그 관계를 확장하고 계신다. 디지털 환경은 물리적 한계를 뛰어넘어 새로운 방식으로 관계를 형성할 기회를 제공한다. 이러한 맥락에서, 하이브리드형 신앙 공동체는 디지털 전환 시대의 새로운 선교적 플랫폼으로 발전할 수 있다.

하이브리드형 신앙 공동체는 코로나19 팬데믹 기간 동안 많은 교회가 온라인 사역에서 얻은 경험을 바탕으로 형성되었다. 수서교회의 사례는 이러한 변화를 잘 보여준다. 교회는 팬데믹 초기 비대면 예배로 전환하면서 온라인 환경에 익숙하지 않은 성도들을 위해 기술 교육을 제공하며 적극적인 참여를 유도했다. 이를 통해 모든 연령대의 성도들이 예배에 동참할 수 있었으며, 기술적 장벽을 해소하는 과정에서 개인적인 신앙 돌봄도 이루어졌다.[27)]

직장 환경에서도 새로운 형태의 공동체성이 요구된다. 비대면 업무 환경과 원격 근무의 확산은 직장에서의 자연스러운 교제를 제한하지만, 동시에 새로운 형태의 신앙 공동체 형성 기회를 제공한다. 그리스도인들은 디지털 환경에서도 정직, 신뢰, 협력과 같은 공동체적 가치를 실천함으로써 하나님 나라의 문화를 형성할 수 있다. 예를 들어 원격 근무 환경에서도 온라인 기도 모임이나 성경 공부 모임을 통해 영적 교제를 나누는 활동이 가능하다.

특별히 새로운 노동환경에서 소외되기 쉬운 플랫폼 노동자들의 공동체성 회복과 권익 보호를 위한 통합적 선교 모델이 필요하다. '플랫폼 노동자

27) 김동현, "디지털 시대, 교회가 나아가야 할 길은?," 「한국기독공보」 (2024.2.25.).

를 위한 이동식 쉼터'를 통해 배달 노동자들이 잠시 휴식하고 동료들과 교제할 수 있는 분리된 공간을 제공하거나, '플랫폼 노동자 권익보호 센터'를 통해 법률 상담과 노동권 교육을 제공하는 등 구체적인 지원이 가능하다. 또 '디지털 커먼즈'을 구축하여 온라인 공간에서도 플랫폼 노동자들이 서로의 경험을 나누고 정서적 지지를 주고받을 수 있는 안전한 커뮤니티를 형성할 수 있다.[28)]

이처럼 디지털 시대의 공동체성은 단순히 과거의 모델을 복원하는 것이 아니라, 새로운 형태로 재구성되어야 한다. 교회와 그리스도인은 디지털 환경에서 하나님의 사랑과 정의를 실현하며, 변화하는 세상 속에서 하나님의 선교에 지속적으로 참여해야 한다. 특히 디지털 기술이 공동체를 해체하는 것이 아니라, 오히려 새로운 방식으로 신앙적 연대를 형성하는 도구가 되도록 지혜롭게 활용해야 한다. 이는 단순한 기술의 문제가 아니라, 하나님 나라의 가치를 디지털 환경에서 어떻게 구현할 것인가 하는 신학적이고도 실천적인 과제이다.

3) 디지털 환경에서의 선교적 실천

앞서 살펴본 디지털 시대의 관계성과 공동체 변화에 대한 이해를 바탕으로, 이제 구체적인 선교적 실천 방안을 모색해보고자 한다. 이는 단순히 기존 선교 활동의 디지털화가 아닌, 하나님의 선교적 목적을 디지털 환경에서 구현하는 새로운 접근이 되어야 한다.

---

28) 이광석, "(9)자원 공유·공생 '커먼즈', 플랫폼 만나 '자본주의 대안'으로 도약 꿈," 「경향신문」 (2019.9.5.).

첫째, 디지털 기술을 통한 복음 전파와 제자화의 혁신이 필요하다. 단지 기존의 선교 활동을 온라인화하는 것이 아니라, 디지털 기술을 적극 활용하여 신앙 성장과 복음 전파를 더욱 효과적으로 수행할 수 있는 방법을 모색해야 한다. YouVersion과 같은 성경 앱은 다양한 번역본과 언어를 제공하며, 개인화된 성경 읽기 계획을 통해 일상적 신앙 실천을 돕는다. AI를 활용한 성경 연구는 더 깊이 있는 말씀 연구를 가능하게 하며, 자동 번역 기술은 언어 장벽을 넘어선 선교적 접근을 가능하게 한다. 이러한 도구들은 단순한 편의성을 넘어, 복음의 본질을 현대적 맥락에서 효과적으로 전달하는 수단이 될 수 있다.

초원AI는 초원 AI는 대규모 언어 모델(LLM, Large Language Model)의 등장과 함께 신앙적인 질문에 AI를 활용한 응답을 제공하는 신앙 상담 서비스로 시작되었다. 사용자는 성경과 신앙생활에 대한 질문을 초원 AI에게 던지면, 성경적 근거를 바탕으로 한 답변과 함께 묵상할 수 있는 내용을 제공받을 수 있다. 출시 초기에는 "십일조는 순소득 기준인가요?" "하나님을 믿지 않는 가족과 어떻게 대화해야 할까요?"와 같은 실생활과 밀접한 신앙적 고민에 대한 답변을 제공하는 기능이 주를 이루었다. 하지만 최근에는 묵상, 기도, 성경통독등을 지원하며, 신앙 실천을 종합적으로 돕는 플랫폼으로 성장했다. AI 기반의 맞춤형 성경 읽기 플랜을 추천하고, 사용자가 관심 있는 신앙 주제에 따라 묵상 자료를 제공하는 기능도 추가되었다.[29)]

둘째, 디지털 격차 해소를 통한 포용적 선교가 요구된다. 2023년 한국지능정보사회진흥원의 조사에 따르면, 대표적인 정보취약계층인 고령층의

29) 고은이, ""타투해도 돼?" 질문에 주님AI 답변은…GPT 도입한 기독교 스타트업," 「한국경제」 (2024.06.) 접속 2024.6.8., https://www.hankyung.com/article/202406082813i.

디지털 활용 능력은 일반 국민의 73.8% 수준에 불과하다.[30] 이러한 디지털 격차는 새로운 형태의 소외를 만들어내고 있다. 교회는 이를 해소하기 위해 노인층을 위한 디지털 리터러시 교육 프로그램을 운영하고, 저소득층 청소년을 위한 디지털 기기를 지원하며 코딩 교육을 제공할 수 있다. 또한 디지털 취약계층이 온라인 예배에 쉽게 참여할 수 있도록 지원 시스템을 구축하고, 다문화 가정을 위한 다국어 디지털 콘텐츠를 제작하여 보급하는 것이 필요하다. 이러한 노력은 "모든 사람에게 복음을" 전하라는 하나님의 명령을 디지털 시대에 구현하는 구체적 실천이 된다.

셋째, 디지털 윤리와 책임에 기반한 선교적 실천이 중요하다. 디지털 환경에서는 정보의 진실성, 개인정보 보호, 디지털 중독 등 새로운 윤리적 문제들이 대두되고 있다. 교회는 이러한 문제들에 대해 책임 있는 접근이 필요하다. 디지털 미디어 리터러시 교육을 통해 비판적 사고력을 함양하고, 온라인 예배와 모임에서의 개인정보 보호 가이드라인과 바람직한 참여 수칙을 수립해야 한다. 더불어 디지털 디톡스와 균형 잡힌 미디어 사용에 대한 교육을 제공하고, 가짜뉴스 판별과 건강한 정보 공유 문화를 조성하는 것이 중요하다.

넷째, 디지털 선교를 위한 협력 네트워크 구축이 필요하다. 개별 교회나 기관의 노력만으로는 디지털 환경에서의 효과적인 선교가 어렵다. 교회 간에 디지털 자원을 공유하는 플랫폼을 구축하고, 선교단체와 IT 전문가들이 협력할 수 있는 네트워크를 형성해야 한다. 디지털 선교 전략을 연구하고 경험을 공유하는 포럼을 운영하며, 크리스천 개발자와 디자이너 등 전문가들

30) 과학기술정보통신부·한국지능정보사회진흥원, "2023 디지털정보격차 실태조사," (2024.3.29.), 접속 2025.2.14., https://www.nia.or.kr/site/nia_kor/ex/bbs/View.do?cbIdx=81623&bcIdx=26517&parentSeq=26517.

이 함께 참여하는 생태계를 조성하는 것이 중요하다.

ITMC(IT Mission Conference 이후 'ITMC')는 한국세계선교협의회(The Korea World Missions Association, KWMA)와 한국해외선교회(GMF)가 공동 주최하는 국제 행사로, 선교한국, 한국YWAM, 솔리데오 등과 협력해 진행된다. 이 컨퍼런스는 디지털 전환 시대에 교회와 선교단체가 나아갈 방향을 제시하며, 기술과 영성을 결합한 새로운 선교 모델을 모색하는 자리다. 2023년 열린 ITMC에서는 온·오프라인을 병행하며 AI, 메타버스, 온라인 플랫폼 등 첨단 기술을 활용한 선교 전략이 집중적으로 논의되었다. 이를 통해 교회와 선교단체가 디지털 환경에서 어떻게 협력할 수 있을지 실질적인 방안을 모색했다.[31)]

다섯째, 디지털 환경에서의 목회적 돌봄 체계 구축이 중요하다. 온라인 환경에서도 실질적인 목회적 돌봄이 이루어질 수 있도록 체계적인 시스템이 필요하다. 온라인 상담 플랫폼을 구축하고, AI 기반의 24시간 신앙 상담 서비스를 제공할 수 있다. 디지털 도구를 활용한 심리 치유 프로그램을 개발하고, 온라인으로 기도 요청을 받고 중보기도를 이어가는 시스템을 구축하는 것도 필요하다.

미국의 Life.Church는 24시간 온라인 상담 플랫폼을 통해 이를 실천하고 있다. 예배 중 채팅 기능을 통해 온라인 예배 중 실시간으로 질문을 하거나 도움을 요청할 수 있으며,[32)] 기도 요청을 하면 훈련된 봉사자들이 일대일 대화를 통해 함께 기도하는 시간을 갖는다.[33)] 이는 모바일 앱에서도 동시에 이루어지기에 시간과 장소를 초월해 교회를 중심으로 이루어지는 영적 경

31) 이상진, "IT 미션 컨퍼런스 2023, '디지털시대와 선교' 주제로 개최," (2023.11.23.), 접속 2025.2.14., https://www.christiandaily.co.kr/news/130292.

32) Life.Church, https://www.life.church/lconline/ 참조.

33) Life.Church, https://info.life.church/hubfs/Prayer_Team_Training_2016.pdf 참조.

험이 언제든 가능하다.

이러한 선교적 실천은 단순한 기술 도입이 아닌, 하나님 나라의 가치를 디지털 환경에서 구현하는 본질적 과제이다. 각 실천 방안은 상호 연결되어 있으며, 통합적 접근을 통해 디지털 시대의 선교적 사명을 효과적으로 수행할 수 있다. 특히 이러한 실천은 기존의 선교적 가치와 방식을 부정하는 것이 아니라, 새로운 환경에서 하나님의 선교를 더욱 풍성하게 구현하는 보완적 접근이 되어야 한다.

4) 하나님의 선교 관점에서 본 대응과 과제

지금까지 살펴본 디지털 전환의 선교신학적 함의, 관계성과 공동체의 변화, 그리고 구체적인 선교적 실천 방안들을 종합하여, 하나님의 선교라는 관점에서 우리 시대의 핵심적인 과제들을 도출해보고자 한다. 급진적인 기술 변화는 단순히 극복해야 할 도전이 아니라, 하나님의 선교가 새롭게 구현될 수 있는 기회가 될 수 있다.

첫째, 디지털 기술을 하나님의 창조 질서 안에서 이해하고 활용하는 지혜가 요구된다. AI, 빅데이터, IoT와 같은 첨단 기술은 하나님이 창조하신 세계의 질서와 지혜를 더 깊이 이해하고, 인류의 풍성한 삶을 위해 활용될 수 있는 도구이다. 그러나 이러한 기술이 인간의 존엄성을 훼손하거나 하나님의 형상을 왜곡하는 방향으로 발전해서는 안 된다. 교회는 기술 발전의 방향성에 대해 깊이 있는 신학적 성찰을 제공하고, 기술이 하나님의 선교적 목적에 부합하는 방식으로 사용되도록 이끌어가야 한다.

둘째, 디지털 환경에서 새로운 형태의 선교적 리더십이 필요하다. 전통적인 위계적 리더십은 네트워크화된 디지털 사회에서 그 효과성이 떨어진다. 대신 협력과 참여를 촉진하는 리더십, 다양한 은사와 전문성을 연결하고 조율하는 리더십이 요구된다. 선교적 리더는 디지털 환경에 대한 이해를 바탕으로, 온라인과 오프라인을 아우르는 통합적 비전을 제시하고, 공동체 구성원들의 참여와 협력을 이끌어낼 수 있어야 한다. 특히 젊은 세대의 디지털 문화에 대한 이해와 공감을 바탕으로, 세대 간 소통과 협력을 촉진하는 것이 중요하다.

셋째, 디지털 전환 시대의 신학 교육과 목회자 양성 체계를 혁신해야 한다. 목회자와 선교사들이 디지털 환경에서 효과적으로 사역할 수 있도록 준비시키는 것이 시급하다. 신학교 교육과정에 디지털 미디어 활용, 온라인 목회 방법론, 디지털 윤리 등의 내용이 포함되어야 한다. 더불어 현장의 목회자들을 위한 지속적인 교육과 훈련 체계도 마련되어야 한다. 이는 단순한 기술 교육이 아니라, 디지털 시대의 목회적 돌봄과 선교적 실천을 위한 통합적 역량 개발이 되어야 한다.

넷째, 디지털 환경에서의 교회와 선교 기관의 제도적 혁신이 필요하다. 전통적인 교회 조직과 운영 방식은 디지털 시대의 요구에 부응하기 어렵다. 의사결정 구조를 보다 유연하고 참여적으로 만들고, 예산 운용과 자원 활용의 방식도 혁신해야 한다. 교회와 선교 기관들은 디지털 전환에 따른 조직 혁신을 통해, 더욱 효과적으로 하나님의 선교에 동참할 수 있는 체계를 갖추어야 한다.

다섯째, 모든 선교적 실천의 중심에 하나님의 창조 질서 보전이라는 가치를 두어야 한다. 디지털 기술은 환경 모니터링, 자원 효율화, 탄소 배출 감축 등에 기여할 수 있다. 교회는 이러한 기술을 활용하여 창조 세계를 돌보는 청지기적 사명을 더욱 효과적으로 수행할 수 있다. 동시에 디지털 기술 시제가 환경에 미치는 영향에 대해서도 주의를 기울여야 한다.

이러한 과제들은 서로 긴밀하게 연결되어 있으며, 통합적 접근이 필요하다. 디지털 전환은 하나님의 선교가 새로운 맥락에서 구현되는 기회가 될 수 있다. 교회와 그리스도인들은 이러한 변화를 두려워하거나 거부하지 않고, 오히려 이를 통해 하나님의 선교가 더욱 풍성하게 실현될 수 있도록 지혜롭게 대응해야 한다. 우리에게 주어진 이 시대적 과제는 결국 하나님 나라의 가치를 어떻게 디지털 환경에서 구현할 것인가에 대한 고민이며, 이는 우리 세대에 주어진 특별한 선교적 사명이다.

6. 나가는 말

본 글은 하나님의 선교 관점에서 일과 일터의 본질적 의미를 재조명하며, 급변하는 현대 사회에서 교회와 그리스도인이 감당해야 할 역할을 탐구했다. 일과 일터는 단순한 경제적 활동의 영역이 아니라, 하나님의 창조와 구속 사역이 실현되는 선교적 현장임을 강조한다.

역사적으로 볼 때, 기독교 전통에서 일과 일터에 대한 신학적 이해는 지속적으로 발전해왔다. 수도원 전통에서는 노동을 영적 수련의 일부로 여겼으며, 종교개혁 시대의 소명 신학은 모든 직업이 하나님께로부터 부여된 소명임을 강조하면서 성과 속의 이분법을 극복하는 중요한 전환점을 제시했다. 이를 통해 직업과 노동은 단순한 생계 수단이 아니라, 하나님 나라의 가치를 구현하는 거룩한 소명이 될 수 있음을 확인하게 되었다.

하나님의 선교는 일과 일터를 단순한 경제 활동의 공간으로 보는 것을 넘어, 하나님의 창조와 구속 사역이 이루어지는 선교적 현장으로 바라보게 한다. 이는 모든 그리스도인이 자신의 일터를 통해 하나님 나라의 가치를 드러내고 실천해야 하는 선교적 소명을 지니고 있음을 강조한다. 교회는 이러한 소명을 효과적으로 감당할 수 있도록 성도를 양육하고 지원하는 플랫폼의 역할을 해야 한다. 이를 위해 교회는 일터 신학과 관련된 교육을 제공하며, 직장 속에서 하나님 나라의 가치를 살아내는 방안을 함께 모색하는 공동체를 형성할 필요가 있다. 이러한 노력은 그리스도인들이 자신이 속한 일터를 선교적 사명지로 인식하게 하며, 그곳에서 하나님의 사랑과 정의를 실현하는 데 기여하게 할 것이다.

특히 디지털 전환, 기후 위기, 글로벌 불평등의 심화와 같은 현대적 도전은 일과 일터에 대한 신학적 성찰을 새롭게 요구하고 있다. AI와 자동화 기술의 발전, 메타버스와 같은 가상 환경의 확산, 그리고 플랫폼 노동의 부상은 노동의 본질과 인간의 존엄성에 대해 근본적인 질문을 던진다. 이러한 변화 속에서 교회는 하나님의 창조 질서를 지키고, 모든 인간이 가진 존엄성을 보호하며, 공동체성을 회복하는 데 앞장서야 한다. 이는 교회가 단순히 시대적 변화에 대응하는 것을 넘어, 하나님의 창조와 구속의 목적 안에서 이러한 도전들을 신앙적으로 재해석하고, 세상 속에서 하나님의 정의와 사랑을 구현하는 예언자적 사명을 감당해야 함을 의미한다.

결론적으로, 하나님의 선교는 급변하는 현대 사회에서도 여전히 지속되며, 일과 일터는 이 선교적 사명이 구체적으로 구현되는 중요한 장이 된다. 교회와 그리스도인은 이러한 이해를 바탕으로, 기술 발전이 가져온 새로운 기회와 도전 앞에서 지혜롭게 대응하며, 일터를 통해 하나님 나라의 가치를 실현하는 책임을 감당해야 한다.

이는 단순히 직업 윤리나 경제 활동의 차원을 넘어서는 것이다. 일과 일터는 하나님의 창조와 구속 사역에 동참하는 거룩한 소명이자, 현대 사회 속에서 선교적 사명을 실천하는 구체적인 과제가 된다. 이를 통해 교회와 그리스도인은 세상 속에서 하나님의 사랑과 정의를 드러내는 도구로서, 하나님의 선교에 동참하는 공동체의 본질을 새롭게 확인할 수 있을 것이다.

이 시대 기독교인들이 만들어내야 할 환대의 이야기는 정죄가 아닌 죄로 인해 끊어진 하나님과 나, 그리고 사람과 사람의 관계를 연결하기 위해 손해와 위험을 무릅쓰는 사람들로부터 형성된 서사이어야 한다.

제4장

양현준 환대사역연구소 소장, 하나비전교회 청년부, 풀러 신학교 D.Min.

하나님의 선교로 바라보는 '환대'

본 글은 현대 사회의 분열된 상황에서 선교적 환대의 신학적 의미와 실천적 가치를 살펴본다. 이를 위해 먼저 일반적인 환대 및 기독교적 환대의 개념을 고찰한다. 이를 바탕으로 하나님의 선교와 환대의 연관성을 살펴보며 이를 통해 선교적 환대의 개념을 정립한다. 이후 선교적 환대를 구성하는 신학적 기초를 신적 환대, 타자 이해, 상호적 환대, 그리고 상호성과 무명성의 관점에서 제시한다. 나아가 선교적 환대의 선교 신학적 적용점으로 프리에반젤리즘의 기초와 실천, 타자 중심적 접근, 화해 형성을 위한 선교적 전략을 제언한다. 마지막으로 선교적 환대의 실천을 위해 교회 성장을 넘어 하나님 나라의 가치를 확장하는 환대, 공감으로 시작하여 영혼 구원과 샬롬을 성취하는 환대, 위험을 감수하는 사회적 정의의 확장을 위한 환대의 실천을 제안한다. 본 연구는 선교적 환대가 영혼 구원의 사역과 동시에 현대 사회의 분열과 갈등을 치유하고, 하나님 나라의 가치를 확장하는 유용한 선교 방법임을 제안한다.

1. 들어가는 말

'환대'는 이제 우리에게 낯선 단어가 아니다. 이는 현대 사회가 환대를 필요로 한다는 신호이다. 지역, 연고, 학벌, 빈부 격차, 보수와 진보 등 오늘날 한국 사회는 다양한 영역에서 선 긋기가 일상화 되고 있다. 선을 긋는 행위는 선 안은 안전하지만 선 밖은 위험하다는 이분법적 사고를 강화한다. 일상화된 선은 다름이 아닌 옳고 그름을 판단하는 경계를 형성한다. 선과 경계, 그리고 안전과 위험이라는 범주로 타인을 구분하게 되면, 선 밖에 있는 사람들은 점점 자신의 자리를 잃고 차별과 배제의 대상이 된다.

코로나19를 통해 한국 사회는 사회의 경계에 위치한 이들이 혐오의 대상이 되는 현상을 마주했다. 조선족, 신천지, 노인, 젊은이, 성소수자, 비정규직 노동자 등 소수자 또는 약자는 사회의 '투사적 혐오'(projective disgust)의 대상이 되었다. 부패, 냄새, 분비물 같은 역겨운 특성이 사회의 특정 집단에 투사되는 혐오 현상은 대개 약한 집단을 겨냥하며, 자신들의 혐오를 정당화한다. 그러나 이는 결국 인간의 존엄을 훼손하는 구체화된 폭력으로 드러난다.

초연결 사회인 현대 사회에서 타자 혹은 이방인은 특정한 부류의 사람이 아니다. 나 자신도 누구에겐가는 낯선 이방인이 될 수 있다. 그렇기에 타자에게 자리를 내어주는 환대는 결코 나와 무관한 행동이 아니다. 따라서 현대 사회에서 타자에게 우호적일 뿐만 아니라 타인을 최우선으로 고려하는 타자 우선주의가 점진적으로 강화되는 현상은 자연스럽다.

일반적으로 환대는 타자를 다정하고 관대하게 수용하는 자세 또는 행위를 의미한다. 그러나 이러한 일반적 환대 이해는 성경이 담고 있는 환대의 깊고 특별한 의미를 온전히 담아내지 못한다. 기독교의 환대 이해는 일반적인 환대 이해와 어떤 차이가 있는가? 하나님의 선교는 환대와 어떤 연관이 있는가? 이 글은 선교적 환대에 담긴 신학적 요소를 살펴보며, 환대의 의미와 가치, 그리고 환대와 선교의 관계를 고찰하고자 한다. 이를 통해 선교적 환대가 영혼 구원의 사역과 동시에 현대 사회의 분열과 갈등을 치유하고, 하나님 나라의 가치를 확장하는 유용한 선교 방법임을 논증하고자 한다.

2. 환대란 무엇인가?

1) 일반적 환대의 이해

환대는 전통적으로 쉴 만한 공간을 제공하고, 먹을 음식을 나누며, 위험으로부터 보호하는 등 낯선 타자의 필요를 충족시키는 도덕적 행위로 이해되어왔다. 하지만 엘리자베스 뉴먼(Elizabeth Newman)은 현대 사회에서 환대가 타인에 대한 존중, 연민, 공감 등을 상기시키는 도덕적 언어보다는 호텔, 식당 등을 방문하는 고객에 대한 서비스를 의미하는 상업용어로 주로 사용되고 있음을 지적한다. 동시에 그녀는 현대사회에서 환대가 감성화, 개인화, 상업화 되고 있음도 지적한다.[1)]

쟈크 데리다(Jacques Derrida)는 환대를 조건적 환대와 무조건적 환대로 구분한다. 이 구분을 기준으로 할때 우리의 일상에서 이루어지는 대부분의 환대는 조건적 환대이다. 일상에서 이루어지는 상당수의 환대가 교환적 경

1) Elizabeth Newman, *Untamed Hospitality: Welcoming God and Other Strangers* (Grand Rapids, MI: Brazos Press, 2007), 28.

제의 영향을 받아 적절한 조건과 경계가 전제된 환대이기 때문이다. 이런 조건적 환대는 '호혜주의'와 '관용'을 전제로 한다.

호혜주의는 상대에게 도움을 주면 언젠가 그로부터 도움을 받게 된다는 인식에서 시작된다. "뿌린 대로 거둔다" 혹은 "주는 대로 받을 것이다"라는 표현은 호혜주의의 성격을 잘 드러내는 대표적 표현이다. 조건적 환대는 타자가 우리의 규칙을 지키고 우리의 규범, 언어, 문화, 사회 체계를 수용할 때 이루어진다.

하지만, 상대방에게 상호성을 기대한 조건적 환대는 대부분 상업적 관계로 전락하게 된다. 엠마뉴엘 레비나스(Emmanuel Levinas)는 사람들이 상호성을 기대하며 타인에게 관대하게 행동할 때, 타인과의 관계는 더 이상 관대함이 아닌 좋은 방도의 교환, 즉 상업적 거래의 일환이 된다고 지적한다. 즉, 조건적 환대에서 타자는 "내가 어떤 것을 해야 하는 대상"이 된다. 동시에 나 역시 그와 관련하여 책임을 져야 한다. 이로인해 조건적 환대에서는 나와 타자 간의 관계에 비대칭성과 근본적 비동등성이 나타나게 된다.[2)]

관용(tolerance)은 일반적으로 타인을 너그럽게 받아들이거나 잘못을 용서함을 의미한다. 그러나 환대의 관점에서 관용은 나와 다른 타인들이 그들의 생활 방식과 정체성에 따라 살아갈 수 있도록 허용하는 행위를 의미한다. 이와 달리, 전체주의는 이질적인 타자를 허용하지 않는다. 하지만 타자는 이미 우리의 생활 속에 함께 존재한다.[3)] 결국, 함께 있지만 이질적인 타자와의 공존 및 수용은 수용 주체의 자의적 판단과 선택에 의존할 수밖에 없다. 이는 조건적 환대가 불완전한 환대에 머물게 하는 주요 원인이다. 조건

---

2) 엠마뉴엘 레비나스/김도형, 문성원 역, 『타자성과 초월』 (서울: 그린비, 2020), 122.

3) 서동욱, 『타자철학: 현대 사상과 함께 타자를 생각하기』 (서울: 반비, 2022), 39.

적 환대는 결국 타자의 필요보다는 환대 주체의 입장과 위치에 따라 결정되기 때문이다. 마이클 왈쩌(Michael Walzer)도 "관용이란 내가 원하지 않는 사람을 용인하며, 참기 어려운 것도 참는 것"이라고 말한다. 따라서 내가 타자와 함께 있기를 원한다면 관용은 더 이상 필요하지 않게 된다. 이런 의미에서 관용은 나와 타인 간의 평화로운 공존을 목표로 하는 행위로 볼 수 있다.[4] 즉 관용은 환대 주체의 입장에서 타자의 다름을 인정하고, 다름에 동의하지 않더라도 이를 용인하여 공존을 허용한다. 따라서 관용은 상호성에 근거해 평화롭고 안전한 공존을 보장하는 행위이다.[5] 이렇게 조건적 환대의 가능성은 결국 타자를 향한 환대 주체의 관용 여부에 달려 있다.

위르겐 하버마스(Jürgen Habermas)는 관용의 행위가 자비나 은혜 베풀기와 같은 요소를 가지며, 관용은 지배자 또는 다수자의 권위주의적 허용의 한계 안에서 존재한다고 주장한다. 그는 관용의 주체들 간의 평등한 상호관계와 민주적 공동체 내에서의 평등한 권리 및 상호 존중이 관용에 내재된 권력 불평등을 극복할 수 있다고 말한다.[6] 따라서 그는 민주적 공동체의 맥락에서 관용이 옹호될 수 있다고 주장한다.

하지만 쟈크 데리다(Jacques Derrida)는 관용이 환대의 한계에 불과하다고 본다. 관용은 주체에 의해, 주체의 영역 안에서 이루어지는 한정된 행위이지만, 환대는 타자 중심적인 행위라는 점에서 본질적으로 다르기 때문이다. 관용이 주체의 "할 수 있음"에 근거한 것이라면, 데리다는 환대는 타자에게 선택권을 넘겨줌으로써 출발한다고 주장한다.[7] 데리다는 관용을 조건부 환

4) 문성훈, "타자에 대한 책임, 관용, 환대 그리고 인정," 「사회와 철학」 21(2011), 405-406.

5) Ibid., 406.

6) 김애령, "이방인과 환대의 윤리," 「철학과 현상학 연구」 39(2008), 186-187.

대, 즉 "초대의 환대"라고 부른다.

어떻게 보면 관용은 한 개인이 자신만의 자율성을 확보한 타인과 구분된 '주체'임을 표현하는 방법처럼 보인다. 그렇기에 관용의 관점에서 환대의 주권을 가진 환대 주체는 소거되거나 희석되어야 할 존재가 아니라, 반드시 보존되어야 한다. 또한 환대 주체가 타자의 주권을 인정하는 행위는 성숙한 이방인의 태도이며, 동시에 타자의 주권을 수용하는 환대 주체의 주권 역시 인정받아야 한다. 따라서 타자와 환대 주체의 주권을 서로 인정하는 환대 행위는 '주권의 호혜성'이라고 표현할 수 있다. 이 주권의 호혜성 안에서 타자 간의 대화와 공존의 가능성이 확보될 수 있다.[8)]

하지만 고통받는 타자의 호소를 들어주고 그 고통에서 벗어나게 하는 행위는 자기희생을 전제로 한다. 타자됨을 인정하고 그의 호소에 응답하는 행위도 결국 한 개인의 욕구 희생을 전제한다. 하지만 현대 사회에서 한 개인이 자신의 욕구를 희생하면서까지 타인을 사람으로 존중하고, 동시에 그와 자유롭고 평등한 관계를 맺으며 이를 지속적으로 유지하는 것이 현실적으로 가능할까? 이 질문은 호혜주의와 관용이라는 조건적 환대 위에서 불안하게 형성된 현대 사회의 연대의 한계를 보여준다.

앞서 살펴보았듯이 환대는 단순히 무조건적이고 아름다운 윤리적 행위로만 볼 수 없다. 때로는 내가 마주하는 타자가 나에게 적대적일 가능성도 있기 때문이다. 그렇기에 환대 주체나 공동체는 안전을 위해 환대를 조건적이고 제한적인 방식으로 수행한다. 결국, 이렇게 제한적인 환대를 수행하는 과정에서 환대 주체는 환대가 정치적, 법적, 경제적 고려를 수반하는 복잡

---

7) Ibid., 187-188.

8) 김광기, "관용과 환대, 그리고 이방인,"「현상과 인식」118(2012), 159-160.

한 윤리적 행위임을 깨닫게 된다.

2) 기독교적 환대

조건적인 현대 사회의 환대와 달리, 기독교적 환대는 하나님께 거저 받았으니 내 앞에 있는 타자의 호소에 조건 없이 응답해야 하는 무조건적 환대에 가깝다. 특히 원수까지도 사랑하라는(마 5:44) 성경의 명령은 기독교적 환대가 조건적 환대에 머무를 수 없게 한다. 따라서 이 명령은 기독교적 환대가 무조건적 환대를 지향함을 잘 보여준다.

제임스 데이비드 헌터(James Davison Hunter)는 예수께서 공생애 기간 동안 보여주신 직접적이고 구체적인 사랑의 실천을 언급하며, 예수는 두려움에 떨고, 굶주리고, 가난하고, 모욕당하고, 병든 사람들의 필요를 채우는 실제적 환대자였다고 주장한다.[9] 또한 성경은 오늘날 예수께서 이 세상에 오신다면, 나그네와 같은 약자의 모습으로 우리 가운데 오실 것이라고 말한다(마 25:31-46). 이처럼 하나님은 그리스도인들에게 '주고받음'이라는 상호성을 기대할 수 없는 사회적 약자들을 존중하고 돌보는 무조건적 환대를 명령하신다.

예수뿐만이 아니다. 성경은 성숙한 하나님의 백성들이 보여준 좋은 환대의 예들을 기록하고 있다. 조슈아 W. 지프(Joshua W. Jipp)는 아브라함의 환대(창 18:1-8), 교회를 향한 사도들의 환대 권면(롬 12:13, 히 13:2-3, 딤전 3:2, 딛 1:8, 벧전 4:9), 그리고 순회 선교사들을 극진히 맞이하고 환송하는 장면(롬 16:23, 골

9) 제임스 데이비드 헌터/배덕만 역, 『기독교는 세상을 어떻게 변화시키는가』 (서울: 새물결플러스, 2014), 285-286.

4:10)을 기독교 신앙의 필수적인 요소로 소개한다.[10)]

무엇보다 기독교적 환대를 고찰할 때는 하나님이 성도들에게 "네 이웃을 네 몸같이 사랑하라"라는 이웃 사랑의 명령을 주신 의도를 반드시 고려해야 한다. 이 명령에는 모든 사람이 하나님이 사랑하시는 존재라는 전제가 담겨 있다. 물론 현실적으로 기독교적 환대가 주고받음의 가능성을 전제한 조건적 환대의 한계를 넘어서려면, 우리에게 다가오는 모든 타자들에게서 하나님이 행하신 일과 그를 사랑하시는 하나님의 흔적을 볼 수 있어야 한다. 이러한 흔적을 그들의 삶에서 발견할 때, 우리는 어떤 사람이 더 중요한지를 계산하지 않고 환대할 수 있다. 때로는 나를 위협하는 원수까지도.

그렇다면 기독교적 환대가 자신에게 위협적인 원수까지 사랑하는 실천적 사랑의 행동을 성도들에게 요청하는 이유는 무엇일까? 이는 기독교적 환대가 본질적으로 주고받음을 기대하지 않고, 타자의 필요를 먼저 생각하며, 사회적 약자들을 존중하고 돌보는 행위이기 때문이다. 따라서 기독교적 환대는 이타적인 권력 모델을 통해 자신의 손해와 위험을 감수하면서도 조건 없는 이웃 사랑을 지향하고 이를 실천하는 도덕적 행위로 이해될 수 있다.

또한 기독교적 환대가 무조건적인 이웃 사랑을 실천하는 도덕적 행위가 되려면, 이 환대의 행위는 단순히 의무감이나 자신의 행위를 인정받기 위한 것이 아니라, 타자에 대한 진정한 사랑과 긍휼(compassion)에서 비롯되어야 한다. 이를 위해 환대 주체는 환대를 받는 이들의 존엄성을 존중하며, 이들을 향한 우월감이나 자만심을 가지지 않도록 주의해야 한다. 동시에 환대 주체는 타자들을 향한 단회적인 물질적 도움을 넘어, 그들의 자리가 하나님

---

10) 조슈아 W. 지프/송일 역, 『환대와 구원; 혐오, 배제, 탐욕, 공포를 넘어 사랑의 종교로 나아가기』 (서울: 새물결플러스, 2019), 23.

의 나라에 있음을 보여주는 삶의 방향을 제시할 수 있어야 한다. 잃은 양의 비유에 담긴 메시지 처럼 기독교적 환대는 포기와 희생을 전제한 타자를 향한 나눔과 섬김을 핵심 가치로 삼기 때문이다.

결국 호혜성과 조건성에 기반한 일반적 환대와 달리 기독교적 환대는 하나님의 무조건적 사랑을 전제하여 타자를 향한 무조건적 수용과 섬김을 지향한다.

무엇보다 기독교적 환대는 타인을 향한 친절함을 넘어 하나님 나라의 가치를 실현하는 선교적 행위로서의 의미를 갖는다. 기독교적 환대는 세상을 향한 하나님의 사랑을 반영하며 동시에 "네 이웃을 네 몸과 같이 사랑하라"는 이웃 사랑의 계명을 실천하는 구체적인 방식이기 때문이다. 따라서 기독교적 환대는 본질적으로 선교적 성격을 지니며, 이는 하나님의 선교(Missio Dei)와 깊은 연관성을 형성한다. 이러한 맥락에서 '선교적 환대'의 개념이 등장하는데, 이는 하나님의 선교와 환대의 통합적 실천의 가능성을 보여준다. 다음 항에서는 하나님의 선교와 환대의 관계, 그리고 이를 통해 형성되는 선교적 환대의 개념과 의미를 더 구체적으로 살펴보고자 한다.

3) 하나님의 선교와 환대 - 선교적 환대 이해

(1) 하나님의 선교의 이해

20세기 전반까지는 교회 중심적 선교 패러다임이 지배적이었다. 그러나 1952년 빌링엔 선교대회(IMC)에서 "하나님의 선교"(Missio Dei) 개념이 제시된 이후, 선교는 교회의 선교를 넘어 하나님의 선교로 이해되기 시작했다. 즉, 선교는 삼위일체 하나님으로부터 출발하며, 하나님은 선교하는 하나님이시다. 성부는 성자를 세상에 보내시고, 성자는 교회를 세상에 파송하신다. 그러므로 교회의 선교 이전에 선교는 하나님의 선교이다.[11]

1966년 세계교회협의회(WCC, World Council of Churches)에 제출된 "선교적 교회(회중)을 위한 구조에 관한 연구"(A Quest for Structures for Missionary Congregation)는 선교를 하나님에게서 시작된 하나님의 선교로 규정한다. 이 연구는 교회를 세상을 향한 하나님의 선교를 위해 부름받은 공동체로 이해하며, 교회는 세상을 향해 파송된 공동체라는 점을 강조한다. 이에 기존의 교회 중심적 패러다임인 '하나님-교회-세상'을 하나님의 선교 패러다임인 '하나님-세상-교회'로 바꾸어야 한다고 주장한다.[12]

반면 로잔운동은 복음 전도를 우선시하며 교회의 사회적 책임의 당위성을 '총체적 선교'(integral mission)라는 개념으로 제시한다. 총체적 선교는 인간의 신체적, 영적, 정서적, 경제적, 사회적 등의 모든 필요를 함께 고려하는 선교적 개념이다.[13] 총체적 선교는 복음 전도의 우위성, 우선성, 긴급성을 강조한다. 그러나 시간이 지남에 따라 '교회-복음-세상'의 순서가 '복음-교회-세상'을 거쳐 '복음-세상-교회'의 순으로 변화하고 있다는 지적이 제기된다.[14] 안승오는 이러한 순서의 변화가 로잔운동이 에큐메니컬의 신학의 영향을 받았기 때문이라고 주장한다.[15] 반면 박보경은 이러한 순서의 변화는 로잔운동이 그동안 사회적 책임을 충분히 강조하지 못한 것에 대한 반성이라고

11) 한국일, "한국적 상황에서 본 선교적 교회: 지역 교회를 중심으로," 「선교와 신학」 30(2012), 83.

12) Ibid., 84-85.

13) 김승호, "복음전도의 우선순위를 둔 총체적 선교의 필요성에 대한 고찰: 로잔운동과 현대복음주의를 중심으로," 「ACTS 신학저널」 38(2018), 328,

14) 백충현, "로잔운동에서 크리스토퍼 라이트의 '하나님의 선교(the Mission of God)'에 관한 연구," 「신학사상」 296(2022), 170.

15) 안승오, "로잔운동에 나타난 에큐메니컬 선교신학의 영향," 「복음과 선교」 39(2017), 145.

해석한다.[16)]

둘째 운동에 깊은 영향을 미쳤던 크리스토퍼 라이트(Christopher J. H. Wright)는 하나님 자신이 사명을 가지고 계시며, 창조 세계 전체를 향한 목적과 목표를 가지고 계신다고 말한다. 그는 하나님의 신적 사명 안에서 하나님께서는 그 사명을 함께 성취할 백성을 창조하셨다고 말한다. 또한 하나님께서는 자신의 선교를 위해 교회를 두셨고, 교회는 곧 하나님의 선교를 위해 시작되었다고 말한다.[17)] 따라서 그리스도인과 교회의 모든 존재와 말과 행동은 하나님의 세상에서 하나님의 선교에 의도적으로 참여한다는 점에서 선교적이어야 한다고 주장한다.[18)]

라이트는 복음전도가 배제된 사회 참여는 사회 참여가 배제된 복음 전도만큼 총체적일 수 없다고 말한다. 그는 복음 전도를 포함한 모든 선교 활동이 하나님의 복음을 중심으로 통합되는 총체적 선교이어야 한다고 주장한다. 이러한 맥락에서 라이트는 '복음 전도의 우위성'이라는 표현보다는 '복음의 중심성'이라는 표현을 선호한다고 말한다. 그는 복음의 중심성을 바퀴의 중심축인 복음과 상황에 닿는 타이어로 비유한다. 차가 움직이기 위해서는 동력의 원천에 연결된 중심축과 상황에 닿는 타이어 사이의 통합이 필요하다. 이에 그는 총체적 선교란 복음 전도를 통해 역사적 사실에 대한 좋은 소식과 복음의 진리를 말로 나누는 동시에, 사회와 창조 세계 속에서 사회적이고 상황에 적합한 참여를 수행하는 선교적 행위이며, 이를 통해 복음 전달을 구체화하는 작업이 이루어진다고 본다.[19)]

---

16) 박보경, "로잔운동에 나타난 전도와 사회적 책임의 관계," 「복음과 선교」 22(2013), 38

17) 크리스토퍼 라이트/한화룡 역, 『하나님 백성의 선교』 (서울: IVP, 2012), 19.

18) Ibid., 21-48.

19) 크리스토퍼 라이트/정효진 역, 『하나님의 선교, 세상을 바꾸다』 (서울: IVP, 2024), 126-129.

그는 선교란 우리 주위에 있는 사람들이 우리가 예배하는 하나님과 우리가 사는 삶에 대해 호기심을 갖도록 만드는 것이라고 주장한다. 또한 사람들이 하나님에 대해 호기심을 갖게 되는 방법은 우리의 삶에서 나온다고 강조한다. 그는 세상이 매우 다른 삶의 방식에 대한 가시적 증거를 볼 때, 하나님에 대한 우리의 주장에 관심을 갖게 될 것이라고 말한다.[20]

그렇다면 주고받음의 관계를 통해 불완전하게 연대를 유지하는 세상과 달리, 조건 없이 베푸는 환대는 라이트가 주장하는 복음에 대한 호기심을 형성하는 중요한 선교 행위가 될 수 있지 않을까? 기독교적 환대는 복음의 중심성을 전달하는 선교적 행위임과 동시에 타인의 삶의 상황에 적실한 함께함을 통해 하나님 나라의 가치를 세상에 전달하는 선교적 행위가 될 수 있지 않을까? 이 질문을 바탕으로 하나님의 선교와 환대의 통합, 즉 선교적 환대의 가능성을 살펴보고자 한다.

(2) 하나님의 선교와 환대의 통합 - 선교적 환대

본 항은 하나님의 선교(Missio Dei)의 관점에서 기독교의 환대를 고찰함으로 환대가 단순한 인간의 행위가 아닌 하나님의 선교적 본성에서 비롯된 행위임을 보여줄 것이다. 그리고 이를 통해 하나님의 선교와 환대가 밀접한 연관성이 있음을 논증하려 한다.

선교와 환대의 관계를 다룬 선행 연구들이 있다. 한스 부어스마(Hans Boersma)는 삼위일체 하나님의 환대를 하나님 나라가 이 땅 위에 이루어지게 만드는 하나님 자신의 가장 친밀한 선교적 행위로 정의하며, 이 행위를 통해 삼위 하나님께서 세상과 화해를 선언하신다고 주장한다. 삼위일체 하나님은

20) 크리스토퍼 라이트, 『하나님 백성의 선교』, 95.

창조를 통하여 피조물에게 자리를 내어 환대하시며, 타락으로 스스로 문을 닫은 세상에 자신을 열어 보이셨다. 특히 예수 그리스도의 십자가는 신적인 환대의 극치를 보여주는 행위로, 다양한 속죄모델에 뿌리를 내리고 번성할 수 있는 토양이라고 부어스마는 주장한다.[21]

조해룡은 피조물을 향한 삼위일체 하나님의 인격적인 사랑이 하나님의 신적 환대로 나타나며, 하나님의 환대 속성은 복종을 강요하는 삶이 아니라, 하나님의 사랑을 일깨워 주기 위한 하나님의 사랑의 행위라고 주장한다. 따라서 하나님의 선교는 하나님의 환대에서 출발한다고 강조한다.[22] 즉, 하나님의 선교는 하나님 자신의 환대로부터 시작되며, 그분의 증인들이 보여주는 선교적 환대를 통해 열매를 맺는다는 것이다.

또한 하나님의 선교는 하나님의 집으로 하나님과 분리된 사람을 초청하는 신적 환대이다. 이에 미로슬라브 볼프(Miroslav Volf)는 환대 신학의 핵심으로 예수의 십자가를 제시한다. 그는 타자를 환대하기 위해 자신의 자아를 버리시고, 자기 희생을 통해 하나님의 온전한 환대를 보여주신 예수의 십자가 희생이 신적 환대의 정수라고 말한다.[23] 이러한 예수의 십자가 환대는 선교적 환대가 자기희생, 이웃과의 연대, 그리고 선교적 훈련으로 나아가며, 세계 선교를 향한 하나님의 선교와 깊은 관계성을 지니게 한다.[24]

뉴먼은 '집을 잃어버린 자들을 위한 환대'(homeless hospitality)라는 개념을 언급하며, 하나님의 환대를 통해 자신의 집으로 돌아오는 신적인 구원이 곧

---

21) Hans Boersma, Violence, *Hospitality, and the Cross* (Grand Rapids, MI: Baker Academic, 2006), 18.

22) 조해룡, "환대의 신학에 나타난 하나님의 선교와 교회의 선교적 정체성 연구: 교회와 이웃 사이의 다리 이어주기," 「선교신학」 74(2024), 200-201.

23) 미로슬라브 볼프/박세혁 역, 『배제와 포용』 (서울: IVP, 2012), 32.

24) 조해룡, "환대의 신학에 나타난 하나님의 선교와 교회의 선교적 정체성 연구," 197.

환대라는 개념을 제시한다.[25] 죄로 인해 하나님으로부터 분리된 인간을 구원하기 위해 하나님은 자신의 집을 환대의 장소로 내어놓으신다. 이 환대는 그 어떤 조건도 요구하지 않으며, 오직 요청에 대한 응답만으로 누릴 수 있는 무조건적 환대이다. 이와 같이 신적 구원으로서 환대는 하나님의 선교로부터 흘러나온다.

무엇보다 하나님은 풍성한 사랑과 자비를 환대의 방식으로 표현하며, 하나님의 사람들을 자신의 집으로 초청하신다. 이를 통해 세상을 변화시키고자 하나님의 선교를 수행하신다. 특히 주변부에 놓인 소외당한 사람들, 가난하고 힘이 없는 이들, 병들고 상처받은 자들을 향한 하나님의 온전한 환대는 하나님의 선교에 동력을 제공한다. 동시에 하나님의 선교는 삼위일체 하나님의 환대와 초청을 통해 시작된다.[26]

이렇게 선교는 삼위일체 하나님으로부터 출발하며 하나님은 선교하시는 하나님이시고, 교회의 선교 이전에 선교가 하나님의 선교이다. 이처럼, 환대 역시 삼위일체 하나님으로부터 시작되며, 하나님은 환대하시는 하나님이시며, 교회의 환대 이전에 세상을 향한 환대가 하나님의 환대였다. 이렇게 하나님의 선교와 기독교적 환대는 밀접한 연관성을 가진다. 더 나아가 하나님의 선교와 환대는 근본적으로 이웃 사랑의 역동적인 움직임으로, 분리와 배제의 벽을 허물고 모든 피조물을 하나님의 은혜로운 품으로 초대하는 전도와 사회의 근본적 변화를 일으키는 '변혁적 선교'(transformative mission)의 실천을 의미한다. 이것이 바로 선교적 환대이다.

---

25) Elizabeth Newman, *Untamed Hospitality*, 33-40.

26) 조해룡, "환대의 신학에 나타난 하나님의 선교와 교회의 선교적 정체성 연구," 198-199.

3. 선교적 환대를 형성하는 신학적 기초들

이 장에서는 선교적 환대의 신학적 기초를 살펴볼 것이다. 동시에 하나님의 은혜로운 신적 환대를 경험한 그리스도인들이 타자를 존중하고 포용하는 선교적 환대의 의미를 고찰한다. 타자성을 존중하고, 무명성과 상호성을 바탕으로 한 선교적 환대의 의미를 논의하며, 교회가 사회적 약자와 이방인을 어떻게 대해야 하는지에 대한 신학적 관점을 제언함으로써 선교적 환대를 형성하는 신학적 기초들의 의미와 중요성을 제시하고자 한다.

1) 선교적 환대의 기초 - 신적 환대

우리를 의롭다 하시는 칭의는 죄인인 우리가 하나님과 함께할 수 있도록 자리를 내어주신 신적 환대의 행위이다. 왜냐하면 칭의는 이방인 기독교인들을 믿음이라는 자기 결단 외에 아무런 조건과 자격 없이 기독교 공동체에 수용한다는 점에서 환대의 윤리와 밀접한 관련이 있기 때문이다. 바울은 그의 칭의론을 통해 하나님 앞에서 모든 이들이 인종, 신분, 성별, 관계와 상관없이 평등하다고 주장한다. 이러한 바울의 선언은 민족(유대인/헬라인), 계급(노예/주인), 그리고 성별(여성/남성)을 뛰어넘는 모든 인간을 향한 신적 환대의 성격을 잘 보여준다(롬 5:15).[27)]

신적 환대, 즉 칭의로 인한 회심 이후 그리스도인의 삶에는 하나님을 향한 거룩함과 타자를 향한 이웃 사랑이라는 삶의 명령이 주어진다. 실제로 "너희는 거룩하라"(레 19:2)는 명령 뒤에 제시되는 거룩한 삶의 모습은 철저히 사회적이며, 매우 현실적이다. 즉, 이스라엘을 향한 "거룩하라"는 명령은 열방의 신들과 구별되는 하나님을 예배함과 동시에, 개인적이고 사회적인 삶의 모든 차원에서 다른 방식으로 살고 행동하라는 요청이었다.[28] 그렇기에 칭의 받은 자의 삶에서는 그가 하나님과 함께 있는 것뿐만 아니라 그분이 소중히 여기는 모든 것과 함께 공동체 안에 있도록 창조하셨다는 사실이 드러나야 한다.[29]

지프는 외인들에 대한 교회의 환대 관행은 "교회가 스스로를 하나님의 환대를 받은 자이고 따라서 서로에게 환대를 베푸는 주체로 이해했다는데 의존한다."라고 말한다. 이처럼 구약의 이스라엘과 신약의 교회는 자신의 정체성을 하나님의 환대 즉 자신을 하나님과 연합시키는 신적인 환영에 기초를 둔 것으로 이해했다.[30]

또한 신적 환대에 기초를 둔 기독교의 나눔 논리에서, 타인에 대한 사랑은 하나님의 환대에 대한 갚음이 된다. 따라서 나눔의 주체는 먼저 나를 사랑한 이, 하나님께로 미뤄진다. 즉, 성도의 나눔은 나눔 행위를 통해 타자를 위하는 주체로서 자기 존재를 확인하는 행위가 아니다. 하나님께 받은 은혜를 타자에게 대신 갚음으로 성도와 그의 환대를 받은 타자가 함께 예수 그리스도의 모범을 따르는 제자 공동체로 함께 세워지는 것이다.[31] 이것이 기독교적 환대의 신학적 핵심인 은혜 구조이다.

반면 칸트에게 나눔이란 내 것을 남에게 나누어주며 빚을 주는 행위이

---

27) 정승우, "칭의론에 나타난 환대의 윤리," 「대학과 선교」 40(2019), 146-147.

28) 크리스토퍼 라이트, 『하나님 백성의 선교』, 189.

29) 스티브 윌킨스, 마크 L. 샌포드/안종희 역, 『은밀한 세계관 - 우리를 조종하는 8가지 이야기』 (서울: IVP, 2013), 5.

30) 조슈아 W. 지프, 『환대와 구원』, 23.

31) 김혜령, 『기독시민교양을 위한 나눔 윤리학』 (서울: 잉클링즈, 2022), 264-265.

다. 칸트의 관점에서는 나눔은 선의의 공덕이 나에게 있다. 그러므로 스스로는 환대의 주체라고 여겨질 수 있다. 하지만, 은혜 구조에 기반한 성도들의 나눔은 원래 내 것이 아닌 하나님께로부터 받은 것을 때가 되어 하나님이 아닌 타자에게 줌으로 하나님께 빚을 갚는 행위이다. 그렇기에 환대의 공로를 자기 자신에게 돌릴 수 없다.

무엇보다 신적 환대를 경험한 존재가 또 다른 타인을 환대하며 이를 실천하게 됨으로써, 환대는 선교적 소명이 된다. 박보경은 환대의 신적 차원, 즉 환대가 인간의 행위이기 이전에 하나님의 행위임을 강조한다. 그녀는 환대는 하나님의 환대에 참여하는 것이자, 더 나아가 하나님의 선교에 참여하는 것이라고 설명한다.[32] 즉, 하나님의 환대를 먼저 경험한 그리스도인들은 환대를 실천해야 하는 선교적 소명을 지닌 사람이다. 이에 신적 환대는 선교적 환대의 기초를 형성한다

2) 선교적 환대의 타자 이해 - 동등성

현대 사회에서 타자에 대한 관점 중 하나인 보편주의적 관점은 자아 중심적 시각에서 나와 타인을 동일하게 보고 동등한 권리를 부여하려는 동일자 윤리에 기반한다. 대표적으로 임마누엘 칸트(Immanuel Kant)는 모든 사회 구성원을 동등하게 대우하고, 개인적 차이에 따른 차별이나 특권을 인정하지 않는 사회 질서가 정의로운 사회를 만든다고 보았다. 하지만 보편주의적 관점은 자유와 복종을 동일시하고 개인의 특수성을 무시하며 모든 사람을

---

32) 박보경, "'치유를 지향하는 환대'의 선교학을 위한 시론: 이야기식 접근을 중심으로," 「선교신학」 61(2021), 130-131.

33) 문성훈, "타자에 대한 책임, 관용, 환대 그리고 인정," 「사회와 철학」 21(2011), 392-399.

동일자로 환원하는 결과를 가져온다.[33)]

선교적 환대의 맥락에서 타자를 이해하는 방식은 단순한 동일화나 보편주의적 관점을 넘어서는 더 깊고 복합적인 접근이 필요하다. 예를 들어 기독교적 타자 이해의 근간이 되는 "네 이웃을 네 몸처럼 사랑하라"는 이웃 사랑의 명령은 타자를 동일자로 환원하는 보편주의적 관점의 명령으로 보여질 수 있다. 하지만 기독교적 타자 이해는 보편주의적 관점과는 다르다. 기독교적 타자 이해는 나와 타자를 동일한 존재로 보는 대신 자신의 자아를 확장한 개념으로 타자를 이해하기 때문이다. 즉, 손님이라는 타자의 삶의 양식을 수용하면서 그를 이해하는 것이 기독교적 타자 이해이다. 이를 통해 '나'와 다른 '너'가 아니라 '나'로서의 '너'가 될 수 있는 가능성을 확보한다. 이를 통해 타자는 동일자가 아닌 자연스럽게 나와 동등한 존재로 수용된다.[34)]

하버마스와 데리다가 주장하는 관용과 환대는 이방인을 위해 우리의 일상생활에서 "낯섦의 소거"를 요구한다. 낯섦의 소거란 이방인을 낯설지 않은 자로 여기며 받아들이고, 그를 낯섦에서 벗어나게 하여 결국 모든 사람이 "우리"가 되는 것을 의미한다. 하지만 이 낯섦의 소거는 타자의 정체성을 희석시킬 위험을 안고 있다. 즉, 이방인을 수용하기 위해 제시된 조건이 오히려 이방인의 타자로서의 고유한 정체성을 소거해 버릴 수 있기 때문이다.[35)]

그렇기에 줄리아 크리스테바(Julia Kristeva)는 그녀의 책 『Strangers to Ourselves』에서 "이방인이 없는 사회를 목표로 삼았지만, 이방인을 이방인으로 대우하지 않는 사회는 이방인을 위한 것이 아니라, 이방인을 없앤 사회가 될 수 있다"고 지적한다. 이미 이방인이라는 표현은 다름을 내포한다. 즉,

34) 김태은, "환대 구성개념 측정을 위한 실증적 범용 척도 개발," 「현대 사회와 다문화」 9(2019), 8.

35) 김광기, "관용과 환대, 그리고 이방인," 150-151.

이방인은 다름이라는 타자성을 가진 존재이다. 그런데 이런 이방인을 모두 동질화한 사회는 과연 이방인을 위한 사회가 될 수 있을까?[36)]

그렇기에 선교적 환대는 마주한 타자를 있는 그 자체로 인식하고 수용하며, 더 나아가 타자들이 자신의 죄로부터 떠나 예수를 따르도록 초대하는 행위가 되어야 한다.[37)] 이를 위해, 선교의 대상인 타자를 단순히 믿는 자(believer)와 불신자(unbeliever)로 구분하여 불신자들을 일방적으로 타자화하는 것 대신, 이미 하나님의 백성된 자(already people of God)와 아직 하나님의 백성이 되지 않은 자(not-yet people of God)로의 접근이 타자 이해에 더 유용할 수 있다. 이런 접근은 불신자들의 현재 상태와 잠재적 가치를 선교자들이 동시에 인식하게 하기 때문이다. 또한 이 접근은 아직 하나님의 백성이 되지 않은 선교의 대상자와 우리와의 차이를 인정하지만 동시에 그들의 존재 자체를 존중하는 타자 이해를 가능하게 하므로 상호적인 선교적 환대의 가능성을 확장시킨다.

무엇보다 동등성에 기반한 타자 이해는 타자가 가지는 위험성을 하나님의 형상 관점으로 전환시킨다. 이는 선교적 환대 주체가 위험을 감수할 수 있게 하며, 이를 통해 하나님과 사람, 그리고 사람과 사람 사이에 화평을 이루는 시작점을 형성한다. 예를 들어 비자가 없는 불법 체류자들은 한 국가 내에서 위험성을 가진 타자로 인식된다. 그 결과 한국 사회는 제주도에 불법 입국한 예멘 사람들을 위험하며, 혐오적인 타자로 취급했다. 하지만 소수의 교회는 자신의 자리가 없는 이들을 위험을 감수하고 포용하는 환대로 이들의 자리를 찾아주려고 노력했다.

---

36) Ibid., 151.

37) Edward L. Smither, *Mission as Hospitality: Imitating the Hospitable God and Mission* (Eugene, OR: Cascade Books, 2021), 103

본래적으로 온 세상의 아픔에 대한 고통 분담을 위해 교회는 상처 입은 세상을 치유하는 주체로서의 선교적 본질의 회복이 필요하다. 또한 이러한 본질의 회복은 타자의 고통에 열린 귀를 가진 신학을 통해서 가능하다.[38]

선교적 환대를 위한 동등성에 기초한 타자 이해는 타자를 '나와 같은 존재'로 보지 않고, 오히려 타자의 고유성과 차이를 인정하고, 그들을 하나님의 형상으로 바라보며, 상호적인 이해와 학습의 과정을 통해 더 깊은 관계를 형성할 수 있게 한다. 이러한 타자 이해는 선교 주체들이 낯선 타자에 대한 위험을 감수할 수 있는 용기를 제공하고, 타자의 고통에 공감하며, 궁극적으로는 하나님과 사람, 그리고 사람과 사람 사이의 진정한 화해와 평화를 이루는 기초를 형성한다. 이를 통해 선교 주체들이 현대 사회에서 선교적 환대의 본질을 더욱 깊이 있게 실현할 수 있도록 돕는 신학적 기초를 제공할 것이다.

3) 선교적 환대의 공간성 - 타자성을 존중하는 상호적 공간

타자와 마주하는 환대 주체는 주체로서의 자신의 지위와 위치를 주장하기 위한 공간 혹은 자리가 필요하다. 그 공간이 환대 주체의 위치를 보장해 주기에 환대 주체는 그 공간에서 타자를 이방인으로 맞이할 수 있다. 즉, 공간에서 환대 주체는 자신의 정체성을 형성하고 자신의 세계를 수립한다. 그리고 이 공간 안에서 이방인은 환대 주체의 공동체적 공간에 도래한 타자가 된다. 이 타자의 도래는 환대 주체에게 낯선 경험이 된다.[39]

38) 박보경, "'치유를 지향하는 환대'의 선교학을 위한 시론," 137.

39) 김애령, "이방인과 환대의 윤리," 187.

선교는 본질적으로 타자와의 만남을 전제로 한다. 이 만남은 공간에서 이루어진다. 환대 주체가 타자에게 공간을 열어줌으로 환대는 시작된다. 하지만 반드시 타자가 공간을 개방한 주체에게 다가와야 환대가 이루어지는 것은 아니다. 환대가 필요한 타자가 머무는 장소로 환대 주체가 다가갈 때도 환대는 이루어진다. 동시에 이러한 환대 주체의 행동은 환대의 장소성을 확장시킨다.

선교에서 타자는 자신의 공간을 선교 주체에게 내어줌으로 자신의 주체성을 발휘할 수 있다. 동시에 선교 주체는 타자의 허락을 통해 자신의 환대를 시행할 수 있게 된다. 즉, 선교 행위에서는 선교 주체와 타자 서로가 자신의 타자성을 인식함과 동시에 상호 주체성을 가지게 된다.

선교 주체가 자신의 자리에서 타자의 자리로 이동하는 행위는, 그 자체로 타자의 주체성을 인정하는 행위이다. 이때 선교사는 타자의 공간에서 타자의 환대를 받으며 자신의 역할을 수행할 수 있게 된다. 즉 선교 행위는 자신이 타자임을 인정하는 동시에 타자 역시 환대의 주체임을 인식하는 상호적 행위로 볼 수 있다.

예수님은 자신의 제자들을 파송하며 그들에게 다른 사람이 행해줄 환대를 전제하며 전도할 것을 명령하셨다. 물론 그들을 환대한 사람은 복을 받지만, 그들을 환대하지 않은 사람은 결국 신적 환대를 받지 못한다(눅 10장). 이처럼 성경에서 예수님이 제자들에게 전도를 명령하실 때, 타자의 환대를 기대하며 파송하셨다는 사실은 선교적으로 중요한 의미를 지닌다. 이처럼 선교적 환대는 단순히 자신에게 온 타자에게 물리적 공간을 열어주는 행위로 그치지 않는다. 자신의 자리를 서로에게 내어주는 선교 행위는 영적 차원에서 상호적인 축복과 구원의 가능성을 담고 있기 때문이다.

따라서, 선교적 환대를 위한 공간 제공은 타자에게 공간을 제공하는 것 이상의 의미를 지닌다. 공간을 타자에게 내어주는 행위는 타자의 주체성을 서로 인정하고 존중하는 선교이기 때문이다. 그러므로 한 공간 안에서 이루어지는 선교적 환대는 영적 차원에서의 구원과 축복을 연결짓는 중요한 실천이 된다. 그렇기에 타자의 공간에 방문하여 그들의 문화와 관습을 존중하면서 그 안에서 복음을 전하는 행위는 진정한 환대와 타자성의 인정을 바탕으로 한 하나님의 선교의 실천이다.

즉 선교적 환대는 서로의 타자성을 존중함으로 이루어진다. 동시에 선교의 주체는 타자의 공간에서 이루어질 환대를 기대하는 존재이면서도 타자성을 존중하며 복음을 전하는 역할을 수행하는 행위자가 된다.

환대는 낯선 사람이 들어와서 적이 아닌 친구가 될 수 있는 자유로운 공간을 만들어 주는 행위이다. 동시에 사람을 변화시키는 것이 아니라 변화가 일어날 수 있는 공간을 내어주는 행위이다. 환대는 선택할 다른 대안이 없는 구석으로 이웃을 몰고 가는 것이 아니라 선택할 수 있는 장소를 열어주는 행위이다.[40]

우리가 누구인지를 깨닫게 해주는 공간, 우리가 홀로 존재하는 것이 아니라 수많은 타자들과 공동체를 이루고 있음을 경험하는 공간. 그리고 생명력 있는 내러티브를 자신의 것으로 고백하며 살게하는 공간이 환대의 공간이다. 그리고 이러한 환대 공간은 이 시대에 필요한 좋은 장소이다.[41] 좋은 장소성의 형성은 상호적인 선교적 환대가 이루어지는 공간에서 가능하다.

---

40) 헨리 나우웬/이상미 역, 『영적 발돋움』 개정 2판 (서울: 두란노, 2007), 85.

41) 김승환, 『도시를 어떻게 충만케 할 것인가?』 (서울: 새물결플러스, 2024), 174.

4) 선교적 환대 방법 이해 - 상호성과 무명성

(1) 무명성

성경은 네 이웃을 네 몸처럼 사랑하라는 명령과 더불어 오른손이 하는 일을 왼손이 모르게 구제할 것을 명령한다(마 6:3-4). 다른 사람을 돕는 이타적인 행위는 자신의 공로를 드러내지 않고, 타자가 얻을 유익에 집중된 순수한 행위가 될 때 더 큰 영향력을 가질 수 있기 때문이다. 김혜령은 예수가 갈릴리-유대 민중을 향해 품은 긍휼함의 본질이 오른손으로는 구제와 자선을 일으키면서도 왼손에는 그 일을 은밀히 숨기라는 그의 가르침에 담겨 있다고 말한다.[42]

선교적 환대가 무명성을 가질 때 가지는 장점이 있다. 첫째, 환대의 무명성은 환대 주체의 위계가 주는 부담을 최소화하며 상호성을 높인다. 환대의 주체가 스스로를 드러내지 않을 때, 환대를 받는 사람은 자신이 수혜자라는 부담감을 덜 가지게 된다. 또한 환대의 대상을 고려하지 않은 일방적 환대가 형성하는 위계를 넘어 상호적인 환대의 가능성을 높인다. 그 결과 상호적 환대는 환대받는 이에게 복음에 대한 수용성을 높일 수 있다. 둘째, 무명성의 환대는 자기 과시나 위선의 유혹으로부터 자유로울 수 있게 한다. 환대 주체가 자신이 환대를 베풀고 있다는 인식이 강할 때, 그 행위는 종종 자신을 자랑하거나 인정받으려는 욕구로 변질될 수 있다. 하지만 무명성을 가진 환대는 일방적이거나 자기애적인 환대가 아닌 타인에게 진정한 사랑과 배려를 전달할 수 있는 환대 행위가 된다. 따라서 무명성에 기반한 선교적 환대는 그 자체로 복음의 본질을 실천하는 것이며, 이는 선교의 신뢰성과

42) 김혜령, 『기독시민교양을 위한 나눔윤리학』, 74.

영향력을 크게 증대시킬 수 있다. 셋째, 무명성의 환대는 환대의 주체가 자신을 드러내지 않음으로, 환대받는 이가 교회나 개인의 선의가 아닌, 이 환대가 하나님으로부터 오는 것임을 알 수 있게 한다. 그러므로 무명성의 환대는 하나님과의 관계로 사람들을 인도하는 데 더 효과적인 선교 행위이다.

따라서 선교적 환대가 무명성을 지향할수록 위계적 구조에서 벗어나 진정한 환대 주체와 타자간의 더 긴밀한 상호적 관계를 형성하고, 환대의 동기를 순수하게 유지하며, 복음의 메시지를 더 직접적으로 전달할 수 있다. 그러므로 무명성에 기초한 선교적 환대는 단순히 인간적 선행을 넘어, 하나님의 사랑을 실천하는 선교적 행위로서 그 효과를 극대화할 수 있다.

(2) 상호성

예수 그리스도의 환대 역시 상호적이었다. 예수는 하나님의 환대를 몸으로 보여주시고, 동시에 인간의 환대를 받으셨기 때문이다. 즉, 예수 그리스도의 삶이 바로 상호적 환대의 이야기로 가득 차 있다. 기독교적 환대 역시 환대의 주인으로서 환대를 베푸는 것과 동시에 손님으로서 환대를 받는 상호성을 가진다.[43)]

선교적 환대의 주체는 자신이 일방적 수혜자가 아니라 환대를 받는 사람과 더불어 서로의 삶을 나누고 있는 것임을 기억해야 한다. 환대 주체는 낯선 타자에게 환대를 베풀면서 자신이 마주하는 다양성이 주는 긴장에 점점 친숙해질 수 있다. 왜냐하면 환대를 통해 환대 주체는 다양성을 두려워하기보다 다양성을 배움의 통로로 수용할 수 있기 때문이다.[44)]

---

43) 조슈아 W. 지프, 『환대와 구원』, 17.

44) 파커 J. 파머/김찬호 역, 『비통한 자들을 위한 정치학: 왜 민주주의에서 마음이 중요한가』 (파주: 글항아리, 2012), 159.

특히 선교적 환대의 상호성은 주고받음을 기대할 수 없는 약자에 대한 환대에서 더 분명히 드러나야 한다. 마태복음 24장 31-46절은 예수가 오늘날 이 세상에 오신다면, 그분은 나그네와 같은 약자의 모습으로 우리 가운데 오실 것이라고 말한다. 이 말씀을 통해 하나님은 그리스도인들이 주고받음을 기대할 수 있는 사람들을 섬기는 대신, 오히려 주고받음의 상호성을 기대할 수 없는 사회적 약자들을 존중하고 돌보는 삶을 우리에게 강력하게 요구하신다.

선교적 환대의 상호성을 확장하기 위해 선교 주체는 그에게 다가오는 모든 사람에게서 하나님이 행하신 일의 흔적을 볼 수 있어야 한다. 이 흔적을 타자의 삶에서 발견할 때, 우리는 어떤 사람이 더 중요한지 계산하지 않고 나에게 오는 모든 사람을 기꺼이 환대할 수 있기 때문이다. 이웃을 내 몸처럼 사랑하라는 명령을 바르게 실천하기 위해서는 타자의 존엄성을 존중하며 그들을 인격적으로 돌보는 태도가 반드시 뒤따라야 한다. 나에게 소중한 사람을 각별히 존중하듯이 우리는 우리 앞에 서 있는 나그네 된 이웃을 주의 깊게 살피며 그들을 나와 같이 각별히 사랑함으로 존중해야 한다. 이러한 존중의 태도를 통해 우리는 우리의 앞에선 타자에게 그가 하나님 나라에 자신의 자리가 예비되어 있는 가치 있는 존재라는 선교적 메시지를 확신있게 전해줄 수 있다.

따라서 선교적 환대는 어느 한쪽에서 일방적으로 베푸는 것이 아니라 '상호적인 관계'가 형성될 수 있는 환대를 지향해야 한다. 왜냐하면 환대는 서로 얼굴을 마주한 사람을 격려하고 존중하는 정중한 관계들을 전제하기 때문이다. 우리를 하나님의 자녀로 초대하시고 그분의 나라를 위한 선교의 동역자로 삼으신 하나님도 그러하셨기에.

4. 선교적 환대의 선교 신학적 적용

이번 장에서는 앞서 살펴본 선교적 환대의 개념이 현대선교신학에서 어떠한 실제적 기여를 할 수 있는지를 고찰한다. 선교적 환대는 첫째, 프리에반젤리즘의 기초와 실천. 둘째, 타자 중심성의 선교 지향성의 기초, 마지막으로 영혼 구원을 넘어 사회적 다양한 갈등을 해결하고 화평을 이루는 선교를 위한 기여점을 제공할 수 있다.

1) 프리에반젤리즘의 기초와 실천으로서의 선교적 환대

다양한 이유로 선교 현장에서 사람들이 복음에 대해 준비가 되어 있지 않거나 복음에 대해 반발감을 가진 경우를 마주할 수 있다. 이러한 상황에서 그들에게 곧바로 복음을 전하는 것은 효과적이지 않을 수 있다. 더 나아가 현 시대의 사람들은 일방적인 복음 전도에는 관심을 보이지 않는다. 또한 우리가 마주하는 세상은 도덕적 절대성을 거부함과 동시에 종교에 대해 회의적이며 무관심하고 객관적인 진리에 대한 노골적 거부감을 드러나기 때문이다. 그 결과 절대적인 진리를 믿는 사람들을 향한 반감이 점차적으로 증가하고 있다. 그렇기에 선교대상자들의 기독교에 대한 의문이나 반감을 먼저 해결하고, 복음을 받아들일 수 있는 토대를 마련하여 사람들이 기꺼이 진리에 귀를 기울이도록 돕는 필요성이 커지고 있다. 이에 프리에반젤리즘은 본격적인 복음 전도(Evangelion)에 앞서 사람들의 마음을 준비시키고, 그들이 복음을 더 잘 이해하고 받아들일 수 있도록 돕는 선교적 준비 과정의 필요성을 강조한다.[45)]

사도행전 17장에서 바울이 아테네의 철학자들과 대화할 때, 그는 그들의 철학적 세계관과 종교적 믿음을 존중하며 그들이 이해할 수 있는 언어로 복음을 전했다. 이처럼 복음의 메시지를 직접적으로 전하기 전에 사람들의 마음을 여는 데 필요한 대화를 나누고, 그들의 지적·정서적 장애물을 해결해 주는 행위는 프리에반젤리즘을 실천한 선교적 행위라 볼 수 있다. 특히, 프리에반젤리즘과 환대는 다음과 같은 이유로 선교를 위한 긍정적인 상호작용을 할 수 있다.

첫째. 선교를 위한 관계 형성의 접촉점을 제공한다. 프리에반젤리즘은 사람들에게 복음을 전하기 전에 그들과의 관계 형성의 중요성을 전제하고 있다. 이 지점에서 환대는 선교 주체와 타자와의 초기 관계를 형성할 수 있는 접촉점을 형성에 도움을 줄 수 있다. 예를 들어, 선교지에서 선교사들이 현지 주민들을 초대하여 음식을 나누고 그들의 문화를 존중하며 함께 시간을 보내는 환대의 행위는 현지 주민들이 선교사에 대해 경계심을 풀고, 복음에 대한 긍정적인 태도를 가질 가능성을 높혀주는 프리에반젤리즘에 기반한 선교 행위이다.

둘째, 안정감 및 편안함을 주는 공간 형성에 기여한다. 예수님은 다양한 사람들과 식사를 하시면서 그 자리에서 그들의 삶과 신앙에 대한 중요한 대

---

45) 노만 가이슬러, 데이비드 가이슬러/김문수, 정미아 역, 『마음을 여는 전도 대화』 (서울: 순출판사, 2011), 23-30.

화를 나누셨다. 사람들은 자신의 생각이나 질문을 존중해 주는 환경에서 더 편하게 대화하고, 기독교 신앙에 대해 솔직하게 질문할 수 있다.

선교적 환대는 타자의 주체성을 인정하고 존중하는 선교적 행동이다. 또한 선교는 타자와의 상호적인 만남 속에서 이루어진다. 이 만남에서 선교적 환대 주체는 타자의 공간에서 이루어질 환대를 기대하는 존재이면서도 타자성을 존중하며 복음을 전하는 역할을 수행해야 한다. 따라서 타자성을 존중하는 선교적 환대가 이루어지는 공간은 타자가 대화를 위한 안정감 및 편안함을 느낄 수 있는 공간성을 자연스럽게 형성하게 된다. 이러한 공간성은 사람들이 복음에 대해 마음을 여는 데 도움을 줄 수 있다.

셋째, 문화적 장벽을 넘게 하는 사다리를 제공한다. 선교현장에서는 다양한 문화적 배경을 가진 사람들과 교류할 때, 그들의 문화적 배경을 이해하고 존중하는 자세가 필요하다. 프리에반젤리즘은 선교사가 상대방의 문화를 충분히 이해하고 그들의 세계관을 존중하면서 선교 대상에 접근할 것을 권고한다. 무엇보다 타자의 공간에서 그들의 문화와 관습을 존중하며 그 안에서 복음을 전하는 선교 행위는 진정한 환대와 타자성의 인정을 바탕으로 한 하나님의 선교의 실천이다.

선교 현지의 음식, 의례, 사회적 전통을 존중하며 선교 대상자들을 환대하는 선교적 환대는 선교 대상이 문화적 이질감을 느끼는 대신 편안함과 그들의 문화를 향한 선교사의 배려와 존중을 느낄 수 있게 한다. 이러한 선교적 환대의 행위는 선교 대상에게 복음 메시지에 대한 수용성을 높이고, 선교사와 현지인 사이의 관계를 더욱 깊고 의미 있게 만들 수 있다.

이렇게 프리에반젤리즘과 선교적 환대의 결합은 선교 대상자들의 마음을 열고, 복음에 대한 수용성을 높이며, 지속 가능한 선교적 관계를 구축하는 데 도움을 줄 수 있다.

2) 상호성을 형성하는 선교의 기초로서의 선교적 환대

환대는 타인이 우리의 하나님과 우리의 길을 행복의 기준으로 삼도록 강요하는 행위가 아니다. 대신 타인이 그들의 하나님과 그들의 방법을 찾도록 기회를 주는 행위이다.[46] 즉, 환대는 주인의 생활 방식을 받아들이라는 미묘한 권유가 아니라 손님이 자신의 생활 방식을 발견할 수 있는 기회를 준다.

하나님의 환대는 일방적 환대가 아니었다. 자유의지, 일반 은총, 선교는 환대를 받는 사람의 적극적인 반응이 전제되어 있다. 하나님의 나라를 위해서 증인을 세우시고, 어리석은 전도를 통해 하나님 나라를 전파하게 하신 것은 신적 환대를 받은 사람들이 하나님을 환대할 수 있는 기회를 주신 것이다.

실제로 우리만의 확신, 이야기들, 조언과 제안들로는 다른 사람들의 변화를 이끌어내기 어렵다. 하지만 우리는 그들에게 스스로 적대감을 풀고 자신의 중심에서 말하고 있는 소리에 주의 깊고 신중하게 귀를 기울이도록 할 수 있다.[47] 사사로운 마음의 변화를 강요할 순 없지만, 이런 변화가 일어날 수 있는 다양한 자리를 마련해 주는 것. 이것이 선교적 환대가 지향하는 실제적 목표이어야 한다.

타자에 대한 일방적인 구원과 복음의 선포는 우리가 경험한 신적 환대의 방식과는 다르다. 하나님은 우리가 스스로 문을 열고 그분과 더불어 먹

46) 헨리 나우웬, 『영적 발돋움』, 85-86.

47) Ibid., 92-93.

을 때 까지 기다리셨다. 특히 포스트모던시대의 개인들은 수동적인 삶에 대한 거부감이 있다. 그렇기에 이들에게 주체성을 부여하고 함께 공유하며 나갈 수 있는 방향인 공동의 목표를 형성하고 이 목표를 향해 함께 걸어가야 한다. 그 때 하나님 나라의 확장은 교회와 성도들만이 아닌 하나님이 창조하신 모든 사람들을 통해 함께 이루어질 수 있다.

또한 약자를 향한 구제금과 물질적 지원과 같은 일방적 도움을 기독교적 환대로 생각한다면, 상호적인 관계와 행동을 전제한 기독교적 환대의 본질을 축소시킬 것이다. 더 나아가 위험과 손해를 감수할 필요가 없는 사람들만 환대하거나 환대 주체의 만족과 유익을 위해 상대방의 필요를 채워주는 자기중심적 환대는 기독교적 환대의 선한 의도를 왜곡시킬 수 있다.

이런 관점에서 오늘날 환대를 받는 사람에게 물질적인 도움이나 보호를 받으려면 특정한 믿음을 가져야 한다고 요구하는 행동을 성경적 환대의 명령에 전제된 무조건성을 벗어나는 환대로 볼 수 있다. 특정한 믿음에 따라 타자의 기본적인 복리가 좌우되어서는 안 된다. 오히려 세속사회에 자신의 자리를 잡지 못한 나그네들이 그들의 인간적인 존엄성을 침해받을 때, 교회는 오히려 사람됨을 박탈당할 위험에 처한 사람들을 자신의 삶과 교회와 공동체로 영접해야 할 책임을 기꺼이 수행해야 한다.

기독교적 환대는 환대 주체의 일방적 시혜로 형성되는 위계적 관계가 아니라 주는 이와 받는 이의 위계를 무너뜨리는, 즉 도움이 필요한 사람의 적극적인 요청, 그리고 그 요청에 응답하는 상호 관계의 모델을 형성하는데 기여해야 한다.[48]

---

48) 김혜령, 『기독시민교양을 위한 나눔 윤리학』, 71

이를 위해 기독교는 사회에 기여할 기회를 얻지 못해 권리를 인정받지 못하는 사람 즉, 기여도로 주어지는 권리의 폐쇄성으로 인해 소외된 이들의 목소리를 적극적으로 대변해야 한다. 동시에 교회는 사회의 기준을 높여, 자신의 몫을 얻을 수 없는 사람들의 몫도 배려하는 사랑의 정신이 보편적인 사회 정의의 기준이 되도록 노력해야 한다. 이를 통해 기독교의 성숙한 이웃 사랑의 정신이 사회 정의를 더욱 성숙시키고, 반대로 세상의 정의가 교회의 사랑을 현실에서 실현할 수 있게 돕는 선순환을 만들어야 한다. 이 선순환이 하나님 나라의 기준을 세속사회로 확장 시키는 상호적 선교 전략이 되어야 한다.[49)]

하지만 "서로 다르다는 이유 때문에 차별받지 않도록 하면서 어떻게 서로의 차이를 유지할 수 있는가?"라는 문제는 선교적 환대를 실천하는 현장에서 선교 주체가 고민하게 되는 실제적 문제이다. 기독교 공동체 그리고 성도의 정체성을 잃지 않는 것은 매우 중요하다. 하지만 오늘날에는 환대와 권리, 자격들이 분리되어 있고, 또한 분리될 것을 요구받는다. 그렇기에 이러한 요구를 충족시키면서도 기독교적 환대의 요구를 충족시킬 수 있는 방법은 없을까? 바로 무명성의 환대가 적절한 해결방법이다. .

무명성의 환대는 환대 주체를 드러내지 않는 환대이다. 무명성에 기반한 환대는 환대의 주체와 대상 간의 위계적 구조를 해체하여 진정한 상호성을 구현한다. 동시에 무명성의 환대는 자신을 드러내지 않음으로 타자와 선입견과 편견 없는 대화와 상호 이해를 가능케 한다. 또한 무명의 환대를 통해 환대 주체는 대가나 변화를 요구하지 않는 무조건적 사랑을 구현하며 이를 통해 그리스도인들은 자신의 신앙의 핵심 가치를 더욱 깊이 체화할 수

---

49) Ibid., 138.

있다.

더 나아가 무명성의 환대는 환대의 주체를 자신이 아닌 하나님으로 타자가 인식하게 할 수 있다. 그러므로 이를 통해 하나님이 선교의 주체이심을 더 분명하게 드러낼 수 있다. 따라서 무명성의 환대는 그리스도인과 기독교 공동체가 자신의 정체성을 유지하면서도 타협이 아닌, 오히려 그리스도의 가르침을 교회와 세상이 함께 실천하는 선교 방법이 될 것이다.

3) 영혼 구원을 넘어 사회적 다양한 갈등을 해결하고 화평을 이루는 선교적 환대

선교적 환대는 단순히 영혼 구원을 넘어 현대 사회의 분열과 갈등을 치유하며 하나님 나라를 확장하기 위한 적실한 실천 전략으로 자리 잡을 수 있다. 이는 선교적 환대가 단순한 선교 전략을 넘어, 현대 사회의 근본적인 치유와 화해를 위한 신학적이고 실천적인 패러다임을 제시하기 때문이다.

무엇보다 선교적 환대는 하나님의 사랑과 은혜를 실천적으로 나누는 방법을 다룬다. 이는 단순히 타인을 환영하는 데 그치지 않고, 그들을 섬기고, 그들의 필요를 채우며, 그들이 속한 사회적·문화적 배경에 상관없이 하나님의 사랑을 체험하게 하는 행위로 드러난다. 선교적 환대는 하나님 나라의 가치를 사회 속으로 확장하는 중요한 통로로 작용할 수 있다. 선교적 환대가 단순히 개인적인 친절과 호의를 넘어서, 하나님의 사랑과 정의, 평화의 가치를 사회 전반으로 확산시키는 선교 전략이기 때문이다. 선교적 환대는 복음 전도와 하나님 나라의 실천적 확장 사이의 연결고리로 작용하며, 개인적·사회적 차원에서 공동체를 변화시키는 중요한 선교적 역할을 감당할 수 있다.

선교적 환대는 모든 사람을 하나님의 형상대로 지음받은 존귀한 존재로 인식할 수 있게 돕는다. 이는 선교 주체가 타인을 하나님의 형상으로 인정하고, 그들의 존재를 있는 모습 그대로 수용하며, 그들의 필요에 반응하고, 복음의 사랑을 보여주는 선교를 지향하도록 한다. 차별과 배제 없이 모든 사람을 포용하며 그들과 소통하는 장을 마련하는 것이 선교적 환대의 핵심이다. 예수님이 다양한 배경의 사람들과 교류하시며 그들의 필요를 채워주신 것처럼, 선교적 환대는 하나님 나라의 가치를 삶으로 증명하는 실천적 방식이다.

구체적으로 선교적 환대는 타자의 존재를 있는 그대로 존중하는 태도에서 시작한다. 이는 타자성을 부인하지 않고 각 개인의 고유한 정체성을 인정함으로써 현대 사회의 사회적 약자, 이주민, 난민 등 소외된 집단에 대한 시혜적 접근이 아닌 포용적 접근을 가능하게 한다. 또한, 선교적 환대는 선교현장에서 상호적인 관계를 지향하며, 일방적인 시혜가 아니라 서로의 삶을 나누고 존중하는 관계를 형성하도록 돕는다. 특히 환대의 주체가 자신을 드러내지 않는 무명성의 실천은 위계적 관계를 해체하고 진정으로 평등한 관계를 형성하게 한다.

더 나아가 선교적 환대는 문화적 차이를 넘어 화해를 이루는 실천을 지향한다. 이는 단순한 관용을 넘어 서로의 문화와 관습을 깊이 이해하고 존중하는 상호문화적 소통을 지향함으로써, 선교 주체가 선교지 사회의 다양성을 인정하고 갈등을 치유하며 새로운 공동체적 가능성을 모색할 수 있도록 한다.

동시에 선교적 환대는 사회 구조적 차원에서 정의와 평화 실현을 목표로 한다. 이는 개인적 차원을 넘어 제도적 차별과 배제의 구조를 비판하고, 사회적 약자를 위한 적극적인 지지와 옹호를 포함한다. 이러한 과정을 통해 선교적 환대는 하나님 나라의 가치를 구체적으로 실현하는 혁신적인 선교 패러다임을 제시할 수 있다.

결론적으로, 선교적 환대는 영혼 구원을 넘어 현대 사회의 분열과 갈등을 치유하고, 타자와의 진정한 만남을 통해 하나님의 사랑을 실천할 수 있는 근본적인 선교 방향을 제시할 것이다. 이러한 점에서 선교적 환대는 영혼 구원을 넘어 샬롬을 이루게 하는 선교 신학을 가능케 하는 신학적 자원을 제공할 수 있다.

5. 선교적 환대의 실천을 위한 제언

갈등이 심화되는 한국 사회의 상황에 적실한 선교적 전략과 방법은 무엇일까? 영혼 구원을 넘어 세상을 위해 하나님의 근본적인 사랑과 정의를 구현하는 선교 전략과 방법이지 않을까? 이를 위해 선교적 환대는 교회의 양적 성장이나 선교의 도구를 넘어, 하나님의 본질적이고 깊은 변화를 가지고 올 수 있는 하나님의 사랑을 세상에 드러내는 증거를 제시할 수 있어야 한다. 선교적 환대가 단순히 타인을 맞이하는 행위를 넘어 하나님의 무조건적 사랑을 반영하며 인간의 존엄성을 회복시키는 깊은 영적, 사회적 실천이 되기 위한 실천 방안을 다음과 같이 제언한다.

1) 교회 성장을 넘어 하나님 나라의 가치를 확장하는 선교적 환대

하나님 나라의 가치를 확장하는 진정한 환대는 교회의 양적 성장만을 목표로 하는 것이 아니라, 하나님의 사랑과 정의를 실천하고 확산시키는 것을 의미한다. 이를 위해 선교적 환대는 단순히 목표 지향적 도구가 아닌, 하나님의 성품을 반영하는 거울로서 기능해야 한다. 진정한 선교적 환대는 무조건적 사랑, 지속적 관심, 포용성, 진정성, 그리고 섬김의 자세를 통해 구현되며, 이는 모든 이를 하나님의 형상으로 존중하고 사랑하는 것에서 시작한다.

교회의 양적 성장만을 목표로 삼는 선교적 환대는 인간을 도구화하고, 교회에 대한 부정적 인식을 형성할 수 있다. 또한, 교회의 성장을 위해 타인과 표면적 관계 유지, 성장을 위한 선택적 환대, 그리고 목적 달성 후의 무관심은 기독교적 환대의 본질을 훼손한다. 이러한 선교적 접근은 결국 깊이 있는 인간관계 형성에 실패하고, 하나님 나라의 포용성을 반영하지 못하며, 교회에 대한 신뢰를 훼손할 수 있다.

따라서, 하나님 나라의 가치를 반영하는 선교적 환대는 관계 중심의 접근, 포용적 환경 조성, 지속적 돌봄 시스템 구축, 공동체 참여 기회 제공, 교육과 훈련, 그리고 지역사회 참여를 통해 실천되어야 한다. 이는 소그룹 활동을 통한 깊이 있는 관계 형성, 다양한 배경의 사람들의 연대 형성을 위한 프로그램 개발, 봉사 활동을 통한 소속감 증진, 환대의 본질에 대한 교육, 그리고 지역 사회 문제에 적극적으로 참여하는 행동과 같은 구체적인 실천 방안으로 실천될 수 있다.

무엇보다 선교적 환대는 단순한 교회 양적 성장의 수단이 아닌 하나님의 사랑과 정의를 실천하는 삶의 방식이 되어야 한다. 사랑과 정의라는 하나님 나라의 가치를 반영하는 선교적 환대는 교회 공동체를 넘어 사회 전반에 하나님 나라의 가치를 확산시키는 강력한 선교 도구가 될 수 있기 때문이다. 동시에 선교적 환대는 환대 대상자가 복음의 수용을 넘어 그가 하나님을 닮은 모습과 인격, 삶의 열매를 드러내는 행위자가 될 수 있는 전인적인 성장을 이루어내는 통로가 되어야 한다. 즉, 선교적 환대는 보여주어야 할 것과 되어야 할 것의 통합을 지향하며, 이를 성취함을 통해 우리는 하나님 나라의 가치를 교회와 사회 가운데 실제적으로 구현하고 확장할 수 있어야 한다.

이러한 하나님 나라의 가치 확장을 위한 환대는 모든 이를 향한 무조건적 사랑과 포용, 지속적인 관심과 돌봄, 그리고 섬김의 자세를 통해 실현될 수 있다. 이는 교회의 양적 성장을 넘어 하나님의 사랑과 정의가 실현되는 공동체로서 기능하게 한다. 또한 궁극적으로는 사회 전체에 하나님 나라의 가치를 확산시키는 원동력이 된다. 진정한 환대의 실천을 통해, 교회는 하나님의 성품을 더욱 온전히 반영하고, 세상에 하나님 나라의 실재를 보여주는 살아있는 증거가 될 수 있을 것이다.

2) 공감으로 시작하여 영혼구원과 샬롬을 성취하는 선교적 환대

환대가 중심의 권력에서 주변부로 향할 때 그것은 일시적 선행에 머무를 뿐 신적 치유를 일으키지 못한다. 힘 있는 존재로부터 힘 없는 존재들을 향한 환대는 선행적 나눔이며, 최악의 경우 권력의 확장과 또 다른 폭력이 될 수 있기 때문이다.[50] 따라서 선교적 환대가 선행을 위한 나눔과 권력의 확장과 폭력이 되지 않기 위해 필요한 미덕이 공감이다.

공감은 환대의 실천에 있어 가장 중요한 미덕이다. 공감은 타인이 생각

50) 박보경, "'치유를 지향하는 환대'의 선교학을 위한 시론," 138.

하거나 느끼는 것을 인지적으로 파악하고 그들의 사고와 기분에 적절한 감정으로 대응하는 능력이기 때문이다. 공감은 상상력을 발휘하여 타인의 시각의 입장과 처지에서 자신을 보게 한다. 공감은 다른 사람의 느낌과 시각을 이해하며, 그렇게 이해한 내용을 활용하여 행동지침으로 삼는 행동 기술이다. 따라서 공감은 다른 사람의 기분과 생각을 정확하게 파악할 수 있는 인지적 능력뿐만 아니라 그에 적절한 감정과 행동으로 대응하는 정서적 능력이 함께 요구되는 행위다.[51] 즉, 공감은 단순히 타인의 감정을 이해하는 것을 넘어, 그들의 입장에서 세상을 바라보고 적절히 반응하는 능력이다. 따라서 공감을 바탕으로 한 환대는 선행을 넘어 깊은 연대와 치유를 가능케 한다.

이형종은 공감을 통해 서로에 대한 몰이해와 경계 짓기, 폭력과 배제가 소거되는 '마음의 연대'가 가능하다고 주장한다. 그는 타자화로서의 혐오는 공감의 결여로 나타나는 것이며, 이를 극복하기 위해 공감, 존중과 호혜성과 같은 가치들이 먼저 사회적으로 공유되어야 한다고 주장한다. 그리고 개인의 단위에서 타자와의 공감은 환대의 윤리적 실천이라고 주장한다.[52]

또한 실제로 공감은 외집단의 구성원을 '우리 대 그들'로 인식하는 것이 아니라 우리는 비슷하고 함께 살 수 있다고 인식하게 한다.[53] 그렇기에 타자에 대한 공감은 환대 주체가 객체에 대한 편견과 차별 그리고 억압이라는 타자성을 극복하게 한다. 더 나아가 객체에 대한 공감은 일방적 수혜 대신 상호적 환대의 가능성을 높인다.

---

51) 이종원, "혐오에서 공감과 환대에로: 코로나19 시대의 공감과 환대," 「기독교사회윤리」 49(2021), 126.

52) 이형종, "마음의 연대를 위한 공감의 실천: 북한이탈주민의 '공감경험'에 대한 분석을 통해," 114.

53) 엘리자베스 A. 시갈/안종희 역, 『사회적 공감』 (서울: 생각이음, 2019).

인간의 윤리적 행동은 공감에서 비롯된다. 또한 공감 작용은 타자의 고통과 반응하는 자아의 가치를 지향하기 때문에 사랑과 양립할 수 있다. 물론 공감과 사랑은 동의어는 아니다. 하지만 아주 가까운 친구라 할 수 있다. 왜냐하면 타자의 '얼굴'의 호소를 공감하며 명령으로 수용하는 행위는 사랑의 감정이 없으면 불가능하기 때문이다.[54] 마치, 선하신 하나님이 죄인인 우리를 사랑하셨던 것처럼.

공감에서 시작된 환대는 위험한 타자와 환대의 주체 간에 깊은 연대의 가능성을 높여준다. 환대는 일방적인 자기희생으로 끝나지 않는다. 환대의 행위는 주는 동시에 받는 것을 동시에 경험하게 하는 상호성을 가지기 때문이다. 타자를 향한 환대는 환대 주체와 타자가 서로 연결되어 있다는 느낌을 형성하게 한다. 더 나아가, 이를 통해 서로가 하나의 커다란 공동체의 일부임을 인식하고 받아들이게 된다. 이러한 환대는 자신이 필요하고 소중한 존재라는 목적 의식의 회복과 더불어 자신 안에 잠재되어 있던 비범한 능력을 이끌어내는 계기를 제공한다.[55]

특히 고아와 과부, 그리고 이방인을 향한 하나님의 마음을 공감하며 이들의 고통에 반응하며 실천되는 환대는 하나님 나라를 지금 이 자리에서 드러내는 강력한 선교의 통로가 될 수 있다. 주고받음의 관계를 넘어 조건 없이 서로를 보듬고 보살필 때, 서로를 가로막았던 벽은 허물어지고 깊은 유대감이 형성될 수 있다. 또한 자신이 누군가에게 타자가 될 수 있다는 가능성을 염두에 두고 서로 공감하면서 상호적 환대를 할 때, 이를 통해 이루어지

54) 오지석, 이지하, 장은수 외 1명, "코로나 전 후 시대 돌봄과 환대의 필요성 연구: 기독교윤리적 관점에서," 「현대유럽철학연구」 70(2023), 324.

55) 이종원, "혐오에서 공감과 환대에로," 128-129.

는 연대는 공동체성을 회복시키는 중요한 사회적 자본이 될 수 있으리라 기대한다.

따라서 공감을 바탕으로 한 환대는 단순한 선행을 넘어 깊은 연대와 치유를 가능하게 하며, 궁극적으로는 샬롬과 구원을 이루는 중요한 통로가 될 수 있다. 이는 개인적 차원에서는 자아실현과 성장의 기회를 제공하고, 사회적 차원에서는 공동체성의 회복과 사회 통합을 촉진하는 핵심적인 기제가 된다. 이에 교회와 기독교인들은 공감의 능력을 계발하고, 이를 바탕으로 선교적 환대를 실천하여 영혼 구원과 함께 하나님 나라의 가치를 이 땅에 확장시켜야 한다.

3) 위험을 감수하는 사회적 정의의 확장을 위한 선교적 환대

현대 사회가 마주한 고통과 분열의 스펙트럼은 매우 복잡하고 광범위하다. 한국교회는 지금까지 해외 저개발국가의 아이들을 위한 의료와 교육 지원, 국내 저소득층 가정 자녀를 위한 장학금 제공, 지역사회 노인 및 장애인 봉사 등 익숙한 나눔의 영역에서 큰 성과를 이루어왔다.[56] 그러나 이제는 이러한 경험을 바탕으로 환대의 영역을 더 확장 시킬 필요가 있다.

우월한 사회적 지위와 힘에 기초한 일방적 시혜로는 현대 사회가 당면한 복잡한 문제들을 해결하기 어렵다. 따라서 한국교회는 기존의 권력 구조와 편견을 넘어서는 새로운 형태의 환대 방법을 만들어야 한다. 이는 교회가 사회적 약자들과 동등한 관계에서 소통하고, 그들의 목소리를 경청하며, 함께 문제 해결을 위해 노력하는 과정에서 형성될 것이다. 효율성과 결과에

56) 김혜령, 『기독시민교양을 위한 나눔 윤리학』, 287-290.

초점을 맞추는 맥도날드화된 선행이 아닌 명료하게 타인과 함께 현존하는 것에 관해 초점을 맞추는 선교적 환대는 이 시대에 적합한 새로운 선교의 모델일 수 있다.[57]

예수는 안식일에 병자를 고치셨다. 또한 세리와 죄인들과 함께 식사를 하셨다(마 9:10-13). 특히 예수의 포도원 품군의 비유는 기여나 능력에 따라 몫이 정해져야 한다는 당시의 사회적 정의의 근간에 물음을 던졌다. 예수는 시대의 관습과 종교법을 위반하면서까지 사회적으로 도움받을 권리가 없던 사람들에게 도움주기를 멈추지 않았다. 왜냐하면 예수에게는 무엇보다 사람이 최우선적 가치를 가졌기 때문이다.[58]

이러한 예수의 환대는 LGBTQ+, 전과자, 중독자 등 사회적으로 소외된 타자들을 향한 교회의 선교적 환대의 가능성을 확장한다. 물론 이들을 향한 선교적 환대의 실행은 교회 내외부의 반발과 비판을 마주할 수 있다. 하지만 모든 인간이 하나님의 형상으로 지음 받았다는 신학적 전제와 교회가 가진 온 세상을 향한 화해의 사명을 생각할 때 이러한 위험을 감수하는 환대야말로 예수님이 보여주신 무조건적 사랑과 포용의 정신을 지향하는 선교적 환대의 궁극적인 지향점이 되어야 하지 않을까?

이를 위해 한국교회는 다양한 배경의 사람들, 특히 현재의 나눔 시스템에서 소외된 이들의 목소리를 듣는 열린 대화의 장을 마련하고, 그들의 관점과 경험을 교회의 의사결정 과정에 반영하는 선교 실행 구조를 만들어 나가야 한다.

물론 이런 위험을 감수하는 선교적 환대의 실천은 단번에 이루어질 수

---

57) Elizabeth Newman, *Untamed Hospitality*, 180.

58) 김혜령, 『기독시민교양을 위한 나눔 윤리학』, 287-290.

는 없다. 그렇기에 교회의 핵심 가치와 정체성을 보호하기 위한 가이드라인의 수립이 필요하나 [illegible] 사례를 통해 교회가 수용할 수 있는 환대의 대상을 확장시켜가야 한다. 무엇보다 한국 교회가 실패를 두려워하지 않고 오히려 그 실패로부터 자신을 갖추어갈 때, 위험을 감수한 교회의 환대는 영혼 구원은 물론 사회적 정의를 실현하는 의미있는 샬롬을 한국 사회에 이루어가는 선교 행위가 될 수 있을 것이다.

위험을 감수하는 선교적 환대를 통해 한국 교회가 한국 사회에 제도화된 나눔의 관심과 원칙에 질문을 던지며, 예외적인 나눔의 사건들이 계속 발생할 수 있는 환대의 수행자가 되길 기대한다. 교회가 새로운 나눔에 대한 시도를 통해 위험을 감수하는 환대를 실천할 때, 한국 교회는 예수님이 보여주신 사회적 정의의 근간에 물음을 던지는 진정한 환대의 모습을 이 세상에 구현할 수 있을 것이다.

6. 나가는 말

게토화된 교회, 우리들만의 리그, 그리고 세속화와 사사화. 대중 매체의 반기독교 프레임화. 사실 교회만큼 구제와 봉사를 하는 사회적 자본은 드물다. 하지만 교회에 대한 사회적 시선은 곱지 않은 이유가 무엇일까? 교회의 섬김이 결국 공감과 이웃됨을 상실하였기 때문이 아닐까? 교회의 환대가 스스로의 유익을 위한 환대가 되기에 타자와 세상을 향한 교회의 섬김과 환대의 의도는 왜곡되고 영향력은 상실된다. 또한 오늘날 교회가 하나님의 선교를 지향하지만, 선교의 열매가 오로지 교회의 몫으로 한정되기에 선교의 주체인 하나님의 자리에 교회가 대신 자리 잡아가는 것은 아닐까?

하나님의 신적 환대로부터 시작된. 그리고 상호성을 기대하지 않는 희생적 사랑을 성도들에게 요구하는 이웃 사랑의 명령을 전제로 요구되는 기독교적 환대는 일반적 환대와 구별되는 무조건적이며, 위험을 감수하는 환대임을 살펴보았다. 선교적 환대는 교회 성장을 위한 이론이나 프로그램이 아닌, 교회의 본질적 정체성과 직결된 것으로서, 지속적인 연구와 실천이 요구되는 기독교인의 삶의 방식이기 때문이다. 이에 선교적 환대는 현대 사회의 연대를 무너뜨리는 다양한 도전들 앞에서 교회 성장의 수단을 넘어, 위험을 감수하는 환대로, 공감에 기초한 환대로, 영혼 구원뿐만이 아니라 세상의 샬롬을 이루어 낼 수 있는 가능성을 세상에 보여주어야 한다.

이 시대 기독교인들이 만들어내야 할 환대의 이야기는 정죄가 아닌 죄로 인해 끊어진 하나님과 나, 그리고 사람과 사람의 관계를 연결하기 위해 손해와 위험을 무릅쓰는 사람들로부터 형성된 서사이어야 한다.

이러한 환대만으로 모든 관계의 문제가 해소될 수 없다. 그럼에도불구하고 선교적 환대를 우리의 삶의 현장에서 지속적으로 실천해야 하는 이유는 영혼 구원의 열매와 세상에 불가능의 가능성을 드러내며 세상의 샬롬을 이루어야 하는 하나님의 선교를 위한 사명이 교회와 성도에게 있기 때문이다.

이미 임했지만, 아직 임하지 않은 하나님의 나라를 이 땅 가운데 확장하는 통로가 선교이며 이 선교를 위해 필요한 선교 행위의 핵심 가치는 바로 환대이다.

제5장

홍승만 서울기독대학교 조교수, 대전신성교회 협동목사, 한국선교신학회 서기,
장로회신학대학교 Ph.D.

하나님의 선교로 바라보는 '변혁' 이해

이 글은 현대신학과 현대선교신학의 관점에서 '변혁'의 개념을 탐구한다. 이를 위해 변혁의 정의와 함께 정치신학, 해방신학, 공공신학 및 선교학의 대화를 통해 변혁적, 개혁적, 혁명적 개념의 차이를 분석한다. 이는 이러한 신학적 관심이 공적 영역인 하나님이 일하시는 세상과 하나님 나라와 하나님의 선교에 관심을 두고 있기 때문이다. 또한 하나님의 선교 관점에서 복음주의와 에큐메니컬 선교운동에 나타난 변혁의 의미를 고찰한다. 복음주의 선교운동은 로잔언약, 마닐라 선언, 케이프타운 서약을 통해 신앙인의 내적·외적 삶을 통합적으로 변화시키는 변혁적 제자도를 강조하며, 복음을 통한 총체적 변화를 지향한다. 에큐메니컬 선교운동은 EA 및 TTL 문서에서 삼위일체 하나님의 선교에 협력하여 그리스도의 제자도를 실천하고, 하나님 나라의 복음과 화해, 생명살림의 희망을 선포하며, 시민직 실천을 통한 사회적 책임을 감당하는 변혁을 강조한다. 결론적으로, 하나님의 선교 관점에서 본 현대선교신학의 중요한 용어인 변혁은 성령의 능력으로 하나님의 선교를 수행하며 변혁적 제자도를 이루어가는 변혁적 선교신학을 통해 잘 나타나고 있음을 알 수 있다.

1. 들어가는 말

"Ecclesia reformata, semper reformanda est.."

이 문장은 "개혁된 교회는 항상 개혁되어야 한다"는 의미를 가지고 있으며, 종교개혁 이후 프로테스탄트 정신에 따라 세워진 개혁교회 전통의 개신교회들이 교회를 이루어나가는 기본 원칙으로 늘 새기고 있다. 우리 한국교회는 1907년 조선예수교장로회 독노회(獨老會)와 1912년 조선예수교장로회 총회를 조직하며 공교회(公敎會)로 출발한 이래 끊임없이 개혁의 여정을 걸어왔다. 그러나 오늘도 여전히 개혁되어야 할 교회의 문제들이 산적해 있고, 매우 빠르게 변화하고 있는 사회 환경 속에서 교회들이 응답해야 할 다양한 도전들에 직면하고 있다.

이러한 상황에서 '변혁'이라는 용어는 신학적 담론과 실천에서 점점 더 중요한 개념으로 부각되고 있다. '변혁'은 그 자체로 복합적인 의미를 지니며, 신학적 전통과 관점에 따라 다양하게 해석된다. 특히 에큐메니컬 선교운동과 복음주의 선교운동으로 대표되는 현대선교신학에서 이 용어는 서로 다른 강조점을 통해 이해되고 있으며, 이러한 차이는 '변혁'이 현대신학에서 왜 중요한 용어로 다루어져야 하는지에 대한 중요한 단서를 제공한다. 따라서 본 장은 현대신학과 '하나님의 선교'(Missio Dei) 개념을 중심으로 '변혁'이라는 용어를 어떻게 이해할 수 있는지 탐구하고자 한다. 이를 위해 우선 현대 교회와 사회가 직면한 다양한 문제 속에서 '변혁'이 중요한 신학적 이슈로 대두되는 이유를 살펴보고자 한다. 특히 '변혁' 개념을 정의하고 관련 동의어와의 차이를 비교함으로써 이 용어가 가지는 신학적 함의와 차별성을 명확히 하고자 한다. 나아가 에큐메니컬 선교운동과 복음주의 선교운동의 관점을 균형 있게 다루며, 변혁이 하나님의 선교(Missio Dei)라는 맥락 속에서 어떻게 통전적으로 이해될 수 있는지를 고찰할 것이다.

이런 점에서 본 장은 변혁의 사전적 의미를 살피고, 현대 신학들, 특히 공공신학, 정치신학, 해방신학에 나타난 '변혁'과 그 동의어들의 차이를 고찰할 것이다. 그리고 하나님의 선교 개념이 변혁과 어떻게 연결되는지를 탐구하기 위해, 에큐메니컬 선교운동과 복음주의 선교운동에 나타난 '변혁'의 역사적 발전과 주요 문서들을 분석할 것이다. 이러한 분석을 통해, '변혁'이 단순한 변화나 개선이 아니라, 하나님의 선교에 깊이 뿌리내린 구조적이고 근본적인 변화를 의미함을 논증할 것이다. 하나님의 선교 관점에서 '변혁'은 단순히 인간의 노력이나 사회적 변화에 그치는 것이 아니라, 하나님의 구원 역사와 그 분의 창조적 사역에 참여하는 것을 의미한다. 에큐메니컬 선교운동에서는 '변혁'을 주로 '사회적, 구조적 변혁'으로 이해하며, 이를 통해 하나님의 정의와 평화가 세상에 실현된다고 본다. 반면, 복음주의 선교운동에서는 '변혁'을 '개인의 내적 변화와 구원의 경험'으로 강조하며, 이를 통해 개인의 삶이 근본적으로 새로워지고, 그 결과로 사회적 변혁이 가능해진다고 주장한다. 이 두 관점은 모두 하나님의 선교라는 보다 큰 틀 안에서 상호 보완적이며, 변혁이 신학적 논의와 실천 모두에서 왜 중요한 위치를 차지하는지를 설명해준다. 따라서, 본 장은 현대신학과 하나님의 선교 관점에서 '변혁'의 개념을 균형 있게 고찰하고, 변혁이 신앙과 실천에서 어떻게 구현될 수 있는지에 대한 통찰을 제공하고자 한다.

2. 현대신학에 나타난 '변혁'

1) 변혁의 의미

이제 변혁이란 무엇인지 살펴본다. 이 변혁의 의미를 이해하기 위해서 먼저 리처드 니버(Helmut Richard Niebuhr, 1894-1962)와 디트리히 본회퍼(Dietrich Bonhoeffer, 1906-1945)가 자신의 신학에 나타난 용어를 그대로 사용하거나 혹은 그 파생어를 사용하여 주요 개념으로 삼고 있음에 주목해야 한다. 두 신학자는 각각 자신의 신학에서 공통적인 한 가지 명사 혹은 그 파생어를 사용해서 신학적 주장을 펼치는데, 그것은 바로 'formation'이다. 니버는 이 formation이라는 명사에 'trans'라는 어근을 붙인 파생어 transformation, '변혁'이라는 말을 사용하여 개인과 교회가 사회, 문화를 본래의 상태에서 기독교의 이상적 형태로 변화시켜야 한다는 신학적 입장을 보여준다. 반면, 본회퍼는 이 formation이라는 명사에 con이라는 어근을 붙인 파생어 conformation, 이를 '형태'로 설명한다. 그는 개인과 교회가 사회, 문화 안에서 기독교적 가치를 지속적으로 '형성'해 나가야 한다고 주장한다.[1]

변혁의 사전적 의미는 "급격하게 바꾸어 아주 달라지게 한다"는 것이다.[2] 이는 기존의 상태나 구조를 근본적으로 변화시키고 새로운 형태로 전환하는 것을 뜻한다. 이 용어는 일반적으로 개인, 사회, 제도, 또는 구조적 측면에서 큰 변화를 지칭할 때 사용되며, 단순한 변화(change)보다 더 깊

---

1) 전은강, "리처드 니버와 디트리히 본회퍼의 윤리 비교연구- 책임 개념의 공공성을 중심으로," 장로회신학대학교 신학석사논문, 2019, 1-2.

2) 국립국어원, "변혁,"『국립국어원 표준국어대사전』(2024.09.02.), https://stdict.korean.go.kr/search/searchResult.do?pageSize=10&searchKeyword=변혁.

이 있고 근본적인 변화를 내포한다. 영어로 변혁이라는 표현은, 명사형은 transformation, 형용사형은 transforming, transformative이고, 동사는 transform이다.

먼저 명사형인 transformation의 의미부터 살펴보자. transformation은 '변형되거나 변형되는 행위, 과정 또는 사례' 등을 뜻하며,[3] '어떤 상태나 구조의 완전한 변화 또는 전환'의 의미를 가진다. 이는 '기존의 형태나 성질이 근본적으로 바뀌어 새롭게 되는 과정'을 지칭한다. 다음으로 변혁의 형용사형은 transforming과 transformative인데, 그 의미에 있어 미세한 차이가 있다. transforming은 '변화시키는,' '변형하는'이라는 뜻을 가지고 있으며, '어떤 것의 상태나 성질을 바꾸는 과정 또는 그것이 영향을 미치는 것'을 의미한다.[4] 또 하나의 형용사형인 transformative는 '누군가 혹은 무엇인가에 중요한 변화와 지속적인 변화를 일으키는, 또는 일으킬 수 있는'이라는 뜻을 가지며,[5] '변혁적인, 혁신적인 변화를 일으키는 성질을 지닌 것'을 의미하고, '기존의 상태나 조건을 근본적으로 변화시키는 힘이나 능력'을 강조한다.

그리고 동사형인 transform은 다양한 문맥에서 사용되며, 타동사와 자동사로 쓰일 때 의미에 약간의 차이가 있다. 타동사로 쓰일 때 transform은 '구성이나 구조를 변경하다,' '외형을 변경하다,' '성격이나 상태를 변화시키다,' '전환하다,' '수학적 변환을 수행하다,' '(세포가) 유전적 변형을 겪도록 하다'라는 뜻을 가지고, 자동사로 쓰일 때는 '변형되다,' '변화하다'라는 뜻을 가진

---

3) Merriam-Webster.com Dictionary, "Transformation," Merriam-Webster, (2024.09.08.), https://www.merriam-webster.com/dictionary/transformation.

4) transform의 현재분사 형태가 transforming이다. 네이버 영어사전, "transform," (2024.09.08.), https://en.dict.naver.com/#/entry/enko/4693c7b8a6c44c5f813c030660836ceb.

5) Merriam-Webster.com Dictionary, "Transformative," Merriam-Webster, (2024.09.08.), https://www.merriam-webster.com/dictionary/transformative.

다.[6] 이것은 '어떤 것을 기존의 형태, 상태, 또는 구조에서 다른 것으로 완전히 바꾸는 것'이라는 의미이다.

보쉬는 그의 저서 Transforming Mission에서 transforming이라는 단어를 선교와 연결해 심도있게 논의한다. 그는 transforming이 '선교'(mission)를 수식하는 형용사가 될 수 있으며, 이 경우 선교를 실재를 변화시키는 사업으로 이해할 수 있다고 말한다. 그러나 이 단어가 현재분사로 간주되면, 변화하는 행위를 의미하며 선교가 대상이 된다. 즉, 여기서의 선교는 실재를 변화시키는 사업이 아니라 선교 자체가 변화되고 있다는 뜻이 된다.[7] 그런데 보쉬는 선교가 기독교 신앙의 필수불가결한 차원이며, 가장 심오한 차원에서 선교는 실재를 있는 그대로 수용하지 않고 실재를 변화시키는 것을 목표로 한다고 주장한다.[8] 정리하면, 선교는 그 자체로 끊임없이 변화하는 사역이며, 또한 선교신학도 끊임없이 변하는 선교상황에 맞게 변화할 뿐 아니라 신학이 가질 수 있는 자기 보존에 대한 강한 욕망에 맞서 끊임없이 변화하고자 하는 일종의 '도상에 있는 신학'(theologia viatorum: theology on the way)이라고 할 수 있다.[9] 보쉬가 그의 책에서 강조하는 바는 바로 끊임없이 변화하고 있는 선교 그 자체와 패러다임(혹은 신학적 패러다임)이며, 선교학이 변화하고 있는 선교사역에 기여하는, 다시 말해 선교적 실천과 상황화된 기독교에 대한 연구가 본문 이해와 전통 해석을 도와주고 기여하는 조력자(ancilla theologiae: handmaiden of theology)이자 하나님의 세상을 돕는 조력자(ancilla

6) Merriam-Webster.com Dictionary, "Transform," Merriam-Webster, (2024.09.08.), https://www.merriam-webster.com/dictionary/transform.

7) David J. Bosch/김만태 역, 『변화하는 선교』 제3판 (서울: CLC, 2017), 10-11.

8) Ibid.

9) 김창환, "공적 선교학: 선교학과 공공신학의 대화," 「선교와 신학」 57(2022), 10.

Dei mundi: handmaiden of God's world)라는 것이다.

2) 현대신학에 나타난 변혁의 의미 고찰: 공공신학, 해방신학, 정치신학

한편, 변혁의 동의어는 '변화,' '변형,' '개혁,' '개벽,' '혁명' 등을 들 수 있다. 이 단어들은 비슷해 보이지만, 각기 미묘하게 다른 뜻과 뉘앙스를 담고 있다. 이를 살펴보기 위해서 공공신학과의 대화를 시도해보고자 한다. 이는 최근 공공신학과 선교학이 다양한 관점에서 대화를 시도하고 있는 흐름에서 비롯된 접근이다. 두 신학의 관심이 공적 영역, 즉 하나님이 일하시는 세상에 초점을 맞추고 있으며, 하나님의 나라와 하나님의 선교에 관심을 가지고 있기 때문이다. 또한 두 학문 모두 다양한 학문 분야와 교류하는 학제간 연구가 활발하다는 점을 특징으로 한다. 이들은 개인과 사회의 영적인 변화 뿐 아니라 전인적인 변화를 추구하며, 정치, 경제, 사회, 환경(생태) 등의 문제에 깊은 관심을 가지고 있다. 더불어 교회의 내적인 영역보다는 교회 밖의 상황에 주목하여, 그러한 상황에 교회가 어떠한 기여를 할 수 있을지에 대해 고민한다. 적용에 있어서도 교회의 중요성을 강조하면서도 하나님 나라 관점에서 실천하는 신학을 강조하고 있다.[10)]

필자는 최근 한국교회가 보여주는 모습들, 특히 제자도가 부재하고 공적,사회적 책임 의식이 결여된 교회의 모습을 보며, 한국교회가 교회와 세상의 이분법적 구분을 지양하고 공공신학을 형성함으로써 세상을 온전히 섬기는 제자의 모습을 회복해야 한다고 주장한다. 트레이시(David Tracy) 역시 신학은 사사화(私事化)되어서는 안 되며, 신학자는 공적 담론을 논할 책임을

10) 김창환, "공적 선교학," 11.

진다고 강조한다. 그는 모든 신학자에게 진실한 공공성을 추구할 책임이 부여되었다고 말한다.[11] 또한 스택하우스(Max L. Stackhouse)는 신학이 비판적이고 구심적인 학문 분야로서, 공동의 삶의 중요한 영역을 해석하고, 시민사회의 발전 가능한 개혁과 지속을 위한 윤리적 규범을 제시하는 공적 담론이 되어야 한다고 주장한다.[12] 윤철호는 공공신학의 초점과 주제를 두 가지 차원에서 설명한다. 전자는 세상과의 소통이며, 후자는 세상을 향한 섬김이다. 전자인 세상과의 소통은 소통적, 변증법적이라면, 후자인 세상을 향한 섬김은 실천적, 변혁적이다.[13] 공공신학은 기독교 신앙을 교회 안의 성도들에게뿐만 아니라 교회 밖의 사람들에게도 전달하며, 이를 통해 소통적·변증법적 과제를 수행한다. 동시에, 세속적인 시민사회의 모든 영역에 선한 영향력을 미침으로써 실천적·변혁적 과제를 완수할 때 진정한 공적인 책임을 다할 수 있다. 그러므로 공공신학에 대한 논의는 기독교의 본질로 돌아가려는 노력인 동시에, 사사화된 기독교와 교회가 다시 공적인 삶의 영역에서 공공의 선을 이루고자 하는 노력이다.[14]

공공신학은 성서가 증언하는 예수 그리스도의 하나님 나라 복음에 기초하여 교회와 신학의 공공성과 사회적 책임을 강조하는 신학이다.[15] 김창환은 공공신학을 '이 세상에 하나님 나라를 이루기 위하여 성경의 지혜를 바탕으로 공동의 선을 추구함으로써 공공 영역에 비판적이고, 성찰적이며,

11) David Tracy, *The Analogical Imagination: Christian Theology and the Culture of Pluralism* (New York: The Crossroad Publishing Company, 1987), 29.

12) Max L. Stackhouse, *Globalization and Grace: God and Globalization*, Volume IV (New York/London: The Continuum International Publishing Group, 2007), 85.

13) 윤철호, 『한국교회와 하나님 나라를 위한 공적 신학』 (서울: 새물결플러스, 2019), 330.

14) 김영동, "공적 선교 신학 형성의 모색과 방향," 『장신논단』 46(2014), 302.

15) 윤철호, 『한국교회와 하나님 나라를 위한 공적 신학』, 331.

합리적으로 참여하는 신학'이라고 정의한다.[16] 공공신학의 의미는 세 가지로 정리해볼 수 있다. 첫째, 그리스도인이 기독교의 윤리와 가치관을 가지고 정치, 경제, 사회 등의 분야에서 적극적으로 참여하며, 이들 영역에서 일어나는 공론장의 토론에 활발하게 참여하는 것이다. 둘째, 이러한 활발한 공론장에 기독교가 가지는 영적, 윤리적, 도덕적 가치관을 전달함으로써 비기독교인들과 각 영역의 문제를 함께 해결해 나가는 것이다. 셋째, 기독교가 단지 윤리적 혹은 영적으로 우월한 위치에서 비평하는 입장에 서지 않고, 외부의 비평을 적극적으로 수용하는 겸손한 동반자의 위치에 서서 공동의 선을 함께 추구하는 것이다.[17] 이것은 하나님 나라와 '공적인 대화와 상호 비평'의 관점에서 공공신학의 담론에 참여하는 것으로 이해할 수 있다. 또한 김창환은 공공신학에 다루어야 하는 문제로 다음 두 가지를 제시한다. 첫째는 교회 공동체가 공적 영역에서 복음의 가치관을 어떻게 공유할 것인가 하는 문제이며, 둘째는 사회 공동체를 함께 이루어가는 시민으로서 사회의 변혁에 어떻게 기여할 것인가에 대한 신학적 고민이다.

필자는 김창환의 이러한 문제제기에 대해 제자들이 얼마나 깊이 응답하며 실천할 것인가가 변혁의 중요한 방향성이라고 주장한다. 이에 필자는 공공신학을 다음과 같이 정의하고자 한다. "공공신학은 제자들이 세상 속으로 보냄을 받아 복음을 이해할 수 있는 언어로 전하고 소통하는 동시에, 모든 영역에서 적용할 수 있고 실천 가능한 공공 이슈들을 교회 안과 세상 속에서 모두 적용하고 실천함으로써 하나님의 통치를 세상의 모든 공공영역에서 구현하기 위해 세상을 섬기고자 하는 신학이다. 또한 공공신학은 하나님

16) 김창환, 『공공신학과 교회』 (서울: 대한기독교서회, 2021), 9; 김창환, "공적 선교학," 13.

17) Ibid,. 10.

의 선교와 통전적 선교 관점에서 예언자적, 제사장적, 디아코니아적 사명을 감당하는 신학이다."[18]

그런데 김창환은 『공공신학과 교회』(2021), "공적 선교학: 선교학과 공공신학의 대화"(2022)에서 해방신학, 정치신학과 공공신학을 비교하고, 해방신학, 공공신학, 선교학을 비교하고 있다. 벨(Daniel M. Bell)에 따르면, 정치신학은 교회를 종말론적 미래에 바탕을 둔 비평적 자유를 위한 주체로서 현 체제에 도전하는 신학으로 보았고, 국가와 시민사회를 사회적·정치적 변화를 위한 주요한 중개인으로 보았다. 또한 해방신학을 현재의 정치적이고 경제적인 질서에 대한 도전의 혁명적인 버전으로, 그 논리와 행동지침을 형성하는 것으로 간주했다.[19] 그리고 그는 공공신학을 말하면서, 초기의 북미 공공신학자들이 공적 철학의 개념과 함께 서구 자유주의 사회의 활력을 유지하는 데 필수적인 도덕적 연관성을 강조했다고 보았다. 이들은 그리스도교를 본질적으로 가치관과 세계관의 문제로 보고, 공공신학이 말하는 공공성이 현재 자유주의 사회질서의 생존을 위해 필수적이라는 인식을 갖고 있다고 보았다.[20] 그러나 정치신학, 해방신학, 공공신학자들은 그들이 추구하는 사회, 경제, 정치의 변화에 관한 방법론으로 현실적인 정치를 받아들이거나 대체적인 정치체계를 강조하는 데 더 역점을 둔다. 개스퍼 마르티네스(Gaspar Martinez)는 요한 뱁티스트 메츠(Johann Baptist Metz), 구스타포 구티에레즈(Gustavo Gutierrz)와 데이비드 트레이시(David Tracy)에 관한 연구에서 세

18) 홍승만, "변혁적 제자도에 대한 선교신학적 연구: TTL 문서와 아루샤 세계선교대회를 중심으로," (장로회신학대학교 박사학위 논문, 2022), 114.

19) 김창환, 『공공신학과 교회』, 51.

20) Daniel M. Bell, "State and Civil Society," in *The Blackwell Companion to Political Theology* edited by Peter Scott and Wiiliam T. Cavanauggh (Oxford: Blackwell, 2004), 423-438.

가지 신학을 설득력 있게 비교하고 있다. 정치신학은 계몽운동과 함께 제2차 세계대전에 대한 그리스도인들의 무비판성, 교회의 대변화에 반응하며, 사회에서 정체성의 상실으로부터 신학을 구출하는 것에 집중한다고 보았다. 해방신학이 모든 종류의 억압과 착취로부터 사람들을 해방하는 방법으로 그리스도교를 해석하려는 근본적으로 새로운 신학적 견해를 나타낸다. 공공신학은 포스트모던 사회를 살아가는 그리스도인들이 대중 앞에서 그리스도교 전통과 자유함과 비판적인 견해를 공적으로 드러내야 한다고 보았다.[21]

한편, 필자는 해방신학, 정치신학, 그리고 공공신학의 비교와 더불어 해방신학, 공공신학, 그리고 선교학의 비교를 시도하고자 하며, 이 과정에서 김창환의 견해를 참고하고자 한다.[22] 이는 이미 언급한 것처럼 그가 공공신학과 선교학을 비교한 다수의 논문을 발표하였고, 이러한 신학들 간의 비교를 통해 변혁의 정도를 잘 가늠해볼 수 있기 때문이다.

<표 2-1> 정치신학, 남미 해방신학, 공공신학 비교

	정치신학	남미 해방신학	공공신학
상황적 맥락	전후 독일	남미	북미, 유럽, 남아프리카, 호주
주요 신학자	요한 메츠, 위르겐 몰트만	구스타프 구티에레즈, 레오나르도 보프, 후안 루이스 세군도, 호세 미구에즈 보니노 등	라인홀드 니버, 데이비드 트레이시, 존 코트니 머레이, 던컨 포레스터, M.M.토마스 등
이슈	고통/신앙과 정치/정치적 참여	기난/불의/국가와 교회/혁명	불평등 정책 수립/ 종교의 사사화/ 국가, 시장, 미디어의 독점/ 지구화/세계화/시민사회

신학적 주제	비판 이론/ 희망의 신학/ 십자가에 달리신 그리스도	실천/해방/ 가난한 자를 위한 선택/신학의 해방/ 출애굽/나사렛 선언문	신학의 공공성/ 교회-학계-사회/ 하나님 나라/ 공적 참여의 신학
방법론	정치적 이론에 참여/정치제도와 국가권력의 남용 비판	해석학적 순환/ 의혹의 해석학/ 텍스트와 콘텍스트/ 실천의 우선성	관련 주제에 대한 융합 학문적 참여/ 비판적 연구와 개방된 토론/ 사회윤리 방법론과 합의 정치
목적	정의로운 정치제도	가난한 자와 피억압자를 위한 정의로운 사회	모든 사람을 위한 공정한 사회/ 비판적 연구와 개방된 토론
한계/비판	정치의 구조에 집중/정치적 좌파적 경향 /마르크스적 해석과의 밀접한 연관	영성의 결여/ 가난한 이들이 오히려 오순절 교회를 선택함/ 민주화가 성숙되지 않은 상황에서의 신학/ 급진적 접근	'공적'(public) 이란 의미의 모호성/ 관심 주제가 너무 넓음/ 전문성과 집중적 접근의 결여/ 일관된 방법론의 결여/ 가난한 자와 주변화된 자들을 위한 정의 문제에 대한 분명한 입장의 결여

우선 〈표 2-1〉에서 보는 바와 같이, 정치신학, 해방신학과 공공신학의 차이점이 두드러진다. 첫째, 공공신학은 공공 영역 안에서 다양한 대화 상대와 함께 공적 문제에 참여하기 위해 일반적인 바탕과 방법론을 만들려고 시도한다.[23] 반면, 정치신학은 정치적 이론에 참여하고 정치 제도와 국가 권

21) Gaspar Martinez, *Confronting the Mystery of God: Political, Liberation, and Public Theologies* (London: Continuum, 2001)을 참고하라.

22) 김창환, 『공공신학과 교회』, 56-57; 김창환, "공적 선교학," 19.

23) 김창환, 『공공신학과 교회』, 53.

력의 남용에 대한 비판을 통해 방법론을 구축하려 한다. 해방신학은 실천의 우선성을 중요하게 여기며, 해석학적 순환과 의혹의 해석학을 시도하고, 텍스트와 콘텍스트의 관계를 살펴 방법론을 만들고자 한다.

둘째, 공공신학적 참여의 주요 목표는 공적 생활에서 모든 종류의 독점에 도전하고, 옹호와 비판적 대화 및 토론을 사용하여 보다 공정하고 열린 사회를 추구하는 것이다. 공공신학이 현존하는 체계에 참여하는 방식은 사회 개혁과 밀접하게 연결되며, 혁명적 입장이 아니라 개혁적 입장을 취하고 있음을 알 수 있다.[24] 반면, 해방신학은 공공신학과 달리 다소 혁명적인 입장을 취한다. 한편, 정치신학의 목적은 정의로운 정치 제도를 마련하는 데 있으며, 해방신학은 가난한 자와 억압받는 자들을 위한 정의로운 사회를 만드는 것을 그 목적으로 한다.

셋째, 공공신학은 교회를 옹호와 시민 참여를 위한 촉매제 역할을 하는 기관으로 간주하며, 비판, 탐구, 공개 토론, 합의 정치 등의 수단을 통해 시민사회 및 지역 공동체와 협력한다.[25] 이를 통해 공공신학은 사회의 불평등 정책을 해결하고 종교의 사사화를 막아 공공의 영역으로 이끌어내는 데 초점을 맞춘다. 또한 국가, 시장, 미디어의 독점 현상과 지구화, 세계화 문제에 대처함에 있어서 시민사회를 통한 변혁에 초점을 맞춘다. 중요한 것은 교회가 사회의 일원으로서 책임을 갖고, 적극적인 참여로서 빛과 소금의 역할을 담당하는 것이다.[26] 반면, 정치신학과 해방신학은 보다 급진적인 방향으로 문제를 해결하고자 한다. 정치신학은 고통을 겪고 있는 사람들을 위해서

24) 김창환, "공적 선교학," 16-17.

25) Ibid., 17.

26) Ibid.

신앙과 정치를 결부시켜 문제를 해결하려 하며, 이를 위해 정치적 참여를 통해 대두되는 이슈들을 풀어나가고자 한다. 그리고 한편, 해방신학은 가난한 자들과 억압받는 자들의 편에 서서 국가와 교회가 혁명적인 방법으로 제기된 이슈들을 돌파하려는 것이다.

넷째, 공공신학의 신학적 주제는 하나님 나라 개념의 재정립과 하나님의 지혜를 바탕으로 한 합리적인 사고와 행동의 정립이다. 또한 공적 참여를 위한 신학을 정리하며, 교회, 학계, 그리고 사회가 함께 신학의 공공성을 확보하기 위한 노력을 기울이는 데 초점을 맞춘다. 반면, 정치신학은 십자가에 달리신 그리스도에 초점을 맞추며, 비판 이론이나 희망의 신학을 통해 신학적 주제를 모색한다. 해방신학은 가난한 자들을 위한 선택이라는 차원에서 실천과 해방을 추구하며, 신학의 해방을 내세운다. 이 신학적 접근은 구약의 출애굽 사건과 신약에서 예수님이 나사렛에서 사역하신 것에 초점을 맞춘다.

다섯째, 공공신학, 정치신학, 해방신학의 한계점과 비판점도 각 신학의 특징만큼이나 분명하게 드러난다. 먼저 정치신학은 정치 구조에 집중하며, 정치적이거나 좌파적 경향을 띤다는 비판을 받는다. 특히 마르크스적 해석과 밀접하게 연관된 것으로 여겨지는 점은 논란의 대상이 된다. 해방신학은 영성의 결여라는 지적을 받으며, 가난한 이들이 오히려 오순절 교회를 선택하는 경향이 강해지고 있다는 비판에 직면하고 있다. 또한 해방신학은 민주화가 성숙되지 않은 상황에서 신학을 펼쳐나감에 따라 시민들과 사회의 외면을 받는 경우가 많으며, 지나치게 급진적인 입장을 취한다는 점에서 비판받는다. 그렇다면 공공신학의 한계와 비판점은 무엇일까? 먼저 공공신학에서 사용하는 '공적'(public)이라는 단어의 의미가 모호하다는 점이 지적된다.

더 구체적으로는, '공공'이라는 단어와 '공적'이라는 단어가 구분되어 사용되어야 함에도 이를 혼용하여 쓰는 경우가 많다. 다시 말해, 공공신학과 공적신학은 의미와 쓰임새에서 차이가 있음에도 불구하고 명확히 구분되지 않는다는 비판이 제기된다. 또한 공공신학은 관심 주제가 지나치게 넓다는 점에서 비판받는다. 이는 전문성과 집중적 접근이 결여될 가능성을 높이며, 구체적인 해결책을 제시하는 데 한계를 초래한다. 더불어 공공신학은 가난한 자와 주변화된 자들을 위한 정의 문제에 대해 분명한 입장을 밝히지 않는다는 비판도 있다.

<표 2-2> 해방신학, 공공신학, 선교학의 특징 비교

	해방신학 (남미해방신학, 여성신학, 흑인신학, 달릿신학, 민중신학)	공공신학	선교학
특징	혁명적(revolutionary)	개혁적(reforming)	변혁적(transforming)
예언자적 메시지	사회, 정치적 및 경제적 불의와 기득권에 대한 도전	공공권에서의 독점과 불공정에 도전	구원과 해방의 기독교 메시지 공유
기존 체제에 대한 견해	기존 체제의 근본적인 불의함과 악함을 지적	기존 체제가 근본적으로 악하거나 불의하지 않다고 보는 견해	기존 시스템 내에서 작업
행동 추구	체제의 전복이나 근본적인 급진적인 전환 추구	옹호와 토론을 통한 점진적인 개혁 추구	말과 행동을 통한 개인과 사회의 변화
신학의 강조	가난한 자와 소외된 자를 대변하고 우선권을 둠	상반된 견해에 대한 토의를 통한공동의 선과 합의점 추구	세상을 향한 하나님의 사랑

추구하는 사회의 양상	정의롭고 동등한 사회 추구	공정하고 열린 사회의 추구	하나님 나라 아래 있는 사회
교회공동체의 역할	예언자적 목소리를 내며 불의에 항거하는 촉매제로서의 하나님의 정의의 실현	공적 옹호와 시민 사회참여를 통한 사회 계몽 및 변화를 통한 하나님 나라 선포	선포와 봉사/ 행동하는 믿음
동반자	노동자, 소외된 자, 가난한 자, 여성, 흑인, 달릿, 민중	시민사회 및 공공 분야에서의 다양한 단체 및 아카데미	교회, 선교 기관 및 파트너
적용	의식의 전환, 가난한 자와 소외된 자의 자아의식 회복	체제와 관점에 대한 다양한 공적 옹호를 통한 개혁 추구	하나님의 사랑과 정의의 실현으로 개인과 사회의 변화
방법론	해석학적 순환/ 의혹의 해석학/텍스트와 상황/실천의 우선/ 성경과 현 체제, 역사에 대한 비평적 연구	관련 주제에 대한 융합 학문적 참여/비판적 연구와 개방된 토론/ 사회 윤리 방법론과 공통적인 합의점 수렴을 통한 공동의 선 추구	증거, 대화, 전도, 사회복지, 개발
신학의 강조점	해방, 정의, 해방으로서의 구원 이해, 인간화의 강조, 가난한 자, 소외된 자의 편에 서는 하나님	하나님 나라, 지혜 전통의 강조, 의와 정의의 균형, 정의와 평화의 융합, 소수 공동체를 향한 하나님의 평등, 창조 질서의 보존	Missio Dei/삼위일체적 선교/증거로서의 선교, 대화, 정의 추구, 예언적 대화
사회 분석의 도구	사회주의적 비평 이론/인종 비평 및 페미니스트 비평 이론	기독교 사회윤리/ 비평 이론/사회정치 이론	실천신학적 방법론/ 인류학 및 사회분석
타 학문과의 교류	정치학, 경제학, 사회학, cultural studies 등	철학, 정치학, 경제학, peace studies, environmental studies, governance	인류문화학, 사회학, 지리학, 역사, 종교학, development studies

한편, 정치신학을 넓은 의미의 해방신학에 포함시켜서 해방신학, 공공신학, 선교학의 특징들을 <표 2-2>에서 잘 비교하고 있다. 우선 가장 두드러진 특징은 해방신학은 혁명적(revolutionary), 공공신학은 개혁적(reforming), 선교학은 변혁적(transforming)이라는 점이다. 각각의 신학이 이러한 특징을 가지는 중요한 초점은 개인과 사회를 변혁시키기 위한 참여에 있다. 해방신학, 공공신학, 선교학이 각각 혁명적, 개혁적, 변혁적 특징을 가질 수 있음은 각각의 예언자적인 메시지를 담고 있기 때문이다. 곧 해방신학은 사회, 정치적, 경제적 불의와 기득권에 대한 도전의 메시지를 던지고, 공공신학은 공공영역 혹은 공공권, 즉 사회, 정치, 경제, 언론, 시민사회 등의 영역에서의 독점과 불공정 현상에 도전하는 것이며, 선교학은 구원과 해방의 기독교적 메시지를 공유한다는 점에서 그렇다.

이렇듯 해방신학, 공공신학, 선교학이 각각 예언자적 메시지를 던지는 방식은 기존의 체제에 대한 서로 다른 견해에서 비롯된다. 해방신학은 기존 체제의 근본적인 불의함과 약점을 지적하며, 예언자적 메시지를 통해 체제의 전복이나 근본적인 급진적인 전환을 추구한다. 이런 이유로 해방신학은 가난한 자와 소외된 자를 대변하고 우선권을 두는 데 강조점이 있다. 반면, 공공신학은 기존 체제가 근본적으로 악하거나 불의하지 않다고 하는 견해를 바탕으로 예언자적 메시지를 전하며, 옹호와 토론을 통한 점진적인 개혁을 추구한다. 그래서 공공신학은 상반되는 견해에 대한 토의를 통한 공동선과 합의점을 도출하려고 하는 것이다. 또한 선교학은 기존의 사회 시스템을 급격하게 바꾸거나 하지 않고 기존 시스템 내에서 작업하면서 예언자적 메시지를 통해 말과 행동을 통한 개인과 사회의 변화를 강조한다. 그래서 선교학은 특히 세상을 향한 하나님의 사랑을 강조하는 것이다.

이어서 각각의 신학이 가지는 특징들을 잘 드러내는 두 번째 강조점은 하나님 나라의 관점을 가지는 교회 공동체의 역할이다. 해방신학이 추구하는 사회의 양상은 무엇인가? 그것은 정의롭고 동등한 사회를 추구하는 것이다. 그렇다면 이러한 신학을 가진 교회 공동체의 역할은 무엇인가? 예언자적 목소리를 내며 불의에 항거하는 촉매제로서의 하나님의 정의를 실현하는 것이다. 이렇게 본다면 해방신학을 따르는 교회들의 동반자는 노동자, 소외된 자, 가난한 자, 여성, 흑인, 달릿, 민중 등이라고 할 수 있다. 이러한 교회 공동체는 함께 하는 동반자들의 의식을 전환시키고 가난한 자와 소외된 자들이 자아의식을 회복할 수 있도록 돕는다.

또한 공공신학이 추구하는 사회는 공정하고 열린 사회이다. 이러한 사회를 지향하며 공공신학을 가진 교회 공동체의 역할은 공적 옹호와 시민사회 참여를 통한 사회 계몽과 변화를 통한 하나님 나라 선포이다. 이를 실현하기 위해 교회 공동체는 시민사회나 공공분야에서의 다양한 단체 및 아카데미들과 함께 협력할 수 있다. 그리고 이러한 협력을 통해서 체제와 관점에 대한 다양한 공적 옹호를 통한 개혁을 추구하는 것이다. 더불어 선교신학이 추구하는 사회는 하나님 나라 아래에 있는 사회이다. 이러한 사회를 이루기 위해 선교신학을 가진 교회 공동체는 선포와 봉사, 행동하는 믿음에 힘쓴다. 그리고 이를 위해 교회 공동체는 다른 교회나 노회, 총회를 비롯한 공교회 차원은 물론, 다양한 선교 기관이나 파트너십을 맺은 단체들과도 협력할 수 있다. 이러한 협력을 통해 하나님의 사랑과 정의를 실현하고, 개인과 사회가 변화하도록 도모하는 것이다.

아울러 각각의 신학이 가지는 특징들을 잘 드러내는 세 번째 강조점은 공적영역에서 신학의 비평적 참여이다. 이것은 '공적 선교학'의 논의와 맞닿아 있다. '공적 선교학' 논의는 학술지 Missiology에서 그레고리 레펠(Gregory Leffel)이라는 학자에 의해 제기되었고, 많은 학자들이 토론하였다. 레펠은 공적 선교학 연구에서 선교학적 관점에서 '공적'이라는 단어의 의미는 '정치적, 언어적, 역사적, 문화적, 그리고 다양한 규모의 지리적 경계 안에 살고 있는 개인과 공동체를 인식하는 것'이라고 정의한다. 그는 개인 또는 공동체 구성원이 자신을 표현할 때마다 공공의 삶이 구성되고, 사회적 경험으로서의 공적인 삶이 무엇인지를 집단적이고 사회적으로 만들어가는 것이라고 주장한다.[27] 따라서 레펠은 사람(행위자)과 구조적 시스템(체제) 사이의 역동성에서 '공적인 프레임', 다시 말해서 공공성을 얼마나 가지고 있느냐가 공적 선교학 논의와 의미 있는 상호 작용에 필수적이라고 본 것이다.[28] 찰스 펜샴(Charles Fensham) 역시 공적 선교학을 공공적 변혁과 함께 창의적인 변혁적 대화로 이해하며, 선교는 공적 대응이 핵심이기 때문에 공적 대응을 요구한다고 주장하며, 이를 교회에 있어서 세상에서 생명을 주는 변혁적 선교에 대한 선교학적, 공적인 시도라고 보았다.[29] 최근에 선교학계에서 구성이 된 'Public Missiology Working Group'에서는 공적선교학이 추구하는 바를 다음과 같이 정리한다. 첫째, 공공영역에서 겪고 있는 위기의 상황에 대한 대처, 둘째, 교회의 정체성과 사명이 하나님의 선교의 증표이며 수행자라는 인식, 셋째, 세상과 공공영역이 하나님의 선교가 이루어져야 하는 장이라는 인식의 정립, 넷째, 공공영역과 선교와의 연관성과 공유점을 연구하는 작업

27) 김창환, "공적 선교학," 29-30.

28) Gregory Leffel, "The 'Public' of a Missiology of Public Life: Actors and Oppotunities," *Missiology: An International Review* 44 (2016), 167-79.

29) Charles Fensham, "Faith Matters: Towards a Public Missiology in the Midst of the Ecological Crisis," *Toronto Journal of Theology* 31 (2015), 17-28.

이다.[30)]

이런 배경에서 각각의 신학의 강조점을 살펴볼 필요가 있다. 해방신학은 그 방법론에 있어서 해석학적 순환, 의혹의 해석학, 텍스트와 상황을 중요하게 여긴다고 앞에서 살펴본 바 있다. 이러한 맥락에서 실천을 우선적으로 여기며, 성경과 현 체제, 역사에 대한 비평적 연구를 통해 다리놓기를 시도한다. 따라서 신학의 강조점으로는 해방, 정의, 해방으로서의 구원 이해, 인간화의 강조, 가난한 자와 소외된 자의 편에 서는 하나님 등을 들 수 있다. 그리고 이러한 강조점에 맞게 사회를 분석함에 있어서 사회주의적 비평이론, 인종 비평 및 페미니스트 비평 이론과 같은 급진적인 도구를 사용하며, 정치학, 경제학, 사회학, 문화학과 학문적 대화를 통해 혁명적인 특징을 드러낸다.

다음으로 공공신학은 그 방법론에 있어서 관련 주제에 대한 융합 학문적 참여, 비판적 연구와 개방된 토론, 사회 윤리 방법론과 공통적인 합의점 수렴을 통한 공동선을 추구한다. 이러한 방법론에 근거하여 공공신학은 하나님 나라, 지혜 전통을 강조하고, 의와 정의의 균형, 정의와 평화의 융합, 소수 공동체를 향한 하나님의 평등, 창조 질서의 보전 등을 강조한다. 사회를 분석함에 있어서는 기독교 사회윤리, 독일 프랑크푸르트 학파의 비평이론, 사회정치 이론 등을 활용하며, 철학, 정치학, 경제학, 평화학, 생태학, 거버넌스 연구 등과의 학문적 대화를 통해 개혁적인 특징을 나타낸다.

마지막으로 선교학은 그 방법론에 있어서 증거, 대화, 전도, 사회복지, 개발 등을 추구한다. 이러한 방법론에 근거하여, 선교학은 Missio Dei, 삼위

---

30) Gregg Okesson, *A Public Missiology: How Local Church Witness to a Complex World* (Grand Rapid: Baker Academic, 2020), 95-115.

일체적 선교, 증거로서의 선교, 대화. 정의의 추구, 예언적 대화 등에 강조점을 둔다. 사이트 분석함에 있어서는 실천신학적 방법론과 인류학 및 사회분석 방법론을 사용한다. 예를 들어 선교현장을 더 잘 분석하기 위해 문화인류학적 방법론을 도입해서 다양한 이론들을 설명하기도 하는 것에서 잘 알 수 있다. 그래서 문화인류학, 사회학, 지리학, 역사, 종교학, 개발학 등과의 학제 간 연구를 통해 변혁적 특징을 나타내는 것이다.

이상에서 현대신학, 특히 정치신학, 해방신학, 공공신학과 선교학의 대화를 통해 변혁의 의미를 고찰했다. 이제 다음 절에서는 복음주의 선교와 에큐메니컬 선교에 나타난 변혁의 의미를 살펴보고자 한다.

3. 현대선교신학에 나타난 '변혁'

이 절에서는 현대선교신학에 나타난 변혁의 의미를 자세하게 살펴본다. 구체적으로 로잔세계복음화운동으로 대표되는 복음주의 선교운동의 관점에서 변혁의 의미를 고찰하고, 이어서 세계교회협의회로 대표되는 에큐메니컬 선교운동의 관점에서 변혁의 의미를 모색한다.

1) 로잔세계복음화운동 공식문서에 나타난 변혁 이해

2024년 9월 22일부터 28일까지 대한민국 인천 송도에서 제4차 서울-인천 로잔 세계복음화대회가 열렸다. 주제는 "교회여, 함께 그리스도를 선포하고 나타내자!"이며, 7개 항목 25개 이슈트랙을 중심으로 다양한 논의들이 이루어졌고, 서울선언(The Seoul Statement)이 발표되었다. 그런데 2024년 제4차 로잔 세계복음화 국제대회가 열리기까지 앞선 3차례의 로잔 세계복음화 국제대회와 크고 작은 협의회들이나 컨설테이션 모임들이 있었다.

그런데 로잔운동은 왜 태동했는가? 로잔운동이 태동하게 된 가장 큰 배경으로 에큐메니컬 운동의 도전을 들 수 있다. 1952년 빌링겐 국제선교협의회를 통해 '하나님의 선교'(Missio Dei) 개념이 등장한 이후, 에큐메니컬 진영은 선교의 중심 과제 혹은 목표를 '복음화'에서 '인간화' 또는 '세상의 샬롬'으로 바꾸었다. 이에 복음주의 진영의 선교 지도자들은 선교의 본래 핵심을 붙들어야 할 필요성을 강하게 느꼈다. 특히 1968년 웁살라 WCC 총회에서는 선교의 목표를 '복음화'가 아닌 '인간화'로 바꾸었고, 1973년 태국 방콕에서 열린 CWME대회에서는 선교의 핵심 내용인 구원의 의미를 '개인구원'에서 개인구원과 사회구원, 그리고 영혼 구원뿐 아니라 육체와 물질적인 구원을 모두 포괄하는 '오늘의 구원'(Salvation Today) 개념으로 확장했다.[31] 이는 그리스도인의 의무인 복음전도와 사회적 책임 중에서 복음전도는 포기하고 사회적 책임에 치중하겠다는 입장이었다. 그리고 개인과 교회 공동체의 변혁은 포기하고, 사회의 변혁만 강조하는 급진적인 입장이었다.

이처럼 선교가 복음 운동이 아닌 사회 운동으로 치우친 혹은 변질된 경향을 보이자, 빌리 그래함과 칼 헨리를 중심으로 한 복음주의 지도자들은 '복음 전도 중심의 선교 운동이 심각하게 훼손되었는데, 아직 복음을 듣지 못한 27억 명이 넘는 사람들을 포기할 것인가?'라는 근본적인 질문을 던지면서 복음주의적인 선교 신학을 선언할 국제회의를 만들기로 결정했다. 그래서 1974년 스위스 로잔에서 '로잔세계복음화국제대회'(The International

31) 안승오, 『로잔운동의 좌표와 전망: 왜? 어떻게? 어디로?』 (서울: CLC, 2023), 24.

Congress on World Evangelization)가 열렸고, 대회 이후 이 운동을 지속할 목적을 가지고 "세계 복음화를 위한 로잔위원회"(Lausanne Committee for World Evangelization)를 구성하였다.[32)]

그런 점에서 로잔운동은 1974년 제1차 대회를 기점으로 전 세계 복음화를 목표로 하여 출범했으며, 복음주의 공동체가 복음의 사회적·변혁적 역할에 대해 깊이 성찰하게 된 중요한 계기가 되었다. 로잔운동은 단순한 전도와 복음 전파를 넘어 사회적·문화적 변혁을 선교의 중요한 과제로 설정했다는 점에서 그 의의가 있다. 따라서 로잔운동은 하나님의 나라를 확장하고 세상의 불의와 죄를 변화시키기 위한 선교적 책무를 강조한다. 이러한 변혁적 선교는 영적 구원뿐 아니라 사회적 회복과 정의 실현을 지향하는 통전적 복음(holistic gospel)에 기초하며, 개인과 공동체의 변화를 동시에 추구한다. 로잔운동에서 변혁적 선교는 단순히 전도를 위한 전략이 아니라, 신앙인의 내적·외적 삶을 통합적으로 변화시키는 제자도를 강조한다. 변혁적 제자도는 그리스도를 따르는 제자들이 자신을 변화시키고 나아가 사회적 불의와 억압에도 맞서도록 부름받았다는 점을 내포한다. 그러므로 본 절에서는 로잔운동의 공식 문서들, 로잔 언약, 마닐라 선언문, 케이프타운 서약을 토대로 로잔 운동에 나타난 변혁의 의미를 간략하게 살펴보고자 한다. 여기서 로잔운동의 공식문서들을 중심으로 살피려고 하는 이유는 무엇인가? 로잔운동의 공식 문서들, 특히 "로잔 언약"과 "마닐라 선언문," "케이프타운 서약"은 변혁적 선교의 신학과 실천을 구체적으로 명시하고 있으며, 각 대회의 주제와 상황에 맞게 변화해왔다. 이를 통해 로잔운동은 선교적 변혁을 위한 일관된 신학적 지침을 제시해 왔으며, 그 내용은 시대에 따라 발전해왔음을

32) Ibid., 23-25.

살펴볼 수 있기 때문이다.

1974년 스위스 로잔세계복음화대회때 채택된 로잔언약은 변혁에 대해 다소 포괄적인 입장을 밝히고 있다. 우선 머리말에서 다음과 같이 선언한다. "우리는 복음이 온 세상을 위한 하나님의 좋은 소식임을 믿고 이 복음을 온 인류에게 선포하여 모든 민족을 제자 삼으라고 분부하신 그리스도의 명령에 순종할 것을 그의 은혜로 결심한다."[33] 이어 4항과 5항에서 복음 전도의 본질과 그리스도인의 사회적 책임을 서술한 다음, 6항 교회와 복음 전도에서 복음전도의 우선성과 교회의 역할에 대해 분명하게 밝히고 있다. 로잔언약에서도 언급하고 있는 것과 같이, 복음 전도와 사회적 책임은 상반된 것이 아니라, 그리스도인이 감당해야 할 의무의 두 부분, 즉 동전의 양면과 같은 것이다.[34]

그럼에도 불구하고, 1974년 로잔세계복음화대회가 열리기까지 오랜 시간 복음전도와 사회적 책임은 별개의 혹은 상반된 의무로 여겨져왔다. 물론 여기에는 에큐메니컬 선교운동이 지나치게 사회적 책임에 치우친 면이 있었음을 부인하기 어렵다. 다른 한편으로, 복음주의 선교운동도 사회적 책임만 강조하는 에큐메니컬 선교운동에 반발해서 복음전도만을 치우쳐서 강조한 면도 없지 않다. 그럼에도 불구하고, 복음주의 선교운동은 복음전도의 중요성을 강조하면서 제자도의 대가를 치러야 함을 말한다. 이것은 변혁으로 나아가는 중요한 강조점이라고 할 수 있다.

"복음 전도 자체는 사람들로 하여금 그리스도께 인격적으로 나아와 하나님

33) 로잔운동/최형근 역, 『케이프타운 서약: 하나님의 선교를 위한 복음주의 헌장』 (서울: IVP, 2014), 215.

34) Ibid., 218-221.

과 화해하도록 설득하기 위해, 역사적이고 성경적인 그리스도를 구원자와 주로 선포하는 것이다. 복음에 초대할 때 우리는 제자도의 대가를 치러야 한다. 예수님은 여전히 그를 따르는 모든 사람이 자기를 부인하고, 자기 십자가를 지고, 그들이 새로운 공동체에 속하였음을 분명히 하도록 부르신다. 복음 전도의 결과는 그리스도께 대한 순종과 그의 교회로의 연합, 그리고 세상에서의 책임 있는 섬김을 포함한다."[35]

복음 전도 자체를 강조하는 것은 마땅하다. 하지만 그것을 넘어서, 복음을 전하는 사람들이 제자도의 대가를 치르는 것, 복음을 받은 사람들이 새로운 공동체에 속했음을 알고 그리스도께 대한 순종을 결단하며, 그러한 그리스도에 속한 이들과 공동체를 이루어 연합함을 깨닫는 것, 그리고 세상으로 보냄을 받아 책임 있게 섬김을 감당하는 것까지 강조하는 것이다. 동시에 로잔 언약은 그리스도인의 사회적 책임, 곧 사회·정치적 참여를 중요한 의무로 받아들이고 이를 중요한 그리스도인의 의무임을 시인한다. 필자는 로잔운동이 이러한 그리스도인의 사회적 책임을 중요한 의무로 받아들인 것이 복음 전도의 중요성을 강조한 것과 함께 변혁으로 나아가는 중요한 걸음이라고 주장한다.

"우리는 복음 전도와 사회 정치적 참여는 우리 그리스도인의 의무의 두 부분임을 확언한다. 이 두 부분은 모두 하나님과 인간에 대한 우리의 교리, 이웃을 향한 우리의 사랑, 그리고 예수 그리스도에 대한 우리의 순종을 나타내는 데 필수적이다. 구원의 메시지는 모든 소외와 억압과 차별에 대한 심판의 메시지

35) Ibid., 218-219.

를 내포한다... 우리가 선포하는 구원은 우리가 개인적 책임과 사회적 책임을 총체적으로 수행하도록 우리를 변화시켜야 한다. 행함이 없는 믿음은 죽은 것이다."[36)]

로잔 언약은 이렇게 복음 전도와 사회 정치적 책임을 총체적으로 수행하기 위해 교회의 복음전도 협력(7항), 교회의 선교 협력(8항), 복음 전도의 긴박성(9항)을 강조한다. 그리고 교회가 문화를 변혁하고 풍요롭게 만들고자 애쓰되, 하나님의 영광을 위해서 해야 한다는 복음 전도와 문화(10항)를 강조하며, 교육과 리더십(11항), 사회를 변혁시키기 위한 저항을 분별하는 영적 전쟁(12항)을 치러야 하고, 복음 전파의 자유를 보장하고, 예수를 증거하다가 부당하게 핍박받은 이들과 연대(13항)하며, 선교의 영이신 성령의 능력에 힘입어 복음전도와 선교에 힘써야 함을 말한다. 그리고 그리스도께서 다시 오실 때까지 하나님의 백성은 세상을 섬기는 선교 사역에 힘써야 함(15항)을 강조한다.[37)]

한편, 1989년에 필리핀 마닐라에서 열린 제2차 로잔 세계복음화 국제대회에서 마닐라 선언이 발표되었다. 이 선언은 1974년 로잔 언약보다 한층 발전된 방향으로 변혁에 대한 입장을 나타내고 있다. 기본적으로 마닐라 세계 복음화 국제대회는 170개국 3,000여 명이 참여하였고, '그리스도께서 오실 때까지 그를 선포하라'와 '온 교회가 온 세상에 온전한 복음을 전하라'는 주제와 부름에 기초하여 마닐라 선언을 작성하였다. 이 선언은 21개 항목의 신앙적 고백(affirmations)과 12항목의 주제 설명으로 구성되었다. 앞부분인

36) Ibid., 219-220.

37) Ibid., 221-229.

21개의 신앙적 고백은 상당 부분 로잔 언약의 내용을 재확인하고 있다. 뒷부분은 온전한 복음, 온 교회, 온 세상이라는 대주제에 따라 12개 항목으로 주제를 설명하고 있다.

머리말에서 "우리는 성경의 복음이 하나님이 계속적으로 우리 세계에 주시는 메시지임을 확언하며, 이 복음을 변호하고, 선포하며, 이를 구체적으로 표현할 것을 확언한다"는 고백은 변혁적 제자됨의 기초이다.[38] 또한 21개의 신앙 고백은 제자됨과 제자도의 실천이라는 이중 구조를 나타낸다. 이 구조는 뒷부분에 나타나는 온전한 복음, 온 교회, 온 세상이라는 대주제에 따라 보다 구체적으로 드러나며, 로잔 언약보다 조금 더 발전된 변혁의 모습을 보여준다. 여기에는 왜 변혁이 필요한가? 변혁의 주체 이해, 변혁의 대상 이해와 실천이 나타나기 때문이다.

먼저 온전한 복음은 네 개의 항목으로 구성되어 있으며, 왜 변혁이 필요한지 잘 서술하고 있다. "우리는 온전한 복음, 즉 성경적 복음의 충만함을 전파하는 일에 헌신한 자들이다.… 그러나 죄로 인해 인간은 자기 중심적이며 자기 자신을 섬기는 반역자가 되어, 하나님과 이웃을 사랑하지 않을 뿐더러 창조주와 또 다른 피조물에게서 소외되었다.… 죄는 또한 반사회적 행동, 다른 사람들을 극심하게 착취하는 일, 그리고 하나님이 인간들에게 청지기로서 지키라고 주신 자원들을 고갈시키는 일을 감행한다."[39]

하지만, "이 복된 소식은 하나님의 구원의 능력이며, 우리에게는 이 복음을 알려야 할 의무가 있기 때문에, 교회에서 혹은 공공장소에서, 라디오와 텔레비전으로, 혹은 옥외에서도 가능한 곳이며 어디서나 담대하게 이 복

38) Ibid., 231.

39) Ibid., 234.

음을 선포해야 한다."[40] 또한 "신빙성 있는 참된 복음은 변화된 성도들의 삶 속에 뚜렷이 나타나야 한다. 우리가 하나님의 사랑을 선포할 때, 우리는 사랑의 봉사에 참여해야 하며 우리가 하나님의 나라를 선포할 때, 우리는 정의와 평화에 대한 그 나라의 요청에 헌신적으로 응답해야 한다."[41]

> "하나님 나라에 관한 선포는 그의 나라에 용납될 수 없는 일에 대해 예언자적인 도전을 하도록 요청한다. 우리가 개탄하는 악은 제도화된 폭력, 정치적 부패, 사람과 땅에 대한 온갖 형태의 착취, 가정 파괴, 낙태, 마약 유통, 인권 유린과 같은 파괴적인 폭력을 의미한다. 우리는 가난한 자들에게 관심을 가지면서 제3세계에 사는 그 많은 사람들이 부채로 인해 고통당하고 있는 사실을 마음 아파한다. 또한 우리는 하나님의 형상을 지니고 있는 수백만의 사람들이 비인간적인 조건 속에서 살고 있다는 사실에 분개한다."[42]

그러므로 "성경적 복음에는 언제나 사회적 적용이 내포되어 있다는 사실을 인정하고, 참된 선교는 언제나 성육신적이어야 함을 깨달아야 한다. 우리는 겸허한 자세로 그들의 세계에 들어가서 그들의 사회적 현실, 비애와 고통 그리고 압제 세력에 항거하며 정의를 위해 투쟁하는 그들의 노력에 동참할 필요가 있다."[43] 이러한 논의를 통해 온전한 복음의 의미를 확인함으로써 왜 변혁이 필요한지 알 수 있다.

다음으로 온 교회라는 주제를 다루며 변혁의 주체가 누구인지 이해할

---

40) Ibid., 236.

41) Ibid., 240-241.

42) Ibid., 241.

43) Ibid., 242.

수 있다. "온 교회는 온전한 복음을 선포해야 한다. 하나님의 모든 백성은 복음 전도의 과업을 함께 나누도록 부름받았다. 그러나 성경은 하나님 자신이 복음 전도의 대장이심을 선포한다. 하나님의 영은 진리와 사랑과 거룩과 능력의 영이시며, 복음 전도는 하나님의 역사 없이는 불가능하기 때문이다."44) 여기에서 복음전도를 통한 변혁의 주체가 하나님이심을 밝히고 있다. 또한 "이 모든 일에서 성령이 주로 행하시는 일은, 우리가 예수 그리스도를 보게 하며 우리 속에 예수 그리스도의 형상이 이루어지게 함으로써 예수 그리스도의 영광을 나타내는 일이다."45) 그런데 하나님은 우리를 변혁의 동역자로 삼아 주셨다. "복음 전도자이신 하나님은 그의 백성에게 '하나님과 함께 일하는 자'(고후 6:1)가 되는 특권을 주신다. 그래서 몇몇 사람들은 복음 전도자, 선교사, 목사가 되도록 부르시면서도 온 교회와 모든 성도가 다 증거자가 되도록 부르신다."46) 목사와 교사는 말할 것도 없고, 어린이와 젊은이들, 남자와 여자, 모든 교회와 성도들이 각자의 보내심을 받은 자리에서 제자도와 복음전도에 힘쓰며 그리스도를 증거해야 한다는 것을 분명히 한다. 결국, 하나님과 함께 하는 모든 성도들은 교회로서 변혁적 제자도의 모습을 삶으로 나타내야 한다.

> "변화된 삶보다 복음을 설득력 있게 전하는 것은 아무것도 없다. 그래서 우리는 그리스도의 복음에 합당하게 행동하고, 거룩한 삶으로써 복음의 아름다움을 선양하며 복음을 '빛나게' 해야 한다. 이때 우리의 성실성이 가장 강한 증거가 된다."47)

---

44) Ibid., 242-243.

45) Ibid., 243.

46) Ibid., 244-245.

더불어, '모든 기독교 회중, 곧 성도는 그리스도의 몸을 나타내는 지역적인 표현이며, 동일한 책임을 지고 있다'는 사실을 인식해야 한다. 따라서 일차적으로는 복음을 전하는 것과 동시에 온 세상을 향한 교회의 책임도 잊지 말아야 한다. 또한 이 모든 일에 있어서 다른 교회와 교단은 물론, 복음전도, 제자 양육, 사회 봉사에 힘쓰는 여러 선교 기관들과도 협력하여 함께 일해야 한다.[48)]

마닐라 선언의 세 번째 부분은 온 세상이라는 주제를 다루며, 변혁의 대상 이해와 실천을 강조하고 있다. 온전한 복음이 온 세상에 알려지도록 온 교회에 위탁되었다는 것은 자명하다. 그렇다면 우리는 우리가 보냄받은 이 세상을 잘 이해할 필요가 있다. 먼저 복음전도는 현실 세계의 상황, 다시 말해서 과학 기술의 급속한 발전, 경제 질서의 변화, 도시화, 세계화되어 가는 세계 문화의 출현 등의 현대화에 관심을 가져야 한다. 이것은 한편으로는 위기이지만, 동시에 축복이자 기회의 문이 되기도 한다. "현대화는 복음이 미개척지 경계를 넘어 그 닫힌 사회 속에 파고들어 갈 수 있는 전대미문의 문을 열어 놓고 있다."[49)]

마닐라 선언에서는 제한적인 범위로 얘기했지만, 21세기 들어서는 급속한 정보통신 기술, 미디어, 스마트 기기를 통한 문화 콘텐츠의 급속한 확산이 일어나게 된다. 이것은 마치 21세기 판 로마로 가는 도로망 확충이고, 이것을 기반으로 복음이 급속하게 확장될 수 있는 기회가 된 것이다. 또한 마닐라 선언은 'A.D. 2000 and Beyond Movement'를 언급하면서, 주후 2000년도와 그 이후의 도전이라는 제목으로 복음화의 과제를 말한다. "잠재적인

47) Ibid., 247.

48) Ibid., 249-251.

49) Ibid., 253-255.

선교 역군으로 헌신한 사람들이 있고, 그리스도인이라고 고백하지만 헌신되지 않은 사람들이 있으며, 비복음화된 사람들, 곧 복음에 대한 최소한의 지식을 가지고 있지만, 이 복음에 응답할 적절한 기회를 만나지 못한 사람들이 있다. 또한 미전도된 사람들, 곧 예수님이 주되심을 한 번도 들어 보지 못한 사람들이 20억이 넘는데, 또한 다수는 그리스도인들이 접촉할 수 있는 영역 밖에 있는 사람들이다. 그래서 일차적으로 그들 문화에 속하고 그들의 언어를 아는 성도들이 다가가거나, 혹은 타문화권 복음전도자들이 경계를 넘어 가야한다."[50] 복음을 한 번도 듣지 못했거나, 들을 수 없는 사람들에게 지리적, 문화적, 언어적 경계를 넘어서 다가가 복음을 전할 수 있는 수단을 개발하거나, 혹은 겸손히 삶으로 다가가는 것을 변혁이라고 할 수 있다.

더불어, 제자들이 복음을 전할 때 반대에 직면할 경우가 있다. 다시 말해, 변혁적 삶을 살아가는 과정에서 고난과 핍박을 경험하기도 한다는 것이다. 마닐라 선언은 이러한 상황에서 그리스도인의 삶을 변호하는 입장을 보이고 있다. 이는 실제로 많은 비기독교 국가에서 살아가는 그리스도인이 합당하지 않은 이유로 핍박 혹은 고난을 당하고 있기 때문이다. 하지만 그리스도인은 '국가의 안녕을 추구하는 충성스러운 시민이자 양심적인 시민으로, 결혼 생활과 가정생활을 안정시키고, 정직하고 근면한 태도로 일을 하며, 장애인과 곤경에 처한 자, 약한 자들을 자발적으로 도우며 국가의 평안에 기여하는 사람들'임을 강조한다. 또한 그리스도인은 복음 전도에 있어서 비열한 방법을 거부하고 공개적이고 정직하게 복음을 진술하며 듣는 이들이 자유롭게 자신의 의사에 따라 결단하도록 하는 사람들이다. 나아가 그리스도인은 기독교에 대한 자유뿐만 아니라 모든 사람이 종교의 자유를 가

50) Ibid., 255-257.

지기를 간절히 바라는 사람들이다. 그들은 십자가를 지고 값비싼 은혜를 구하며 살아가는 이들이기 때문이다.[51] 기독교 선교는 분명 그리스도께서 다시 오실 때까지 선포하고 나타내야 할 긴급한 과업임이 분명하다. 이런 맥락에서 온전한 복음을 온 교회가 온 세상에 선포하고 나타내야 할 사명은 연합과 희생을 통해, 다시 말해서 십자가를 지고 값비싼 은혜를 구하며 이루어져야 한다. 마닐라 선언은 이러한 사명을 깊이 인식하면서, 변혁적인 그리스도인이 되기를 선언하는 문서인 것이다.

1989년 제2차 마닐라 세계복음화대회가 열리고 마닐라 선언이 발표된지 21년 후, 2010년에 남아프리카공화국 케이프타운에서 제3차 로잔세계복음화국제대회가 열렸으며, 이때 케이프타운 서약이 발표되었다. 케이프타운 서약은 예수 그리스도와 그 분의 가르침을 전 세계에 증거하는 과업에 헌신하고, 로잔 언약과 마닐라 선언에 대한 지속적인 헌신을 천명하고 있다. 또한 우리 세대의 변화하는 세상 속에서 복음의 진리를 어떻게 표현하고 적용할 지를 분별함으로 변혁적 삶에 헌신하도록 돕기 위해 작성되었다.[52] 곧, 케이프타운 서약은 그리스도의 교회가 전 세계적으로 성장하고 있다는 것을 인식하면서, 세계화와 디지털 혁명, 경제적, 정치적 권력의 균형 변화, 빈곤, 전쟁, 종족 간의 갈등, 질병, 생태 위기, 기후 변화 등으로 인한 불안요소들이 존재함을 깨닫는 상황에서 성도와 교회, 곧 온 교회가 어떻게 건전하고 바른, 온전한 복음을 온 세상에 전할 것인지를 진지하게 질문하면서 작성되었다.[53] 특히 케이프타운 서약은 사랑의 언어라는 틀에서 작성되었다. 구체

51) Ibid., 258-260.

52) Ibid., 13-14.

53) Ibid., 14.

적으로 '우리는 온전한 복음을 사랑한다. 우리는 온 교회를 사랑한다. 우리는 온 세상을 사랑한다'라는 주제를 강조하면서, 이러한 "세 겹으로 묶인 사랑에 사로잡혀 온전한 교회가 되는 일에, 온전한 복음을 믿고 순종하고 나누는 일에, 그리고 온 세상으로 나아가 모든 나라를 제자 삼는 일에 우리 자신을 새롭게 헌신한다"고 밝히고 있다.[54] 필자는 케이프타운 서약 역시 '변혁'의 관점에서 읽을 수 있다고 주장한다.

이러한 맥락에서 케이프타운 서약은 두 부분으로 나뉜다. 1부는 '우리가 사랑하는 주님을 위하여'라는 제목으로 10개 항목의 신앙고백을 담아내고 있으며, 2부는 '우리가 섬기는 세상을 위하여'라는 제목으로 6개 항목의 행동 요청을 제시한다. 특히 케이프타운 서약은 I-7-A항에서, 총체적인 선교가 무엇인지 밝히고 있다. 이는 다음과 같다: "총체적인 선교란, 복음이 예수 그리스도의 십자가와 부활을 통해 성취된 하나님의 구원의 좋은 소식이며, 그 구원은 개인과 사회와 창조세계를 위한 것이라는 성경적 진리를 분별하고 선포하고 살아내는 것이다."[55] 여기서 중요한 점은 개인과 사회와 창조세계 모두가 죄로 인해 깨어지고 고통당하고 있으며, 동시에 하나님의 구속적 사랑과 선교에 포함된다는 사실이다. 따라서 개인과 교회 공동체는 이 셋이 모두 하나님 백성의 포괄적인 선교의 대상이 되어야 한다는 사실을[56] 인식해야 한다. 여기서부터 변혁이 시작될 수 있기 때문이다.

이러한 변혁은 단순히 인식에서 멈추지 않고, 복음이 낳는 변화를 사랑하고 순종하는 데까지 나아간다. 케이프타운 서약 I-8-D항은 이것을 구체

54) Ibid., 16-17.

55) Ibid., 44-45.

56) Ibid., 45.

적으로 서술한다. "복음은 세상에서 역사하는, 삶의 변화시키는 하나님의 능력이다. '이 복음은 모든 믿는 자에게 구원을 주시는 하나님의 능력이 되기' 때문이다. 그리고 그 구원하는 믿음은 반드시 순종의 형태로 나타난다. 그리스도인의 순종은 '사랑으로써 역사하는 믿음이기 때문이다'"[57] 필자는 이 부분이 변혁의 관점에서 케이프타운 서약을 보는 데 있어 가장 핵심적인 강조점이라고 주장한다.

케이프타운 서약 I-2-A항은 '모든 경쟁하는 것들 위에 계신 하나님을 사랑한다'고 고백하면서, '맘몬, 탐욕, 권력, 성공, 이 세상의 지배적인 정치, 경제 이데올로기 등을 받아들인 우리를 회개하고 하나님 한 분만 순종하며 사랑하고 예배하는 자리로 돌아가라는 예언자들의 예수님의 부르심에 귀를 기울이는 것'이 변혁의 시작이라고 단언한다. 그리고 "사랑의 하나님은 하나님을 거부하거나 왜곡하는 세상 가운데 계시면서, 우리에게 담대하고 겸손하게 하나님을 증거하고, 그리스도의 복음의 진리를 부드럽고도 확고하게 변호하며, 죄를 깨닫게 하고 진리를 확신케 하는 성령의 사역을 기도하며 신뢰하기를 요청하신다."[58]

그리고 케이프타운 서약 I-10-B항은 하나님이 선교의 모든 차원을 총체적이고 역동적으로 실천하도록 그분의 교회를 부르셨다는 것과 우리가 이에 응답하여 헌신해야 함을 나타낸다. 이는 크게 두 가지 면으로 강조하고 있다.

1. 하나님은 우리에게 하나님의 계시의 진리와 예수 그리스도를 통한 하나님

57) Ibid., 53.

58) Ibid., 25-27.

의 구원하시는 은혜의 복음을 모든 나라들에 전하고, 모든 사람을 회개, 믿음, 세례(침례)를 받고 주님의 제자로도 부르도록 명령하셨다.

2. 하나님은 우리에게 가난한 자들을 긍휼의 마음으로 돌봄으로써 그분 자신의 성품을 드러내고, 정의와 평화를 위해 분투하고 하나님의 창조세계를 돌봄으로써 하나님 나라의 가치와 능력을 드러내라고 명령하신다.[59]

그리고 이어지는 II부에서 케이프타운 서약은 우리가 섬기는 세상을 위하여 구체적인 변혁의 실천행동을 6가지 주제 영역에서 다루고 있다. 이는 그리스도께 속한 전 세계 교회가 직면하고 있는 도전과 미래를 향한 우리의 우선순위를 분별하는 준거가 된다.[60] 첫째, 다원주의적이며 세계화된 세상 속에서 그리스도의 진리를 살아내고 선포하는 변혁적 삶을 살아가는 그리스도인이 되어야 함을 강조한다. 특히 일터에서, 세계화된 다양한 미디어들, 선교에서의 예술, 최첨단의 새로운 정보통신 기술들을 다룸에 있어서, 그리고 공적 영역에서 진리를 분별하고 살아내야 한다.[61]

둘째, 분열되고 깨어진 세상 속에서 그리스도의 평화를 이루는 것이 변혁적 삶이다. 하나님과의 화해, 이웃과의 화해, 특히 다양한 부류의 연약한 이들과의 평화를 이루고, 고통받는 창조세계와의 화해를 이루고 평화를 완성해 가는 상생의 사역을 이루는 것이 변혁의 삶이라고 할 수 있다.[62]

셋째, 타종교인들 속에서 그리스도의 사랑을 실천하는 것이 변혁적 삶이다. 케이프타운 서약은 네 이웃을 사랑하라는 계명에 타종교인들이 포함

59) Ibid., 60-63.

60) Ibid., 67.

61) Ibid., 68-77.

62) Ibid., 78-90.

되어야 한다고 말한다. 그것은 복음 전도를 통해 좋은 소식을 나누되 윤리적이고 선의와 환대를 보여주는 방향으로 복음을 전하는 것이다. 뿐만 아니라, 그리스도의 사랑은 복음을 위해 고난당하고 죽음까지도 감수하게 한다. 그러한 몸으로 나타낸 사랑을 통해 어떤 문화적, 종교적 상황에서든지 복음을 매력하게 만들 수 있다. 또한 그리스도의 사랑은 흩어져 있는 사람들을 향해서도 나아가게 하고, 모든 사람의 종교적 자유를 위해서 헌신하게 하는 것이다.[63)]

넷째, 세계복음화를 위한 그리스도의 뜻을 분별하는 것도 변혁의 삶이다. 마닐라 선언에서 언급되었던 미전도종족이나 미접촉종족을 포함해 아직까지 복음을 듣지 못했거나 복음을 한번도 전하려고 하지 못한 지역이나 종족이 있음을 회개하고, 그들에게로 가서 그들의 언어와 문화로 복음을 전하며, 성육신적 사랑과 희생적 봉사의 삶으로써 복음을 나타내고 전함으로 그들이 하나님의 은혜를 체험하도록 해야 한다. 이를 위해 다양한 구술적 의사소통 방식을 사용할 수 있다. 또한 그리스도 중심의 지도자들을 많이 세워서 도시를 위해서, 어린이들을 위해 헌신하고 기도에 새로이 헌신하는 것이 구체적인 변혁의 모습이다.[64)]

다섯째, 그리스도의 교회가 겸손과 정직과 단순성을 회복하는 것도 변혁적 삶이다. 하나님의 백성이 주님의 길을 따라 걷든지, 아니면 다른 신들의 길을 따라 걸을 수 있음을 인정하고 그리스도를 따르는 길을 걷는 것이 제자의 길임을 말한다. 문란한 성적인 삶을 거부하고, 권력의 우상, 성공의

63) Ibid., 91-100.

64) Ibid., 101-111.

65) Ibid., 112-120.

우상, 탐욕의 우상을 거부하고 겸손, 정직함, 검소함의 길을 걸어가는 것이 변혁적 제자의 길이다.[65]

여섯째, 선교의 하나됨을 위해 그리스도의 몸 안에서 동역하는 것은 변혁적 삶이다. 하나님과 이웃과의 화해에 근거하여 그리스도인과 교회가 하나됨을 추구하는 삶을 사는 것과 세계선교의 동반자로서 협력할 때, 십자가의 초자연적이고 대항문화적인 능력을 드러내는 삶을 살 수 있다. 그리고 신학교육 역시도 선교적 동역임을 기억해야 한다.[66]

이처럼 오늘날 로잔운동이 직면한 주요 과제는 글로벌화, 문화적 다양성의 증가, 불평등과 갈등 등이다. 로잔운동은 이러한 현대적 도전에 대응하여 복음이 단지 개인적 차원에 머물지 않고, 전 지구적 차원의 변혁과 평화를 추구하도록 하는 선교의 필요성을 강조한다. 그러므로 급진적인 순종의 제자도와 십자가 중심의 급진적인 화해가 필요하다. 이를 위해 제자를 삼고, 서로 사랑하라는 '우리가 처음 들은 소식'에 다시금 순종하고 헌신함은 결국 하나님의 선교를 이어가는 변혁의 삶이다.[67]

2) 에큐메니컬 선교운동에 나타난 변혁: 세계교회협의회 세계선교와 전도위원회 공식 선교문서를 중심으로

이제 에큐메니컬 선교에 나타난 변혁의 의미를 살펴보고자 한다. 이를 위해 먼저 변혁의 정의와 특성을 정리하고, 이어서 세계교회협의회의 세계선교와 전도위원회에서 두 차례 펴낸 선교문서인 "선교와 전도: 에큐메니컬

66) Ibid., 121-128.

67) Ibid., 129-131.

적 확언"과 "함께 생명을 향하여: 변화하는 세계지형 속에서 선교와 전도"를 중심으로 고찰한다.

(1) 변혁의 정의와 특성

변혁 개념을 현대신학적 또는 현대선교신학적 관점에서 정의하고 설명하는 일은 쉽지 않다. 그럼에도 불구하고, 현대선교신학적 관점에서 변혁을 설명하고자 하는 시도들은 꾸준히 있어왔다. 앞서 살펴본 로잔 선교운동 관점에서의 변혁의 의미를 고찰하는 일도 그러하며, 이번에 다룰 에큐메니컬 선교운동 관점에서의 변혁 역시 그러하다. 루터교 세계연맹(Lutheran World Federation)에서 발간한 『상황 속에서의 디아코니아: 변혁, 화해, 임파워먼트- 디아코니아의 이해와 실천에 대한 LWF의 공헌』(Diakonia in Context: Transformation, Reconciliation, Empowerment- An LWF Contribution to the Understanding and Practice of Diakonia) (2009)은 변혁을 "모든 열망, 이데올로기, 구조 및 가치를 지닌 삶을 총체적으로 재배치하는 지속적인 과정"[68]이라고 정의한다. 또한 보타(Nico A. Botha)도 변혁을 "삶을 비인간화하고 모욕하는 것을 거부하며, 모든 사람의 생명과 재능의 신성함을 지지하고, 사회의 정의와 평화를 증진함으로써 모두를 위한 정의와 평화의 추구를 통해 인간의 존엄성이 더 존중받는 새로운 상황에 도달하고자 하는 지속적인 목표 달성 과정"이라고 주장한다.[69] 우리는 변혁되어야 하고, 화해를 이루어야 하며, 능력

---

68) Kjell Nordstokke (ed.), *Diakonia in Context: Transformation, Reconciliation, Empowerment- An LWF Contribution to the Understanding and Practice of Diakonia* (Geneva: Lutheran World Federation, 2009), 43-44.

69) Kenneth R. Ross, Jooseop Keum, Kyriaki Avtzi and Roderick R. Hewitt 편/한국 에큐메니컬학회 역, 『에큐메니컬 선교학: 변화하는 지형과 새로운 선교 개념』 (서울: 대한기독교서회, 2018), 429-430.

을 부여받아야 한다. 변혁은 분명히 하나의 과정이지만, 동시에 더 많은 사람을 위한 정의와 평화나 [illegible] 새로운 질서에 도달하려는 확실한 목표의 달성을 기대한다. 따라서 변혁은 사회적 변화, 진보 또는 발전과 관련이 있다.

베반스는 제자도에 있어서도 변혁이 필요하다고 주장한다. 그는 제자도의 변혁을 "개인적인 거룩함과 주님과의 인격적인 관계의 변혁만 아니라 교회공동체가 포용적인 공동체가 되고 세상에 치유와 화해를 가져오기 위해 존재하는 것"이라고 말한다.[70] 그는 변혁을 하나님이 시도하는 끊임없는 창조의 갱신을 깨닫게 하는 과정으로 보며,[71] 우주가 진화하는 것처럼 제자도도 변혁하고, 하나님의 선교 공동체로서 교회가 변혁적 제자들의 공동체로 함께 생명을 향하여 가는 여정에 부르심을 받았다고 주장한다.[72] 이것은 하나님의 은혜의 선물이다. 그리고 그 선물에 대해 찬양과 봉사를 해야 할 의무가 있다.

변혁은 사도 바울이 성도들에게 말한 "이 세대를 본받지 말고 오직 마음을 새롭게 함으로 변화를 받아 하나님의 선하시고 기뻐하시고 온전하신 뜻이 무엇인지 분별하도록 하라"(롬 12:2)는 권고를 봉사와 연결한다. 이런 점에서 변혁은 체제의 순응을 거부하고, 하나님의 모든 창조물과의 관계에서 하나님의 뜻을 경험하는 대안적 방법을 나타내는 것이다.[73]

그래서 변혁적 제자도를 주제로 다루었던 2018년 WCC의 아루샤 세계선교와 전도대회에서는 '아루샤 선언: 변혁적 제자도로의 부르심'이라는 선언

70) Stephen Bevans, "Transforming Discipleship: Missiological Reflections," *International Review of Mission* 105 (2016), 78.

71) Ross, Keum, Avtzi and Hewitt 편/한국에큐메니컬학회 역, 『에큐메니컬 선교학』, 430.

72) Bevans, "Transforming Discipleship," 82.

73) Ross, Keum, Avtzi and Hewitt 편/한국에큐메니컬학회 역, 『에큐메니컬 선교학』, 430.

문을 발표하였는데, 이에 따르면, 제자들이 은사를 받고 하나님과 적극적인 협력자가 되는 부르심을 받은 이유는 바로 세상을 변혁시키기 위해서였다.[74] 다시 말하면, 제자들이 은사를 받고 하나님의 동역자가 되는 부르심을 받은 이유는 교회가 하나님의 선교 공동체이자 변혁적 제자 공동체로서 함께 생명를 향해 가는 여정에 있기 때문이고, 포용적인 공동체가 되어 세상을 치유와 화해, 희망을 가져오기 때문이다.

따라서 필자는 변혁을, 제자로 부르심을 받은 개인과 교회 공동체가 변화하고 세상을 변혁시키기 위해서 하나님의 협력자가 되어, 우리 삶과 교회, 세상에서 끊임없이 변화를 추구하되, 하나님과 인간, 그리고 창조 세계에 속한 모든 피조물과의 관계에서 하나님의 섭리를 경험하는 방향으로 대안적 방법을 추구하고, 생명살림의 희망을 창조하는 방향으로 나아가는 것이라고 주장한다.[75]

그렇다면 보쉬가 그의 책『변화하고 있는 선교』에서 사용한 '변화하는'(transforming)이라는 용어를 왜 더 이상 책 안에서 설명하지 않았을까? 데이빗 보쉬를 잘 알고 있던 프리토리아 대학의 교수 피엣 메이링(Piet Meiring)과 남아프리카대학교의 한 교수에 따르면, 보쉬가 어떤 적절한 형식으로 '변혁'을 이해하는 작업이 필요하다고 여기지 않았다는데 동의한다. 이는 보쉬가 설명했던 새롭게 출현하는 에큐메니컬 패러다임의 13개 요소들에 대한 작업이 깊게 이루어졌기 때문이라고 볼 수 있다. 물론 보쉬가 선교에 대해 은유적 이해를 한 것은 매우 변혁적이었다. "선교는 무엇이다"(mission is)라기

74) Risto Jukko and Jooseop Keum (eds.), *Moving in the Spirit: Report of the WCC Conference on World Mission and Evangelism* (Geneva: WCC Publications, 2019), 2.

75) 홍승만, "변혁적 제자도에 대한 선교신학적 연구," 26.

76) Ross, Keum, Avtzi and Hewitt 편/한국에큐메니컬학회 역,『에큐메니컬 선교학』, 430.

보다 "로서의 선교"(mission as)라는 표현을 사용하며 선교를 일관되게 묘사하고 분석했다. 이러한 접근은 분석적이고 빈틈없는 정의로부터 더 협력적 선교 이해로 가는 주요한 변혁을 보여주었다.76)

한스 큉(Hans küng)은 1986년 보쉬와 많은 토론을 나누었고, 공식 모임 때마다 기독교 역사의 6개 시대, 즉 여러 세기를 통해 교회 안에 작용했던 6개의 주요 패러다임에 대해 자주 언급했다. 자연과학자 토마스 쿤(Thomas kuhn)이 제안한 패러다임 전환 이론을 바탕으로, 큉은 초기 기독교부터 현대에 이르기까지 20세기 동안 교회에서 일어난 변혁의 방식을 설명했다. 놀랍게도 보쉬도 『변화하고 있는 선교』에서도 쿤의 주장을 그대로 인용했다.77) 보쉬는 기독교 선교가 세상을 변혁하는 데 고유한 방식으로 도움을 주었다고 기록했다. 동일한 과정에서 교회의 선교는 자신이 파송된 세상에 의해 심오하게 영향을 받고 변혁되었다. 그의 저서 여러 곳에서 기독교 선교의 상호 변혁 과정을 설명하고 있으며, 에든버러 세계선교사대회(1910) 이후 에큐메니컬 모임에서 이루어진 토론들이나 그 모임들에서 발표한 성명들과 결정들을 살펴보면 이것이 자세하게 드러난다.78) 핵심은 선교란 '양방향에서의 변혁 과정'이라는 점이다. 보쉬를 연구한 티나 아호넨(Thina Ahonen)은, 보쉬가 "기독교인들은 세상에 변화를 가져다주었다"는 확고한 믿음을 가지고 있었다고 말한다.

> 보쉬는 주장한다. "세상의 왕국들이 마침내 하나님의 왕국 안에서 완성되기 전에는 악, 불의, 증오, 소외, 편견과 두려움이 결코 지구상에서 사라지지 않을

77) David J. Bosch, *Transforming Mission: Paradigm Shifts in Theology of Mission* (Maryknoll, NY: Orbis Books, 2003), 181-89.

78) Ibid., 301-303, 338-339, 369-374, 376-378.

것을 우리는 알고 있다. 그러나 우리가 이 가혹한 현실이 우리의 노력을 마비시키고 방해하도록 허용하는 순간, 우리는 더 이상 주님의 기도를 드릴 수 없게 된다. '아버지의 나라가 오게 하시며, 아버지의 뜻이 하늘에서와 같이 땅에서도 이루어지게 하소서.' 이 기도를 드리는 것은 기독교인들이 이 세상을 변화시킬 수 있고… 완전의 미리 맛봄을 즐거워하는 사람들의 공동체는 세상을 변혁시키는 하나님의 선교에 참여해야 한다."[79] (필자 강조)

그래서 아호넨은 보쉬의 긴 인용문을 가져와 분석하면서, 보쉬가 '기독교 공동체가 세상을 변혁하기 위해 하나님의 선교에 참여해야 한다'는 확실한 이해를 가지고 있었다고 주장한다.[80]

(2) CWME 선교문서에 나타난 변혁의 의미

이제 세계교회협의회(WCC)의 세계선교와 전도위원회(CWME)에서 두 차례 펴낸 선교문서인 "선교와 전도: 에큐메니컬적 확언" (Mission and Evangelism: An Ecumenical Affirmation, 이하 EA)과 "함께 생명을 향하여: 변화하는 세계 지형 속에서 선교와 전도" (Together Towards Life: Mission and Evangelism in Changing Landscapes, 이하 TTL)를 중심으로 변혁의 의미를 생각해보고자 한다. WCC의 많은 문서들이 있음에도 불구하고, 1982년 EA 문서와 2013년 TTL 문서를 중점적으로 다루려고 하는 이유는 무엇인가? 첫째, 이 두 문서

79) David J. Bosch, "The Kingdom of God and the Kingdom of this world," *Journal of Theology for Southern Africa* 29(1979), 3-13.

80) Tina Ahonen, *Transformation through Compassionate Mission: David J. Bosch's Theology of Contextualization* (Helsingki: Luther-Agricola-Soiety, 2003), 114-115; Ross, Keum, Avtzi and Hewitt 편/한국에큐메니컬학회 역, 『에큐메니컬 선교학』, 436-437.

는 WCC 중앙위원회의 승인을 받고 세계선교와 전도 위원회가 발표한 공식적인 선교문서이기 때문이다. 둘째, 이 두 문서는 그 시대의 교회의 선교의 지형과 선교신학 개념들을 잘 담고 있으며, 변화하고 있는 세계 지형에 대응하며 새로운 선교 이해를 정립하고 미래의 세계선교에 방향을 잘 제시하고 있는 문서이기 때문이다. 그리고 셋째, 공교롭게도 이 두 문서는 30년 간격으로 발표된 것으로, WCC의 선교신학을 이끌어온 문서이고 또한 앞으로의 WCC의 선교신학을 이끌어갈 문서이기 때문이다.

그렇다면 1982년 EA 문서의 특징과 내용을 통해서 변혁의 의미를 살펴보고자 한다. 이 문서는 복음주의 선교운동에서 1974년에 발표한 로잔언약과 로마가톨릭교회에서 1975년에 발표한 『현대의 복음선교』(Evangelii Nuntiandi) 등에 나타난 선교신학적 논쟁에 응답한 에큐메니컬 선교운동 문서라는 의미를 가진다. 또한 이 문서는 1975년 나이로비에서 열린 WCC 총회가 제시한 선교와 전도에 관한 논쟁을 계속 연구한 결과를 담고 있다.[81] 이 선교문서는 에큐메니컬과 복음주의 간의 양극화된 선교 이해에 가교를 놓기 위해 더욱 통전적인 선교이해를 마련하여 내놓은 문서이다.[82]

그러면 1982년 EA 문서가 가지는 중요성은 무엇인가? 첫째, 이 문서는 선교에 관한 통전적이고 포괄적인 접근을 시도하는 선교문서로서, 기독교 선교의 신뢰성을 담보하는 이중적 기준을 명확히 제시하였다. 이 성명에는 예수 그리스도와 약속된 하나님 나라를 분명하게 증거해야 한다는 소명이 잘 드러나고 있다. 동시에 사회·경제적인 구조의 불평등과 모순 때문에 착취와 배척을 당하는 사람들과 연대하며 살아야 한다는 요구도 강조되고 있

81) WCC/김동선 역, 『통전적 선교를 위한 신학과 실천』(서울: 대한기독교서회, 2007), 26.

82) 김영동, "'WCC 선교와 전도에 대한 새로운 확언'에 대한 비평적 고찰," 「장신논단」 45(2013), 45.

다.[83] "연대 없는 전도는 없다. 이 땅의 가난한 자들에 대한 하나님의 약속인 하나님 나라에 대한 지혜를 선포하지 않는 기독교 연대 또한 성립하지 않는다. 그러므로 교회는 신뢰와 관련된 이중의 검증을 통과해야 할 것이다. 즉 세상의 가난한 이들에게 정의로운 하나님 나라에 대한 약속을 제시하지 않는 선포는 복음을 값싸게 만드는 일이다. 그러나 하나님 나라에 대한 약속을 강조하지 않으면서 정의를 향한 투쟁에 참여하는 것 역시 기독교 정의 이해의 겉모습에 불과한 것이다."[84]

둘째, EA 문서는 기독론을 중심으로 한 삼위일체의 기초 위에 작성되었고, 선교를 교회의 활동으로 이해하며, 공동체로서의 교회가 세상에서 감당해야 할 하나님 선교의 기능도 강조하였다. 사회참여가 교회의 선교에 있어 한 부분이 되어야 함을 언급하면서도, 지역 교회를 세우는 사역이 기독교 선교의 중요한 전략임을 강조한다.[85] 이런 점에서, 이 문서는 교회가 본질적인 기준으로 고려해야 할 '그리스도의 삶을 따르는 선교'(mission in Christ's way)를 구체화한다.

셋째, 이 문서의 중요성은 '선교적 제자도'(Missionary Discipleship)를 정의하였다는 것이다. 선교적 제자도는 "세상으로 보냄을 받은 제자들이 그리스도의 마음을 품고 그분의 삶을 따르는 제자도이다."[86] 따라서 필자는 오늘의 그리스도인들이 가져야 할 제자도는, 제자와 선교사로 각각 분리된 모습이 아니라 보냄 받은 곳에서 선교사의 마음으로 섬기는 제자가 되어 변혁을 이루는 것이라고 주장한다. 이러한 선교적 제자도란, 그리스도께서 보이신 종

83) WCC/김동선 역, 『통전적 선교를 위한 신학과 실천』, 27.

84) EA 34항. Ibid., 27, 56.

85) EA 25항. Ibid., 28.

86) EA 28항. Ibid., 51.

의 모습과 자기 비움의 삶을 따르는 것을 의미한다.

이 EA 문서는 머리말, 선교로 부르심, 선교의 증거로의 부름, 에큐메니컬적 확신, 미래를 바라보며, 별첨이라는 큰 주제로 47개 항목과 별첨 11개 항목으로 구성되어 있다. 먼저 머리말에서 EA는 새 하늘과 새 땅에 대한 성경의 약속과 오늘 우리가 처한 현실의 간격을 여과 없이 드러낸다. 그리고 그로 인한 인간의 죄악, 즉 하나님과 이웃과 자연으로부터 인간을 소외시키는 죄를 지적한다. 이와 함께 교회의 복음 전도 소명은 예수 그리스도 안에서 회개하고 죄 용서를 받으며, 하나님과 이웃들과 새로운 관계를 시작하기 위해 세상으로 부름받았음을 주장한다. 예수 이야기를 한 번도 들어볼 기회를 갖지 못한 사람들의 수가 증가하고, 예수를 모르는 이들이 가난 속에서 살아가며, 정의, 자유, 해방을 위한 노력이 결실을 맺지 못하고 있다. 또한 부요함 대신 변두리로 내몰린 이들이 잘못된 위안을 얻으며, 물질적 풍요 속에서 상대적 안전함을 느끼는 외에 생의 의미를 찾지 못하고 있다. 한편, 명목상 그리스도인들이 늘어가는 교회의 모습, 전쟁과 자원낭비, 군비경쟁이 심화되는 세상에서 예수 그리스도와 하나님 나라의 복음을 전하며 변혁하는 것이 긴박한 요구임을 상기시키는 것이다.[87)]

첫 번째 주제인 '선교로 부르심'에서, EA문서는 "예수 그리스도는 공생애의 삶을 통해 보여 준 정의와 사죄의 능력을 통해 자신이 하나님 사랑의 완전한 계시임을 드러냈다"고 말한다. 따라서 "오늘날의 교회는 예수의 자유와 똑같은 자유를 가지고 변화하는 상황과 환경에 응답하면서 예수의 방법대로 선교하도록 부름받았다"고 강조한다. 교회는 성부 하나님으로부터 흘러넘치는 사랑에 참여하도록 세상에 파송되었으며, 삶의 모든 영역을 통한 이 같은 사랑의 선교를 실천해야 한다(마 22:37). 이로써 교회는 예수 그리스도 안에서 하나님 나라가 온전히 실현되었음을 증거하기에 온 힘을 기울이는 공동체가 되어야 함을 언급한다.[88]

두 번째 주제인 '선포와 증거로의 부름'에서 EA 문서는 세상에서 교회에 주어진 소명의 핵심을 다음과 같이 강조한다. "이 세상에서 교회에 주어진 소명의 핵심은 바로 십자가에 못박혔으나 부활한 예수 그리스도로부터 시작된 하나님 나라에 대한 선포이다. 성만찬, 예배, 감사, 중보기도의 내적인 모습을 통하여, 선교와 전도에 대한 계획을 통해서, 가난한 사람들과 연대하는 생활양식을 통하여, 심지어 인간을 억압하는 세상의 힘과 직면하며 자신을 지켜 나가는 과정을 통하여 교회는 복음전파의 소명을 힘을 다해 수행하는 것이다."[89]

세 번째 주제인 '에큐메니컬적 확신'은 EA 문서의 가장 핵심적인 부분으로, 다시 7개의 소제목 하에서 내용을 다루고 있다. 이것은 개인의 회심과 변혁을 일으키는 복음의 능력, 하나님의 선교에 참여하는 교회와 교회 일치 노력, 그리스도의 삶을 따르는 제자도 선교, 가난한 자들과 연대함으로 전해지는 복음, 여섯 대륙 선교, 그리고 타종교인들과의 대화 속에서 이루어지는 증언에 이르기까지 변혁의 주제가 점점 확대되고 있음을 알 수 있다.

첫째, "회심의 부름은 회개와 복종으로의 부름이며, 민족과 집단, 그리고 가족에게 전해져야 한다. 전쟁에서 평화로, 불의에서 정의로, 인종차별에서 연대로, 미움에서 사랑으로 전환되는 변화가 필요하다고 외치는 선포는 예수 그리스도와 더불어 하나님의 나라를 이루어가는 증거이다."[90]

---

87) Ibid., 30-31.

88) EA 5항. Ibid., 34-35.

89) EA 6항. Ibid., 36-37.

90) EA 12항. Ibid., 42-43.

둘째, 복음은 신음하고 진통하는 모든 피조물이 하나님의 양자로 구원을 얻도록 선포되어야 한다. 만물을 변화시키는 성삼위일체 하나님의 능력은 모든 민족의 모든 영역의 삶에 미친다. 복음의 증언은 경제, 정치, 사회제도를 비롯한 세상의 구조에 대해서도 언급한다. 교회는 권력자들 앞에서 가난한 사람들과 압제당하는 사람들의 대변자라는 초대 교부들의 교훈을 다시 배우고 우리 시대에 맞는 적절한 방법으로 '어떻게 백성들을 위해 왕에게 말할지'를 배워야 한다. 왜냐하면 그리스도는 세상을 생명의 하나님에게로 인도하기 위해 보냄받았기 때문이다."[91]

셋째, 예수 그리스도 안에서 화해의 복음을 세상에 선포하면서 교회는 일치로 부름받는다. 하지만 교회는 세상의 도전과 위협에 단지 공동의 입장을 방어하기 위해서 가끔 하나가 되곤 한다. 그러나 공동의 증언은 그리스도와 함께 하는 하나님 선교 안에서 자연스럽게 일치의 결과를 가져와야 한다.92) 사실 기독교 선교의 핵심은 사람이 사는 모든 곳에 지역교회를 심고 확장하는 일이다. 실제로 오랜 기간 동안 계속된 제자들의 충실한 증언에 힘입어, 이제 교회는 세상 모든 나라에 자리 잡았다. 모든 곳에 교회를 세우는 것은 복음전파를 위해 필수적인 것이다. 교회의 선교적 소명을 이루기 위한 생명력 넘치는 기구는 바로 지역교회이다. 곧 지역교회가 변혁의 중요한 동역자가 되는 것이다.[93]

넷째, 그리스도의 삶을 따르는 선교는 인간의 소망과 고통을 공유하고, 모든 인간을 위해 십자가 위에서 자신의 생명을 내어주시면서 사람들 가운

91) EA 15항. Ibid., 45.

92) EA 23항. Ibid., 49.

93) EA 25항. Ibid., 49-50.

데서 겸손한 종의 모습으로 사셨던 그리스도처럼 제자로서 따르는 것이다. 십자군 정신이 아닌 십자가 정신으로 예수 그리스도를 따르는 것이 전도와 선교의 바른 태도이며, 제자로서의 소명을 새롭게 하는 것이다.[94)]

다섯째, 가난한 자들에게 전해진 기쁜 소식은 가난한 이들과 연대하는 것과 이들에게 전도, 곧 하나님 나라에 대한 지혜를 나누는 것이 필수적이다.[95)]

여섯째, 여섯 대륙 안에서 그리고 여섯 대륙을 향한 선교는 모든 지역교회가 다른 지역에서 예수 그리스도의 교회가 수행하는 선교에 참여함으로써 교회의 보편성을 자각하는 것에서 출발해야 한다. 각각의 그리스도인과 지역교회는 세계교회의 틀 안에서 먼저 지역선교를 책임지도록 도전을 받아야 한다. 지역교회에 주어진 선교에 신실하게 응답하는 과정에서 교회는 경계를 넘어 예수 그리스도의 복음을 함께 나누고, 예수의 이름으로 봉사할 수 있는 소명과 은혜를 받은 사람들을 항상 필요로 하게 될 것이다.[96)]

일곱째, 다른 종교를 가진 사람들 사이에서의 증언은 그리스도인들이 예수 그리스도를 통해 하나님의 구원의 메시지를 모든 사람들에게 전해야 할 빚진 사람들임을 깨닫는 것에서 시작해야 한다. 그리스도인들은 다른 종교적 확신과 이데올로기적 신념을 따라 사는 이웃과 함께 살아가면서 그들에게 복음을 전한다. 하지만 그리스도인들은 다른 종교의 사람들을 만나면서 매우 잘못된 방법을 사용했고, 다른 종교를 부정적으로 판단해왔다. 따라서 우리 그리스도인들은 겸손과 회개, 그리고 기쁜 마음으로 우리의 이웃

94) EA 28항. Ibid., 51-52.

95) EA 34항. Ibid., 54-58.

96) EA 37, 39항, 별첨 9항. Ibid., 59-61.

에게 복음을 전하는 방법을 배워야 한다. 그러므로 그리스도인은 이웃과 더불어 살아가면서 자유와 평화, 상호 존중의 공동체를 만들기 위해 주어진 모든 기회를 적극적으로 활용해야 한다. 또한 다른 종교와 이데올로기를 가진 사람들과 더불어 살아갈 때 특별한 사명을 가지게 된다. 왜냐하면 복음 전파는 일방적인 과정일 수 없으며, 상호 대화의 과정을 필요로 하기 때문이다. 대화를 통해 그리스도인은 이웃이 무엇을 믿고 있는지 깊이 인식하게 되고, 개방과 신뢰의 성령 안에서 진정한 복음의 내용을 가지고 모든 사람을 자신에게로 부르는 그리스도가 맡긴 사명을 감당할 수 있다.[97]

네 번째 주제인 '미래를 바라보며'에서 EA 문서는 그리스도인과 교회가 세상에서 하나님의 선교 사역을 계속할 수 있기 위해, 모든 상황에서 예수 그리스도 안에 계시된 하나님의 사랑의 의미를 나타내고, 하나님과 대면하며 공경하는 기도를 통해 신앙을 지속하고, 성령의 역사를 통하여 그리스도와 연합해야 한다고 말한다.[98]

이제 2013년 WCC 부산총회 때 발표된 "함께 생명을 향하여: 변화하는 세계 지형 속에서 선교와 전도"를 통해 변혁의 의미를 살펴보고자 한다. 2013년 WCC 부산총회에서 발표된 TTL 선교문서는 1982년 "선교와 전도: 에큐메니컬 확언" 문서가 발표된 지 30년 만에 발표된 선교문서이다. 이 TTL 문서는 변화하는 세계 지형 속에서 선교와 전도를 이해하고 실천하기 위해 비전과 개념과 방향을 모색하고자 작성되었다. 즉, 지난 30년 동안의 급격한 변화 가운데 이루어진 선교 지형의 변화에 대응하여 미래의 세계선교에 방향을 제시하는 문서가 발표된 것이다.[99]

97) EA 44, 45항. Ibid., 64.

98) EA 46, 47항. Ibid., 65-66.

그러면 WCC는 왜 EA 문서에 이은 새로운 선교문서를 준비하게 되었을까? 먼저 1982년 EA문서가 발표된 후 30여 년이 지나는 동안 세계선교 상황이 급변하였기 때문이다. 예를 들면, 1989년 베를린 장벽의 붕괴와 동독과 서독의 통일, 공산주의 몰락으로 인한 냉전의 붕괴, 소비에트 연방의 해체와 동유럽의 민주화, 중동 지역 질서의 대격변, 신자유주의 경제질서로 대표되는 세계화, 전쟁과 재난, 기후 위기로 인한 대규모 이주/이민, 난민의 발생 등 과거의 선교 개념으로 다룰 수 없는 많은 변화가 일어났다.[100)]

둘째, 지난 30여 년간 교회의 지형 변화도 급속하게 이루어졌기 때문이다. 예를 들어 1982년 EA 문서가 발표되어 영향력을 미칠 때만 해도 기독교 선교는 지리적 개념을 가지고 있어서 중심지로부터 주변부로, 복음화된 지역에서 '미전도지역/종족' 혹은 땅 끝에 이르는 지리적 개념을 가지고 진행되었다. 그러나 오늘의 선교는 기독교인 다수가 지구의 남반구와 아시아를 비롯한 비서구지역에서 태어나거나 살고 있기에 '세계 기독교'(World Christianity) 라고 표현되는 급속한 교회의 지형 변화에 직면해 있다.[101)]

셋째, 지난 30여 년 동안 다양하고 중요한 선교 신학적 발전과 변화가 있었기 때문이다. 예를 들어 기독론과 하나님 나라 개념, 해방신학의 영향, 6대륙 선교 같은 개념들이 1982년 문서에서 자주 사용되었으나, 오늘에 와서는 이러한 개념들이 더는 언급되지 않고, 선교적 교회론, 공공신학 혹은 공공선교학, 주변부 선교, 세계 기독교, 다문화 이주민 선교(사), 변혁적 제자

---

99) Jooseop Keum (eds.)/정병준 역, 『함께 생명을 향하여: 변화하는 세계 지형 속에서 선교와 전도- 실천 지침서』 (서울: 대한기독교서회, 2016), 13; 김영동, 'WCC 선교와 전도에 대한 새로운 확언'에 대한 비평적 고찰," 43.

100) 금주섭, "'다함께 생명을 향하여'-WCC 선교 성명에 대한 개론," 대한예수교장로회 총회 세계선교부 편, 『PCK 해외 선교 저널』 제1집 (서울: 대한예수교장로회 총회, 2014), 114.

101) TTL 5항. Jooseop Keum (eds.)/정병준 역, 『함께 생명을 향하여』, 16.

도 등의 개념들이 언급되고 있다.[102]

TTL 문서는 서론에서 10가지 선교 신학적 질문을 제시하고, 본문에서 그에 대한 선교적 응답을 제시하고 있다. 이는 CWME가 오늘날 가장 시급하고 중요하게 여기는 열 가지 선교학적 질문을 명확히 제시하기 위함이다.[103] 이에 필자는 TTL 선교문서의 핵심 주제, 선교 신학적 질문과 이에 대한 선교적 응답의 내용을 표로 정리했다. 이는 TTL 문서와 김영동의 글을 참고하였고,[104] 핵심 주제, 10가지 선교 신학적 질문, 응답 순으로 배열하여 정리하였다.

<표 II-1> WCC TTL 문서의 핵심 주제, 질문과 선교적 응답

핵심 주제	질문	선교적 응답
(1) 하나님의 선교	오늘날 하나님 선교에 참여할 수 있도록 능력을 주시는 하나님의 생명 살리기 사역을 우리는 어떻게 그리고 어디에서 분별할 수 있을까?	우리는 하나님 선교의 목적이 생명의 충만함(요 10:10)이며 그것이 선교를 분별하는 기준임을 확언한다.
(2) 성령 선교의 방향	성령의 선교를 새롭게 인식함을 통해 우리는 오늘날 변화하는 다양한 세계 안에서 하나님 선교를 어떻게 다시 구상해볼 수 있을까?	우리는 선교가 하나님의 창조 행위로부터 시작되고 생명을 살리는 성령의 능력에 의해 재창조 가운데 지속되고 있음을 확언한다.
(3) 선교활동의 힘인 변혁적 영성	어떻게 우리는 생명을 긍정하는 변혁적 영성으로서 선교를 회복할 수 있을까?	우리는 영성이 선교적 활동력의 근원이며 성령 안에서 선교는 변혁적임을 확언한다.
(4) 지구 미래와 피조물 갱신	지구의 미래에 대한 위협들이 명백한 가운데, 우리가 하나님 선교에 참여하는 것과 창조 세계는 무슨 연관성이 있는가?	우리는 하나님의 영의 선교가 온 창조 세계를 새롭게 하는 것임을 확언한다.

(5) 남반구 선교 운동 출현	"기독교 무게중심의 변화"가 선교와 전도의 신학과 의제와 실천에 어떤 통찰을 주고 있는가?	우리는 오늘날 다방향적이고 많은 양상을 지닌 선교 운동들이 지구 남반구와 동쪽으로부터 출현하고 있음을 확언한다.
(6) "주변부로부터의 선교"와 생명의 충만함 선교	오늘날의 선교와 전도를 재구상하는데 있어서 주변부 사람들의 경험과 비전이 결정적인 이유는 무엇일까?	우리는 주변화된 사람들이 선교의 대리자들이며 만유를 위한 생명의 충만함을 강조하는 예언자적 역할을 수행한다고 확언한다.
(7) 신자유주의 시장경제와 생태 기에서 사랑과 정의선교	세계적인 차원의 경제적이고 생태적인 불의와 위기 가운데서 교회는 어떤 선교적 행동을 취할 수 있을까?	우리는 하나님의 경제는 모든 사람과 자연을 위한 사랑과 정의의 가치에 기초해 있으며, 변혁적 선교는 자유시장경제 안에 있는 우상숭배에 저항하는 것임을 확언한다.
(8) 세속주의-물질주의 세계에서 복음 선포	어떻게 우리는 개인주의적이고 세속적이고 물질적인 세상 속에서 살아가는 세대에게 하나님의 사랑과 정의를 선포할 수 있을까?	우리는 예수 그리스도의 복음은 모든 시대와 장소에서 좋은 소식이고, 사랑과 겸손의 성령 안에서 선포되어야 한다고 확언한다.
(9) 종교-문화 다원화시대의 대화와협력 선교	다양한 종교와 문화들이 공존하는 다원화된 세상 안에서 생명살리기 선교를 공동으로 증언하고 실천하는 것에 대한 에큐메니컬 확신들은 무엇인가?	우리는 생명을 위한 대화와 협력이 선교와 전도에 필수적이라고 확언한다.
(10) 교회갱신과 선교	어떻게 교회가 선교적으로 갱신되어 다 함께 풍성한 생명을 향하여 나아갈 수 있을까?	우리는 하나님께서 선교하기 위해 교회를 움직이시며 권능을 주심을 확언한다.

102) 금주섭, "'다함께 생명을 향하여'-WCC 선교 성명에 대한 개론," 114.

103) Ibid., 117-118; 김영동, "WCC 선교와 전도에 대한 새로운 확언'에 대한 비평적 고찰," 47-48.

104) Jooseop Keum (eds.)/정병준 역, 『함께 생명을 향하여』, 14-20, 72-78; 김영동, "WCC 새로운 선교문서 '함께 생명을 향하여'의 한국적 성찰," 「선교와 신학」 34(2014), 22-23.

TTL 문서의 핵심 주제, 선교적 질문과 이에 대한 응답을 정리한 위의 표는 오늘의 세계선교 지형, 교회의 지형과 선교 신학적 강조점이 변화하고 있음을 보여준다. 이러한 흐름 속에서 1982년 EA 문서 이후 진행되어 온 선교학적 논의를 요약하고 발전시키며, WCC CWME의 선교 신학적 입장을 새로운 시대에 맞게 정리하여 응답하려는 요구가 있었다.[105] 따라서 새로운 선교문서는 단순히 EA문서를 개정하거나 대체하는 것이 아니라 2013년 WCC 부산총회에 더 새로운 선교 이슈와 선교 신학적 입장을 반영하여 상정한다는 의도를 가지고 작성된 것이다.[106]

TTL 문서는 "함께 생명을 향하여," "선교의 성령," "해방의 성령," "공동체의 성령," "오순절의 성령," "생명의 잔치"라는 6가지 주제를 가지고 있으며, '주제 소개,' '생명의 숨결,' '주변으로부터 선교,' '움직이는 교회,' '모두를 위한 복음,' '결론적 확언'으로 구성되어 있다. 이러한 주제적 관점을 성찰하면서, TTL 문서는 오늘날 변화하는 세계 지형 속에서 역동성, 정의, 다양성, 변혁을 선교의 중심 개념으로 수용할 수 있도록 이끌고 있다. 이 중에서 성령 하나님과 변혁에 관한 주제에 초점을 맞춰 변혁의 의미를 설명하고자 한다. TTL 문서는 하나님의 선교 목적과 기준, 성령 선교의 방향, 선교 활동의 힘인 변혁적 영성, 지구 미래와 피조물의 갱신, 남반구 선교 운동의 출현, "주변부로부터의 선교"와 생명의 충만함을 위한 선교, 신자유주의 시장 경제와 생태 위기에서의 사랑과 정의의 선교, 세속주의-물질주의 세계에서의 복음 선포, 종교와 문화의 다원화 시대에서의 대화와 협력 선교, 그리고 교회 갱신과 선교라는 핵심 주제를 잘 설명하고 있다.

105) 김영동, 'WCC 선교와 전도에 대한 새로운 확언'에 대한 비평적 고찰," 45.

106) 금주섭, "'다함께 생명을 향하여'-WCC 선교 성명에 대한 개론," 114.

특히 TTL 문서는 하나님의 선교에 참여함에 있어서 성령의 선교를 새롭게 인식하기를 강조한다. "선교는 삼위일체 하나님의 마음에서 시작되고, 성삼위를 하나로 묶는 그 사랑은 온 인류와 창조 세계로 넘쳐흐른다. 이들을 세상에 파송하신 선교사 하나님은 하나님의 모든 백성을 부르시고(요 20:21) 희망의 공동체가 되도록 힘을 주신다. 그래서 교회는 성령의 능력 안에서 생명을 축하하고, 생명을 파괴하는 모든 세력에 대항하고 그것을 변혁시키라는 임무를 받았다."[107] 그래서 TTL 문서는 성령의 선교를 새롭게 인식함을 통해 우리는 오늘날 변화하는 다양한 세계 안에서 하나님 선교를 어떻게 다시 상상해 볼 수 있을까?라고 질문하며, 이에 대한 대답을 하고 있다. "우리는 선교가 하나님의 창조 행위로부터 시작되고 생명을 살리는 성령의 능력에 의해 재창조 가운데 지속되고 있음을 확언한다. 오순절 불의 혀 같이 부어진 성령은 우리 심령을 충만케 하고, 그리스도의 교회로 인도하시며, 자기를 비우고 십자가를 지는 삶의 길로 이끄시며, 우리가 말과 행동으로 하나님의 사랑을 증언하려고 노력할 때 하나님의 사람들과 동행하게 하신다. 진리의 성령은 우리를 모든 진리로 이끄시고 권능을 주사 사랑으로 진리를 말하게 하신다. 우리는 구속받은 공동체로서 다른 사람들과 생명수를 나누며 온 창조세계를 치유하고, 화해시키고, 갱신하기 위하여 일치의 성령을 고대한다."[108]

또한 TTL 문서는 생명을 긍정하는 변혁적 영성으로서 요구되는 선교의 모습을 강조한다. "성령 안에 있는 생명은 선교의 본질이며, 우리가 이 일을 하는 이유이자, 어떻게 우리 삶을 살아갈 것인가"하는 물음의 핵심이다. 곧

107) TTL 2항. Jooseop Keum (eds.)/정병준 역, 『함께 생명을 향하여』, 15.

108) TTL 2, 103항. Ibid., 15, 73.

'성령의 충만함을 받은 제자들이 어떻게 변혁적 삶을 살아갈 것인가'하는 질문을 던지는 것이다. 이에 대해 변혁적 영성을 주시는 성령 하나님에게 집중할 것을 권면한다. 영성은 우리 삶에 가장 깊은 의미를 제공하며, 우리 행동에 동기를 부여한다. 그것은 창조주로부터 오는 거룩한 선물이며, 생명을 긍정하고 보살피는 에너지이다. 이러한 선교 영성은 사람들의 영적 헌신을 통하여 하나님의 은혜로 세상을 바꿀 수 있는 변혁적 영성을 갖는다.[109] 그래서 TTL 문서는 선교 활동의 힘인 변혁적 영성의 근원이 성령 하나님이심을 강조하며, 이렇게 질문한다. "우리는 생명을 긍정하는 변혁적 영성으로서 선교를 어떻게 요구할 수 있을까?"[110] 이에 대해 TTL 문서는 "우리는 영성이 선교적 활동력의 근원이며 성령 안에서의 선교는 변혁적임을 확언한다."고 대답한다. 구체적으로 "예전과 예배로부터 흘러나오는 선교 영성은 우리를 서로서로 재연결하고 우리와 더 넓은 창조 세계를 재연결한다. 우리가 선교에 참여하고, 창조 세계 안에 존재하며, 성령의 삶을 사는 것은 상호 변혁적이기 때문에 함께 어우러져 있어야 한다고 이해한다. 창조와 함께 시작된 선교는 생명의 모든 차원을 하나님의 선물로서 기뻐하도록 우리를 초대한다."[111]

더불어 TTL 문서는 교회갱신과 생명의 충만함으로 나아가는 선교의 모습을 강조한다. "교회는 하나님 나라를 바라보며 세상을 변혁하라고 이 세상에 주신 하나님의 선물이다. 교회의 선교는 새 생명을 가져오는 것이고, 하나님의 사랑의 현존을 이 세상에 선포하는 것이다. 따라서 우리는 분열과 긴장을 이기고 일치를 이루어 하나님의 선교에 동참해야 한다. 그래야 세

109) TTL 3항. Ibid., 15.

110) Ibid.

111) TTL 104항. Ibid., 73-74.

상 사람들도 믿고 하나가 될 것이기 때문이다"(요 17:21). 또한 교회는 그리스도의 제자들이 모인 교제 공동체(communion)이자 포용적인 공동체로서 세상에 치유와 화해를 전하기 위해 존재한다. 그래서 TTL 문서는 이렇게 질문한다. "어떻게 하면 교회가 선교적 존재가 되기 위해 자신을 갱신하며, 생명의 충만함을 향하여 나아갈 수 있을까?"[112] 이에 대해 TTL 문서는 "우리는 하나님께서 선교하시기 위해 교회를 움직이시며 권능을 주심을 확언한다."고 대답한다. "교회는 하나님의 백성, 그리스도의 몸, 성령의 전으로서 하나님의 선교를 계속 수행할 때 역동적이고 변화가 가능하다. 이러한 사실은 세계 기독교의 다양성을 반영하는 다양한 형태의 공동 증언이 일어나게 했다. 그러므로 교회는 사도들의 선교를 지속하고, 함께 움직이며, 선교의 여정을 동행해야 한다."[113] 삼위일체 하나님께서는 하나님 나라의 비전을 확증하시는 성령을 통해 온 창조물을 생명의 잔치로 초대하신다. 이러한 초대에 응답하여 우리는 겸손하게 희망 가운데 만물을 새롭게 창조하시고 화해시키시는 하나님의 선교에 헌신하는 것이다.[114]

4. 나가는 말: 변혁의 선교신학을 향하여

선교는 항상 변화되고 변혁한다. 오늘 우리의 선교는 변혁의 선교이다. 그리고 우리 시대의 현대선교신학은 변혁의 선교신학이라고 해도 과언이 아

112) TTL 10항. Ibid., 19.

113) TTL 111항. Ibid., 78.

114) TTL 112항. Ibid.

니다. 변혁의 특징을 가지고 있는 현대선교신학은 지난 100년에 걸쳐서 발전되어온 선교의 개념들을 기반으로 하고, 그리스도인의 [illegible] 도와 사회적 책임 사이에 나타난 복음주의선교와 에큐메니컬 선교의 이분법적 도식을 극복하여 통전적/총체적 선교를 지향한다. 그리고 세계적/지역적 도전들과 오늘날 직면하는 교회와 세상의 선교적 기회에 적절한 변혁의 삼위일체 선교신학으로 재창조해 나가는 것이다.[115]

이러한 고찰을 토대로, 필자는 변혁적 제자도를 새롭게 정의하고자 한다. 변혁적 제자도란, "예수를 따르도록 부르심을 받은 개인과 교회를 신성한 성품을 닮아가도록 변혁시키고, 이러한 개인과 교회가 하나님과의 수직적 차원뿐 아니라 세상과의 수평적 차원으로 확장되며, 변혁적인 영향을 가진 제자로서 다른 모든 이를 향해 개방되고 세상에서 예수의 사명을 지속해서 이어가고, 이러한 변혁적 특성을 가진 개인과 교회가 십자가를 품고 이 세상으로 보냄을 받아 변혁에 열려 있는 제자로서 예수 따름의 영적 여정을 시작하고 개인과 교회의 말, 행동, 태도에서 예수를 성찰함으로써 '그리스도와 연결'되는 제자도이다. 또한 개인과 교회가 성령 하나님과 연합하여 세상을 변혁시키는 삼위일체 하나님 선교의 협력자로서 우리 세대의 죽임의 세력에 저항하고 생명의 풍성함을 발견하는 희망을 창조하며, 사랑과 정의의 복음을 증언하고 시민직을 실천함으로 공공 영역에서 정치적 삶을 살아가는 제자도"이다.[116]

그렇다면 우리는 어떻게 삼위일체론적인 하나님 나라에 기반을 둔 변혁의 선교신학을 정립할 수 있을 것인가? 선교가 근본적으로 우리의 것이 아

115) Charles Van Engen/임윤택, 서경란 역, 『개혁하는 선교신학』 (서울: CLC, 2021), 166.

116) 홍승만, "변혁적 제자도에 대한 선교신학적 연구," 129.

님을 확인하는 것이다. 곧 선교는 근본적으로 하나님의 선교이다. 하나님은 항상 존재하는 모든 창조물의 보존과 재창조에 항상 적극적으로 참여하고 계신다. 따라서 하나님의 선교에 참여하는 변혁의 선교신학은 모든 창조 질서의 보살핌, 보존 및 재창조에 기독교인을 포함시킨다. 변혁의 선교신학은 인간의 생명을 소중히 여기고, 돌보고, 향상시키는 모든 것을 긍정하는 철저한 헌신을 포함한다.[117)]

따라서 변혁의 선교신학은 모든 사람을 성령으로 우리에게 주신 믿음을 통한 은혜로 예수 그리스도 안에서 창조주와의 살아 있는 믿음 관계로 부르는 정당한 방법을 사용한다. 그리고 변혁의 선교신학은 청지기직을 감당하는 선교신학이다. 선교에 대한 우리의 동기는 하나님의 창조, 하나님의 사랑, 하나님의 선교, 하나님의 소망에서 비롯된다. 곧 '하나님의 자녀'(요 1:12)가 되는 것은 하나님의 선교에 참여하는 것을 의미한다.[118)] 또한 변혁의 선교신학은 오직 예수 그리스도 안에서 하나님의 완전한 계시와 오직 예수 그리스도 안에 구원이 있음을 확인하며, 사람들의 창조와 재창조에 관여해, 그들이 예수 그리스도 안에서 완전하고 온전한 인간이 되기를 추구한다.

그러므로 우리의 지상 명령은 예수 그리스도의 제자가 될 사람들을 부르고, 초대하고, 모아서 제자를 삼는 것이며, 우리가 예수의 제자이자 선교적인 제자임을 인식하며, 그리스도의 사랑을 받은 자로서 세상에서 화해의 대사가 되도록 강권하는 것이다.[119)] 그리고 오직 성령만이 교회를 창조하고 오직 성령만이 교회의 선교에 능력을 부여하고 지시하신다는 인식을 가지는

117) Charles Van Engen/임윤택, 서경란 역, 『개혁하는 선교신학』, 183-184.

118) Ibid., 184-185.

119) Ibid., 186-187.

것이 중요하다. 성령의 은사와 성령의 열매를 받은 교회는 능력으로 나타나서 우리가 살고 있는 현실을 근본적으로 변화시킬 것이다.[120]

결론적으로 우리의 선교는 성령의 능력으로 하나님의 선교를 수행하는 사명을 가진 예수님의 선교에 동참하는 것이다. 이것이 바로 변혁의 선교이다. 우리의 선교는 말과 행동으로 항상 새로운 형태를 취하는 동일한 복음을 선포하는 것이다. 이런 점에서 선교는 항상 개혁되어야 하고 항상 변혁되어야 한다.

120) Ibid., 187-188.

지금 우리에게 주어진 시대적 소명은 생태 위기에 응답하여 개인의 변화와 사회적 구조의 변화를 함께 이루어 가는 것이다. 이를 통해, 하나님께서 창조하신 세계에 풍성한 생명이 깃들어 '보시기에 좋았더라'라는 하나님의 말씀이 회복된 지구 공동체가 이루어지기를 소망한다.

제6장

김서영 맨체스터대학교 우수연구원, 세계교회협의회 중앙위원, 맨체스터대학교 Ph.D.

하나님의 선교와 **생태**
: 풍성한 생명을 향하여

오늘날 우리는 기후 비상사태의 현실 속에 살아가고 있다. 지구의 평균 기온 상승과 빈번해진 이상 기후 현상은 동식물뿐만 아니라 인간 사회에도 심각한 영향을 미치며, 그로 인해 생물 다양성의 파괴가 가속화되고 있다. 이러한 위기는 단순히 환경 문제에 그치지 않고, 경제적 불평등과 사회 정의 문제와 깊이 얽혀 있다. 그렇다면 이 위기 속에서 그리스도인은 어떻게 살아가야 하는가? 하나님의 선교(Missio Dei)는 다양한 시대적 상황에 선교신학적으로 응답해왔다. 이 글은 하나님께서 역사하시는 현장인 이 세계가 생태 위기 속에 있음을 인지하는 데서 출발한다. 지금까지 그리스도인들이 생태 위기를 어떻게 대처해 왔는지 성찰하며, 앞으로 하나님의 뜻을 어떻게 실천하며 살아갈지에 대한 방안을 모색하고자 한다.

1. 들어가는 말

하나님의 선교는 구원의 주체가 하나님 자신이며, 구원의 대상은 전 역사와 전 우주, 인류를 포함한다. 따라서 우리가 지금 서 있는 자리에 얼마나 하나님의 뜻이 실현되고 있는지 돌아보게 하고, 우리를 평화로 향하는 선교적 활동에 동참하도록 이끈다. 그런데 현재 지구라는 행성은 앞으로 지속가능할 것인지를 논할 정도로 비상 상황에 놓여 있다. 모든 생명체의 샬롬보다도 개발과 이윤에 집중하여 경제적 불평등과 양극화 또한 심화되는 실정이다. 이는 현 세대 뿐만 아니라 미래 세대의 자원을 훼손하고 생존을 위협하는 상황이다. 다행히 코로나19 팬데믹 이후로 예측할 수 없는 기후 변화, 생태계의 신음소리, 사회적 약자에 이전보다는 관심을 기울이기 시작했다는 점은 긍정적이다. 생태 위기의 시대 속에서 하나님의 선교는 그리스도인들이 이 땅에 존재하는 자연과 생명체들의 아픔에 응답하도록 돕고, 모두를 풍성한 생명으로 초대한다.

이 글은 하나님의 선교에 기초하여 생태와 관련된 성서적 근거를 살펴보는 데서 시작한다. 창세기 1-2장의 내용을 살펴봄으로써, 그리스도인으로서의 생태에 대한 인식과 전 지구적 돌봄에 대한 정의를 탐구한다. 다음으로 생태에 대한 선교신학적 이해를 크게 에큐메니컬 운동과 복음주의 운동의 역사적 흐름 속에서 살펴보고자 한다. 안타깝게도 한국 교회는 진보와 보수라는 타이틀 아래 에큐메니컬 운동과 복음주의 운동을 극명하게 나누어왔다. 현재의 전 지구적 생태 위기에서 두 진영이 함께 하나님의 선교를 구체적 선교 활동으로 실천하며 생태 정의를 이루는데 마음을 모을 수 있는 지점을 살펴보고자 한다. 따라서 본 글은 한국 교회가 세계 교회와 더불어 생태적 삶, 즉 풍성한 생명에로 나아가는 길에 동참하는 길을 제시하고자 한다.

2. 생태의 성서 및 일반적 이해

성서는 "태초에 하나님이 천지를 창조하시니라"(창 1:1)는 말씀으로 시작한다. 그리고 "하나님이 보시기에 좋았더라"(창 1:10, 12, 18, 21, 25), "심히 좋았더라"(창 1:31)는 표현으로 창조세계와 생명에 대한 하나님의 놀라운 섭리와 기쁨을 담고 있다. 그러나 그리스도인으로서 우리는 하나님의 창조세계에 얼마나 감사하며, 풍성한 생명으로 이끄시는 하나님의 선교를 우리의 삶 속에서 실천하며 살아왔던가? 이에 대한 성서적 응답을 살펴보기 전에, 하나님의 선교가 창조세계를 어떻게 바라보는지 먼저 고찰해 보고자 한다.

하나님께서 온 천지만물을 지으셨다는 믿음은 그리스도인의 공통된 신앙 고백이다. 그렇지만 하나님의 선교에서 창조세계를 바라보는 견해는 크게 두 가지로 나뉜다. 첫째, 칼 하르텐슈타인(Karl Hartenstein)과 게오르크 피체돔(Georg F. Vicedom)과 같은 학자들은 구원사에 집중하며 하나님의 창조세계를 바라본다.

> '하나님의 선교'는 인간의 구원을 위하여 하나님께서 계획하고 계신 모든 것-곧 하나님의 구속의 나라가 완전히 성취되는 일-을 하나님께서 보내신 사람들을 통하여 사람들에게 전함으로써, 사람들이 죄와 세상 나라로부터 해방되어 다시 하나님과 사귈 수 있도록 하시는 하나님의 역사이다. 그리하여 보내심을 잃어버린 인간에 대한 하나님의 사랑의 행위가 된다.[1)]

피체돔의 관점에서 하나님의 구원 사역의 목표는 모든 이들을 그리스도의 교회로 모으는 것이다. 하나님께서 자신의 아들 예수 그리스도를 이 땅에 보내셨고, 현재는 그리스도인들을 통해 이 땅에 구원이 임하도록 하는 것을 사명으로 본 것이다. 그러나 이러한 관점은 구원사를 중심으로 역사와 세계를 구별하여, 구원의 역사에만 집중하는 경향이 있다. 이로 인해 하나님의 선교가 세상의 전체적인 변화와 연결되기보다는 영혼 구원에만 초점을 맞추는 한계를 가질 수 있다.

둘째, 요하네스 호켄다이크(Johannes C. Hoekendijk)와 같은 학자는 하나님의 창조세계를 교회 중심이 아닌, 역사적 사건 속에서 파악하는 관점을 제시한다. 이 관점은 세계와 하나님 나라 사이의 관계를 중시하며, 교회가 아닌 세상에 관심을 두고 우리가 살아가는 지구 공동체에 샬롬, 즉 평화가 임하도록 하는 데 중점을 둔다. 따라서 세계는 하나님 나라가 실현되는 현장이 된다.

> 세계와 하나님 나라는 상관관계에 놓여있다. 즉 세계는 하나님의 위대한 활동 무대인 통일체로 인정되는 것이다. 그것은 화해된 세계요, 하나님이 사랑하시는 세계요, 그리고 그분이 사랑으로 승리한 세계이다. 세계는 하나님 나라의 씨가 심겨진 밭이요, 따라서 세계는 하나님 나라의 복음을 선포하는 무대인 것이다.[2)]

하나님의 선교는 이 세상에 평화를 이루어가는 하나님의 뜻을 바라며,

1) 게오르크 피체돔/박근원 역, 『하나님의 선교』 (서울: 대한기독교출판사, 1980), 67.

2) 요하네스 호켄다이크/이계준 역, 『흩어지는 교회』 (서울: 대한기독교서회, 1988), 39-40.

그 뜻에 동참하고 연대하는 것이 그리스도인의 사명임을 깨닫게 한다. 이 관점은 구원사와 세계사를 구별하지 않고 통합하며, 하나님의 창조세계를 포함한 모든 역사적 사건을 하나님의 선교적 활동의 일부로 보고, 그리스도인의 삶과 행동을 통해 하나님 나라를 이 땅에 실현하는 사명으로 이끈다. 따라서 전자의 구원사 중심적 접근보다는 후자의 하나님의 선교 관점에서 창조세계를 바라보는 것이 중요하다. "뜻이 하늘에서 이루어진 것 같이 땅에서도 이루어지이다"라는 주의 기도에 따라, 그리스도인으로서 이 땅에서 이루어져야 할 하나님의 뜻은 무엇인가? 그에 대한 응답은 하나님께서 지으신 세계(창 1-2)와 특히 하나님의 특별한 부르심(창 1:28)에 잘 나타난다. 하나님은 인간에게 창조세계를 돌볼 책임을 주셨으며, 이는 단순히 영혼의 구원이 아니라 온 창조세계의 회복과 평화를 위한 책임이다.

결국, 하나님의 선교는 구속사와 창조세계를 분리하지 않고, 하나님의 뜻이 온 세상에서 이루어지도록 그리스도인들이 이 땅에서 적극적으로 실천해야 할 사명을 제시한다. 이 사명은 단순히 교회 내에서의 구원 활동을 넘어서, 창조세계와 그 안에 살아가는 모든 생명체들의 회복과 샬롬을 이루는 것이다.

1) 하나님의 창조세계(창 1-2장)

창세기 1-2장은 하나님께서 온 우주와 모든 생명을 창조하신 과정을 묘사한다. 누군가는 우주의 탄생과 연결시켜 무엇이 맞는 것인지 과학과 신학의 대결구도로 해석하기도 한다. 그러나 하나님의 말씀을 믿는 그리스도인은 성서 내용의 사실 여부보다도, 그 속에 내재된 하나님의 뜻을 발견하는 데 주목해야 한다. 무엇보다 기억해야 할 점은 하나님의 선교 개념이 창세기 1-2장에 드러난 창조 신앙으로부터 시작된다는 것이다. 성서에 따르면, 하나님은 이 세상의 생태계가 유지되도록 생명체들이 각자 그리고 서로 균형을 이루고 조화를 이루게 하셨다. 또한 하나님의 형상대로 창조된 인간뿐만 아니라 이름을 짓는 행위를 통해 모든 창조물들이 내적인 고유한 가치를 지니고 있음을 강조하셨다.

> 땅이 혼돈하고 공허하며 흑암이 깊음 위에 있고 하나님의 영은 수면 위에 운행하시니라(창 1:2)

> 여호와 하나님이 땅의 흙으로 사람을 지으시고 생기를 그 코에 불어넣으시니 사람이 생령이 되니라(창 2:7)

이러한 창조세계에 대한 묘사는 범재신론적 관점, 즉 하나님께서 모든 피조물 안에 내재해 계심을 의미한다. 자연, 인간과의 깊은 교제 속에서 영적인 신비를 체험할 수 있고, 하나님의 존재를 인식하며, 그분의 계시를 깨닫게 한다. 여기서 하나님은 이 세상과 단절된 채 멀리서 지켜보는 신이 아니라, 세상에 내재하시며 또한 모든 피조물과 연결되어 계신다. 이는 하나님이 우주 안에만 내재하시는 것을 의미하는 것은 아니다. 하나님은 우주 안에 내재하심과 동시에 우주를 초월하여 존재하시는 분으로, 세상과 동일시되지 않지만 세상과 분리되지도 않으신다.

또한 창세기 1-2장은 하나님의 구원이 인간에게만 국한되지 않고, 모든 생명체들을 위한 것임을 강조한다. 성령의 역사를 인간을 넘어 창조 세계까지 확장하여 이해하도록 돕는다. 이는 단지 영혼 구원만이 아닌, 창조 세계 전체의 회복과 조화를 추구하는 하나님의 선교와 연결시킨다. 즉, 영적인 영역과 물질적인 영역, 인간과 다른 생명체 혹은 자연과 이분법적으로 나누어 생각하는 것에서 벗어나도록 이끈다. 노만 파라멜리(Norman Faramelli)는 성육신 신학이야말로 영적인 영역과 물질적인 영역을 통합하고, 자연과 역사를 나누는 이분법적인 사고를 극복하게 한다고 주장하기도 했다.[3] 예수 그리스도께서 이 땅에 오신 사건이 하나님의 선교가 추구하는 온 땅의 샬롬을 이루어가는 여정으로 이끌었다고 보는 것이다.

'생태'라는 용어 자체도 우주 공동체의 샬롬을 추구하는 여정과 긴밀히 연결된다. 생태는 그리스어 오이코스(oikos)에서 파생된 단어로, 작게는 인간의 거주하는 집을, 크게는 생명들이 거주하는 거대한 우주를 가리킨다. 그러나 생태란 단지 거주공간만을 의미하는 것이 아니다. 집 혹은 우주 안에 거하는 생명체들이 서로 유기적으로 관계를 맺는 것을 포함한다. 단순한 대상이나 관계를 의미하는 것이 아니라 관계와 관계 사이를 이어주고, 이를 가능하게 하는 동력들 모두를 함축한다. 그래서 생태라는 용어는 환경이라는 단어와 거리가 있다. 생명체를 둘러싼 주변, 외부조건을 가리키는 환경이라는 단어와 달리, 생태는 자연과 생명체들이 어떻게 서로 관계를 맺고 살아가는지, 다양한 생태계 내의 상호의존성을 포함하기 때문이다. 이를 하나님의 선교에 입각해 설명하자면, 하나님의 창조세계에 속한 모든 존재들이 상호 연결되어 조화를 이루며 평화로운 세상을 이루도록 하는 것, 이것이 생태가 추구하는 바이다. 곧, 균형과 조화를 이루는 것을 중시하는 생태는

3) Norman Faramelli, "Missio Dei, Eco-Justice and Earth Care: Asking Hard Questions," in *Creation Care in Christian Mission*, edited by Kapya J Kaoma (Oxford: Regnum Books International, 2015), 163.

하나님의 창조세계의 다양한 존재들이 더불어 샬롬을 이루는 것을 목표로 삼는 하나님의 선교와 일맥상통한다.

2) 청지기 사명(창 1장 28절)

"생육하고 번성하여 땅에 충만하라, 땅을 정복하라, 바다의 물고기와 하늘의 새와 땅에 움직이는 모든 생물을 다스리라 하시니라."(창 1:28) 이 성서 본문은 자연에 대한 인간의 청지기 역할을 강조하는 말씀으로 주목받는 구절이다. 인간은 하나님이 창조하신 세계를 잘 맡아 관리하고 돌보는 책임을 부여받았다고 강조하는 것이다. 하나님의 선교 관점으로 보면, 창조 세계의 회복과 온전한 생명의 샬롬으로 나아가는데 인간, 즉 그리스도인의 연대가 중요함을 가리키는 구절이다.

그러나 이 성서 본문에 대한 해석은 관리자라는 역할에 치중되어 종종 인간 중심적 관점이 부각되었고, 이에 따라 인간의 필요에 의해 자연을 이용하고 착취하는 인간의 모습을 반성하는 구절로 사용되기도 했다. 특히 1967년 발표된 북미 역사학자 린 화이트(Lynn White)의 '생태 위기의 역사적 기원(The Historical Roots of Our Ecologic Crisis)'이라는 논문으로 관심이 극대화됐다. 이 논문이 중요하게 알려진 이유는 기독교적 사고가 생태 위기를 초래했다고 주장했기 때문이다. 화이트는 인간을 '하나님의 형상대로' 지음을 받은 이들이라고 믿는 특별함과 '정복하고 땅을 다스려라'라는 하나님의 명령이 인간에게 주어졌다고 생각하는 믿음이 자연 지배의 정당화로 이어졌다고 비판했다.[4] 즉, 땅을 정복하라, 모든 생명을 다스리라는 말씀은 인간이 자연

---

4) Lynn White, "The Historical Roots of Our Ecologic Crisis," *Science* 155/3767(1967), 1205.

보다 우위에 있는 존재인 것처럼 해석이 되고, 결국 기독교가 인간이 자연을 지배하는 것을 정당화하는 데 큰 역할을 했다는 것이다. 그의 주장에 여러 신학자들이 공감을 하기도 했고, 반면 반대하면서 성서 안에서 생태적인 말씀, 생명 중심적인 가르침을 찾아내는 작업들이 활발히 일어났다.

예를 들어 캐서린 켈러(Catherine Keller)는 이 문제시된 성서 본문을 다르게 해석한다. 정복하고 다스리라는 말씀을 인간 중심적인 사고를 드러내는 구절로 보기보다는, 책임감을 불러일으키는 말씀으로 본다. 인간은 자연을 책임 있게 돌보도록 부름 받았다는 것이다. 구체적으로 켈러는 '책임'(responsibility)이라는 단어를 '응답'(response)과 '능력'(ability)을 결합한 의미로 풀어 설명하며,[5] 인간은 만물의 함성, 신음에 응답할 수 있는 존재가 되어야 한다고 보았다. 지구 공동체에서 인간은 책임 있는 돌봄을 실천하도록 부름 받았다는 점을 강조한 것이다.

위와 같은 해석은 인간의 위치와 한계에 대한 이해를 바탕으로 한다. 사실 인간은 하나님의 창조세계의 일원이고, 모든 것을 통제하거나 완전할 수 없는 존재이다. 따라서 인간은 완전한 관리자가 아니라 겸손한 협력자로서, 하나님의 창조세계 안에 책임감 있게 살아가는 존재로 부름 받았다. 존 지지울라스(John Zizioulas)는 인간을 창조세계의 사제로 표현하기도 했다.[6] 하나님과 창조세계 사이에서 화해와 평화로 가기 위한 여정에 인간, 그리스도인이 부름 받았음을 강조하는 것이다. 이러한 해석은 그리스도인을 하나님의 선교에 동참하도록, 책임감을 가지고 하나님의 창조세계를 돌보는 겸손

5) 캐서린 켈러/박일준 역, 『길 위의 신학』 (서울: 동연, 2020), 173.

6) John Zizioulas, "Man the Priest of Creation: A Response to the Ecological Problem," in *Living Orthodoxy in the Modern World: Orthodox Christianity & Society*, edited by Andrew Walker and Costa Carras (Crestwood, NY: St. Vladimir's Seminary Press, 1996), 178-188.

한 청지기로 살아가도록 한다.

3. 생태의 선교신학적 이해

하나님의 선교는 소위 진보계열의 에큐메니컬 운동과 복음주의 계열의 로잔 운동 모두에 깊은 영향을 미쳐왔다. 두 운동 모두 하나님의 선교를 중심으로 그리스도인의 사명을 실천하려는 공통의 목표를 지니고 있음에도 불구하고, 한국 교회에서는 이 둘을 서로 대립적인 것으로 보는 경향이 있다. 그러나 두 운동은 하나님의 창조세계 속에서 정의와 샬롬을 실현하는 것이 그리스도인의 사명이라 여기며, 창조 질서를 보전하기 위한 연대를 추구해왔다. 따라서 두 운동이 역사적 맥락 속에서 어떻게 발전하고 연구되었는지를 살펴봄으로써, 진보와 보수의 적대적 관계를 넘어 생태 위기의 시대에 연대하는 한국 교회의 모습을 그리고자 한다. 에큐메니컬 운동도 복음주의 운동도 다양하게 존재하지만, 이 장에서는 전 지구적 에큐메니컬 운동을 대표하는 세계교회협의회 총회의 흐름을 중심으로, 또한 전 지구적 복음주의 운동을 대표하는 로잔 운동을 중심으로 다루고자 한다.

1) 에큐메니컬 운동과 생태: 세계교회협의회 총회를 중심으로*

에큐메니컬 운동은 하나님의 선교를 중심으로 펼쳐온 운동이라고 해도 과언이 아니다. 1952년, 독일 빌링겐에서 개최된 국제선교협의회(IMC)에

* 본 절은 2024년 10월 30일(월) 전남NCC, 광주NCC, 목포성서학당, 빛고을평화포럼의 공동주관으로 열린 <행동하는 그리스도인: 생태정의를 향한 순례>(장소: 광주 무돌교회)에서 발표한 원고를 수정 보완한 글이다.

서 하나님의 선교 개념을 채택한 이후로, 에큐메니컬 운동은 교회의 선교보다는 세상에 삼위일체 하나님의 선교를 담지하게 되었다. 특히 1961년 제3차 세계교회협의회 뉴델리 총회에서는 미국 루터교 신학자 조셉 시틀러(Joseph Sittler)의 연설로 창조세계, 생태계에 대한 세계교회의 관심을 공론화하기 시작했다. 시틀러는 골로새서 1장 15-20절을 중심으로 우주적 기독론을 펼쳤다.[7] 즉, 예수 그리스도를 만물의 구원자로 보고, 창조 세계가 하나님의 은혜와 분리될 수 없음을 주장했다. 서구 기독교 역사에서 자연과 은혜를 분리한 전통이 계몽주의 이후 더욱 심화되었는데, 시틀러는 이 둘이 본래 분리될 수 없음을 역설한 것이었다. 시틀러를 포함한 여러 에큐메니컬 신학자들은 그리스도인에게 인간 중심적이고, 이원론적인 사고에서 벗어날 것을 요청하기 시작했다.

이러한 흐름은 생태 위기에 관심을 기울이는 사람들이 차츰 늘어나기 시작한 서구 사회의 영향을 많이 받았다. 1962년, 레이철 카슨(Rachel Carson)의 『침묵의 봄(Silent Spring)』은 수많은 대중들에게 살충제, 화학 폐기물, 핵이 지구에 얼마나 심각한 문제를 발생시키는지 깨닫게 하고, 자연에 대한 인간의 부끄러운 행동을 반성하도록 도왔다. 이후 1970년, 지구의 유한성을 우려하는 세계 각국의 과학자, 경제학자, 교육자, 경영자들이 민간 연구 단체인 로마클럽을 결성했다. 그들은 1972년 '성장의 한계(The Limits to Growth)' 보고서를 발간하여, 인간이 지구가 수용할 수 있는 한계를 넘지 않도록 미리 조처해야 한다고 강조했다.[8] 즉, 지속적인 경제 성장을 유지하면서 동시에

7) Joseph Sitter, "Called to Unity," *The Ecumenical Review* 14/2(1962), 177.

8) Donella H. Meadows, Dennis L. Meadows, Jorgen Randers and William W. Behrens III, *The Limits to Growth: A Report For the Club of Rome's Project on the Predicament of Mankind* (NY: Universe Books, 1972), 24.

생태계를 보전할 수 있는 길을 모색해야 한다는 것이다. 그 덕에 곳곳에서 지속 가능성 담론에 관심을 기울이기 시작했다. 1972년도에는 UN이 처음으로 유엔 인간환경회의(UN Conference on the Human Environment)를 개최했다. 각국 정부 대표단은 생태계를 보전하기 위해서는 "공통의 노력 안에서 공평하게 책임을 나누어가질 것"을 요청했다.[9] 이러한 사회적 흐름은 그리스도인이 여전히 창조세계를 구원 역사의 배경으로만 보던 관점에서 벗어나도록 이끌었다. 때마침 세계교회협의회가 제5차 총회를 준비하는 시기여서, 사회적 흐름에 맞추어 책임 및 지속가능성을 중요시 다루는데 영향을 주었다.

1975년 세계교회협의회 제5차 나이로비 총회는 '정의롭고, 참여적이고, 지속 가능한 사회'(Just, Participatory and Sustainable Society, 이하 JPSS)를 강조하며 교회의 사회적 역할을 부각했다. 이는 하나님의 선교에 입각한, 당시의 해방신학적 사고에 영향을 받은 것이며, 구조적인 불의에 맞서 가난하고 억압받는 이들의 해방을 강조했다. 총회는 지구 공동체를 올바로 세우고자 하시는 하나님의 의지를 강조하며, 정의와 평등에 대한 보편적인 참여를 촉구했고, 사회적 불평등을 해결하는데 있어서 능동적 역할을 요구했다. 특히 생태 문제를 세계 교회의 과제로 다루겠다는 결연한 의지를 보여줬다.

당시 경제 성장에 관심을 가진 최저개발국이나 개발도상국에게는 발전과 생태계 보전의 공존 가능성, 지속 가능한 사회를 만들어갈 수 있을지에 대한 의문 등은 사회적으로 풀리지 않는 숙제였다. 이러한 상황에서 그리스도인이 어떤 비전을 제시할 수 있을지 고심하며 JPSS 프로그램을 시작한 것은 하나님의 선교의 한 열매라고도 말할 수 있다.

---

9) United Nations, *Report of the United Nations Conference on the Human Environment: Stockholm, 5-16 June 1972* (NY: United Nations, 1973), 71.

그럼에도 생태 위기에 대한 논의는 상대적으로 정의와 참여 문제에 비해 부차적으로 다루어진 경향이 있었다. 생태 위기에 대한 심각성이 충분히 인식되지 않았고, 자본의 축적 논리와 결합한 생태 위기의 본질을 파악하지 못한 채, 이를 단순히 사회적·정치적 문제로만 국한하려 했다. 이러한 접근은 중요한 의의를 가졌지만, 생태계 위기에 대해서는 피상적이었고, 경제 논리와 인간이 자연을 대하는 근본적인 태도 변화가 필요하다는 점이 강조되어야 한다는 비판적인 시각이 일었다.

그러나 신학계에서는 생태 문제에 관한 관심을 해방신학 관점과 연계하여 신학적 응답을 확대하는 흐름이 나타났다. 특히 생태여성신학이 등장하면서, 생태 문제와 여성 억압이 동일한 억압 구조 아래에서 발생한다는 인식이 부각되었다. 생태여성신학은 자연과 여성 모두가 자본주의적, 가부장적 억압을 받는다고 주장하며, 억압된 자연과 여성의 해방을 추구했다. 또한 북반구에서 남반구로, 인간에서 자연으로, 남성에서 여성으로, 중심에서 주변부로 나아가야 함을 강조하면서, 다양한 생태 신학적 응답들이 발표되기 시작됐다. 한국에서는 죽재 서남동 목사가 하나님, 인간, 자연이 서로 연결되어 있어, 생태계의 상실은 곧 신의 상실인 동시에 인간상실임을 토로했다.

> 자연을 상실한 사람은 신을 상실하게 되고 신을 상실한 사람은 자연을 상실하게 된다. 또한 인간과 자연도 하나의 생태계(ecosystem)로 짜여져 있어서 인간 상실은 자연 상실이고, 자연 상실은 인간 상실이다. 이렇게 신, 인간, 자연은 하나의 생태계를 이루고 있다. 하나의 유기체적인 현상으로 볼 수 있다. 그러기에 신은 우주의 마음이고 우주는 신의 몸이라는 은유는 더욱 적절한 것 같다. 여기에 성육신의 종교, 싸크라멘트의 자연이 알려진다.[10)]

이러한 신학계의 흐름과 함께 에큐메니컬 운동은 생태 문제를 지구 생명체들의 삶의 전 영역의 문제, 특히 정치, 경제, 인권, 여성 등의 이슈와의 연결성 속에서 바라보았다. 생태를 향한 개개인의 관점과 행동의 변화를 중시하지만, 사회 구조적으로 그렇게 할 수 없는 상황에 놓인 이들의 목소리에 귀 기울이며, 사회 구조적 악을 비판하고 하나님의 샬롬이 사회 속에 실현되는 길을 추구했다. 곧, 자본주의 체제가 만들어내는 구조적 부정의와 불평등에 문제를 제기하며, 이러한 상황 속에서 그리스도인이 어떠한 대안을 제시할 수 있을지에 집중했다.

1983년, 세계교회협의회 제6차 밴쿠버 총회는 본격적으로 생태 문제를 중요하게 다루기 시작했다. 다른 말로 하면, 하나님의 선교에 있어 정의의 대상을 생태계까지 확장하는 작업에 총력을 기울이기 시작했다. '정의, 평화, 창조질서 보전'(Justice, Peace and the Integrity of Creation, 이하 JPIC)이라는 프로그램을 통해 정의와 평화에서 더 나아가 창조 세계의 보전에 관심을 기울이도록 세계 교회를 초대했다. 이는 하나님의 창조의 영이 인간에만 제한되어 현존하는 것이 아니라, 온 창조세계 안에 내재되어 있음을 이야기하며, 하나님의 선교에 입각하여 하나님의 창조세계에 온전한 샬롬이 회복될 것을 추구한 것이다. 또한 생태계 파괴, 대량살상무기의 확산, 군사주의, 인종차별, 성차별 등을 생명을 위협하는 죽음의 세력이라 명명하고, 생명을 살리는 일에 교회의 신앙고백과 행동이 연계되어야 한다고 강조했다. 이에 JPIC 프로세스는 나라별, 대륙별로 점차적으로 전개되기 시작했다.

대표적으로, 1990년 JPIC 세계대회가 서울에서 개최되었다. (1) 생명을 주신 하나님께서 언제나 우리와 함께 하실 것임을 고백하고, (2) 우리는 그

---

10) 서남동, "자연에 관한 신학,"「신학논단」11(1972), 95.

리스도의 증인으로 선택된 이들임을 기억하며, (3) 생존을 위협받는 시대에 그리스도의 제자로서 정의의 회복, 평화를 만드는데 헌신하도록 [illegible] 북돋웠고, (4) 회개와 회심을 통해 생명의 하나님과 화해하도록 이끌었으며, (5) 희망을 나누며, 주님을 향해 새 노래를 부를 수 있는 우리가 되어야 함을 다짐한 시간이었다.[11] 그럼에도 아쉬웠던 점이 있었다. 정의, 평화, 창조 질서 보전이라는 세 가지 주제를 다루었음에도 불구하고, 이들의 상호 연관성보다는 무엇이 더 우선이고 중요한지를 논의하는 데 집중했다는 사실이다. 셋의 중요성을 함께 강조하고, 어떻게 연결해 적극적인 실천적 행동으로 나아가야 할 것인지를 논의해야 할 숙제가 남겨졌다.

좀 더 풀어 설명하면, 대륙별로 특히 남반구와 북반구의 관심이 현저히 달랐다. 상대적으로 정의와 평화 문제를 풀어내는 것이 시급한 남반구 교회는 정의와 평화 이슈에, 반면 북반구 교회는 전쟁과 죽음을 불러일으키는 대량 살상, 무기의 위험을 강조하고 창조 질서 보전에 집중하여 JPIC 운동을 해나가기를 바랐다. 구조적 폭력과 수많은 불의에 시달리는 남반구 교회의 입장에서 생태 문제를 지구적 문제로 내세우는 북반구 교회의 입장을 받아들이는 것이 쉽지 않았다. 즉, 남반구 교회는 JPSS 운동에 머물러 있었고, 북반구 교회는 정의 문제에 대한 시급한 행동이 절실함을 공감하는데 한계가 있었다. 따라서 정의와 평화, 창조 질서 보전이라는 구호와 프로그램은 의미가 있었지만, 모인 이들이 한마음으로 함께 운동해 나가려면 시간과 노력, 소통이 더욱 요구됨을 깨닫는 시간이었다.

바로 일 년 뒤인 1991년, 세계교회협의회 제7차 캔버라 총회가 개최됐

11) 한국교회환경연구소 편, "정의 평화 창조질서의 보전(JPIC) 서울 세계대회 최종문서," 『WCC 공식문서를 통해본 생태신학과 에큐메니컬 운동』 (서울: 한국교회환경연구소, 2013), 64-68.

다. '성령이여, 오소서, 창조 세계를 새롭게 하소서!'라는 주제로 열린 총회는 에큐메니컬 운동이 생태 신학, 생명 운동에 더욱 마음을 모으는 계기가 되었다. 이 주제는 독일 신학자 위르겐 몰트만(Jürgen Moltmann)의 1985년 저서 '창조 안에 계신 하나님(God in Creation)'에서 제시된 신학적 관점과 밀접하게 연결되어 있었다. 몰트만은 성령의 임재를 창조 세계 안에서 설명하며, 성령을 통해 창조 세계가 화해와 평화로 나아가야 한다고 주장했다. 또한 그는 창조의 영이 단지 창조 세계의 시작에만 관여하는 것이 아니라, 창조 속에 끊임없이 임재하여 모든 피조물을 새롭게 한다고 설명했다.[12] 이러한 관점은 창조 세계에 임재하시고 역사하시는 하나님의 선교에 그 뿌리를 두고 있었다.

무엇보다 캔버라 총회는 그동안 인간 중심의 선교 정책을 비판하고 생태 문제를 선교의 주요 의제로 삼는 전환점이 되었다. 그 후 1992년 '기후변화에 대한 세계교회협의회 워킹그룹'이 조직되었고, 기후변화를 신학적, 윤리적으로 분석하며 실천적 대응을 위한 계획을 세웠다. 특히 이 그룹은 성명을 발표하고 교육 자료를 배포하며, 세계교회가 어떻게 기후변화에 대처하고 연대할 것인지 구체적인 방안을 제시했다. 1992년 리우 지구 정상회의의 계기로, 세계교회협의회는 공식적으로 유엔 기후변화 협약 당사국 총회(COP)에서 활동하기 시작했고, 지금까지도 UN 기후 회의에 꾸준히 참석하며 연대를 이어가고 있다. 이는 정의 실현을 교회 안에 제한하지 않고, 사회의 동반 참여를 촉구하는 에큐메니컬 운동의 성격을 보여준다.

1998년 세계교회협의회 제8차 하라레 총회는 정의, 평화, 창조질서 보

12) Jürgen Moltmann, *God in Creation: An Ecological Doctrine of Creation* (London: SCM Press, 1985), 10.

전을 신자유주의 경제 체제 속에서 더욱 구체화했다. 해당 총회의 핵심은 세계화에 대한 강력한 비판이었으며, 이를 통해 '생명 문화'라는 개념을 제안했다. 생명 문화는 경제적 불평등과 부당한 착취에 맞서 모든 생명이 존중받을 수 있는 사회 구조를 구축하는 노력과 더불어, 전쟁과 갈등이 아닌 상호협력과 평화의 중요성을 강조하며, 지구 생태계를 보전하는 생명 살리기 운동에 동참해야 한다는 내용을 담았다. 무엇보다도, 개발도상국의 부채탕감이 핵심 이슈로 다루어졌다. 그뿐만 아니라, 신자유주의에 대한 에큐메니컬 대안을 연구할 필요성을 인식하며, 생태 위기와 빈곤 문제에 관해 그리스도인으로서 어떻게 대응할 것인지에 대해 다음 총회까지 지속적인 논의가 이루어졌다. 그러나 생명이라는 개념을 다루면서도, 정치적, 경제적 폭력에 대한 논의가 주를 이루었다는 한계는 여전히 남아 있었다.

경제생태정의에 대한 지속적인 논의의 결과로, 2006년 세계교회협의회 제9차 포르토 알레그레 총회에서 "인간과 생태를 중시하는 대안적 지구화"(Alternative Globalization Addressing People and Earth, 이하 AGAPE) 부름을 제안했다. 이는 생명 신학의 중요성을 강조하는 연장선상에서 탄생한 것이다. 모든 생명체를 살리는 생명의 경제가 이루어져야 함을 이야기하며, 생태정의와 사회정의의 긴밀한 연관성을 주목했다. 무엇보다 아가페 부름은 경제구조에 대한 변혁이 중요함을 강조했다. 이를 위해 북반구 교회는 세계화에 대하여 좋은 면은 받아들이고 나쁜 부분은 수정해야 한다고 주장했고, 남반구 교회는 신자유주의 경제 세계화에 대해 신식민지화를 일으키고 빈부격차를 가속하며 생태계를 오염시킨다고 전면적으로 비판했다. 이때 세계교회협의회는 신자유주의 체제를 대신할 대안적 체제로 교회를 제시하며, 탐욕과 경쟁의 경제에서 벗어나 만족의 경제와 사랑의 경제를 교회에서부터 실천하는 것이 그 대안이 될 수 있다고 보았다.

아가페 부름은 빈곤과 부와 생태(Poverty, Wealth and Ecology, 이하 PWE) 프로그램으로 이어지면서 생태학적 개념이 한층 보완되었다. 생태적 부채(eco-debt)를 부각하며, 부의 창출 과정에서 드러나는 탐욕의 문제를 깊이 다룸으로써 생태 정의를 사회경제적 정의와의 연관성 속에서 조명했다. 좀 더 구체적으로 언급하자면, 생태적 부채는 인간, '나'의 소비와 생산으로 인해 생태계 및 여러 이웃에게 손해를 끼쳤음을 인정하는 것이며, 북반구가 남반구에서 행한 착취의 빚도 이에 포함된다. 그동안 북반구 국가들이 자원을 고갈하고 온실가스와 쓰레기를 반출한 탓에 생태계가 오염되었음을 인정하고, 이로부터 피해를 당한 이들에 대해 빚을 기억하도록 이끌었다. 그러나 이러한 부채를 어떻게 환원할 수 있을까? 시장원리의 한계를 뛰어넘는 방법을 모색하고 실천하는 것은 에큐메니컬 여정의 큰 숙제로 남았다.

빈곤, 부, 생태 프로그램은 '모두의 생명, 정의, 평화를 위한 경제: 행동 촉구의 부름'(Economy for Life, Justice, and Peace for All: A Call to Action)으로 발전하였다. 이 문서는 생태 위기와 경제적 위기의 상호연관성을 밝히는 데 관심을 많이 기울였다. 모두를 위한 '생명 경제'를 강조하는 이 부름은 지속 가능한 삶의 양식을 강조하며, 당장의 변혁적 행동을 요청했다. 또한 생명 운동에 적극적으로 참여하는 여성들의 헌신을 예로 들면서, 모두의 행동을 독려했다. 그럼에도 생태정의를 향하여 함께 구체적인 행동을 하도록 프로그램화 하는 데는 도달하지 못했다. 생명 경제에 대한 포괄적인 의식구조 변화에만 머물렀다는 한계가 남아 있다.

2013년 세계교회협의회 제10차 부산총회에서 '함께 생명을 향하여: 변화하는 세계 지형 속에서 선교와 전도(Together Toward Life: Mission and

Evangelism in Changing Landscapes, 이하 TTL) 선교 문서가 채택됐다. 이 문서는 생태 위기가 시장경제체제 [illegible] 사이에서, [illegible] 더욱 심각해졌음을 반성하고, 대안적 경제구조를 추구하도록 이끌었다. TTL 문서가 중요하게 여겨지는 이유는 그 내용이 창조 중심적, 생명 중심적이라는 것이다. "생명을 축하하고, 생명을 파괴하는 모든 것에 저항하는 교회"(2항), "선교 영성은 생명을 파괴하는 가치와 제도에 저항하고 변혁하려고 노력하는 것"(30항) 등의 조항을 통해 선교에서 생명의 중요성을 강조하고, 저항 및 변혁의 중요성을 강조했다.[13] 즉, 앞으로의 선교 방향은 풍성한 생명을 추구하는 것이고, 이를 위한 방법은 결단과 저항, 변혁이라는 것이다.

부산총회 이후 세계는 기후 비상사태를 선언할 정도로 심각한 생태 위기에 직면했다. 정의와 평화의 순례로 나아가자고 외치며 출발했던 여정 속에서 예상치 못한 코로나19 팬데믹도 맞이했다. 전 세계의 대부분 도시가 봉쇄되고, 수많은 이들이 목숨을 잃었다. 그렇게 2년여의 팬데믹 기간을 지나, 세계교회협의회는 9년 만에 제11차 총회를 개최하게 되었다. 더욱 마음 아픈 현실은 총회가 열리기 6개월 전에 러시아가 우크라이나를 침공하는 사태가 벌어졌다. 총회에 모인 이들은 전쟁 상황과 기후 비상사태에 대해 더욱 마음을 모아 회의를 진행했고, '살아있는 지구: 정의롭고 지속 가능한 지구 공동체를 찾아서(Living Planet: seeking a just and sustainable global community)' 성명을 채택했다.

성명을 통해 생태 정의가 긴급한 시대 요청임을 강조하고 실질적인 행동에 동참할 것을 촉구했으며, 모든 창조물의 생명을 위협하는 인간의 계속되

13) World Council of Churches, "Together Towards Life," 6 September 2012, https://www.oikoumene.org/sites/default/files/Document/Together_towards_Life.pdf.

는 이기심, 탐욕, 사실의 부정, 무관심으로부터 회개할 것을 요청했다. 성명은 제11차 총회 주제인 '그리스도의 사랑이 세상을 화해와 일치로 이끄신다'와의 연관성을 강조하면서 그리스도의 사랑을 강조하였는데, (1) 시스템과 생활 방식의 변혁을 요청했고, (2) 육체적, 실존적, 생태적으로 고통 받는 이들에 대한 깊은 연대를 강조했다. 그리고 2030년까지 탄소발자국 제로를 실현할 수 있도록 구체적으로 '지구를 살리기 위한 10년 행동 선언'을 제시했다.[14]

- 선주민들이 기후변화의 가장 큰 피해자임을 강조하고, 그들의 세계관과 전통을 회복할 것을 요청
- 산업화된 국가들은 개발도상국의 탄소 배출량 감소를 지원하기 위해 재정적 책임을 지고 협력해야 함
- 어린이, 청소년, 장애인, 여성, 선주민, 가난하고 소외된 지역사회 등 가장 취약한 집단의 목소리와 경험에 귀 기울여야 함
- 생태 신학 연구를 위한 프로그램 개설 및 장학금 제공을 장려
- 기후 정의를 위한 만남과 대화의 공간을 교회가 제공해야 함
- 토양과 수자원의 탄소 보존을 위한 지속 가능한 토지 사용 및 농업 관행을 지원해야 함
- 기후 친화적인 식량 소비와 지속 가능한 식량 생산을 약속
- 생태학적으로 유해한 화학제품에 대한 규제 및 모니터링을 촉구
- 소규모 식품 생산업체를 지원하고 현지 조달 식품을 구매하는 것을 장려

14) World Council of Churches, "The Living Planet: Seeking a Just and Sustainable Global Community," 8 September 2022, https://www.oikoumene.org/sites/default/files/2022-10/ADOPTED-PIC01.2rev-The-Living-Planet-Seeking-a-Just-and-Sustainable-Global-Community.pdf.

• 숲, 삼림, 습지와 황무지를 보호하고, 바다, 강, 수역의 보전을 위해 노력해야 함

무엇보다, 그동안 생태 위기와 기후 비상사태와 관련된 독립적인 위원회가 따로 조직되지 않았던 상황에서, 세계교회협의회 제11차 카를스루에 총회 이후 '기후정의 및 지속 가능한 발전에 관한 교회 위원회'가 결성되었다는 것은 큰 의미가 있는 행보로 평가된다. 2023년 중앙위원회 회의 이후로 총 35명의 위원들이 선출되었고, 이들은 지속 가능한 생태 보전을 위한 국제 협력 선교정책과 방향을 제시할 예정이다. 이처럼 세계교회협의회와 에큐메니컬 운동은 기후 비상사태라는 지구적 위기 속에서 생태 정의를 향한 순례를 강조해오고 있다. 이는 하나님의 선교에서 강조되는 내용인 '흩어지는 교회', 즉 세상 속에 살고 있는 그리스도인으로서 현 지구 위기적 상황을 인식하고, 정의와 샬롬을 향해 나아가는데 계속해서 애쓰고 있음을 보여준다.

2) 복음주의 운동과 생태

복음주의 운동 역시 에큐메니컬 운동처럼 하나님의 선교에 대한 개념을 받아들이고, 온 세계의 샬롬을 추구하는 선교의 여정을 걷고 있지만, 주목하고 논의해 온 바가 약간 다르다. 에큐메니컬 운동은 그리스도인의 사회적 책임을 강조하면서 생태 정의도 당연히 주목하고 연대해야 할 선교적 사명으로 보지만, 복음 전도에 우선 집중했던 복음주의 운동의 입장에서는 생태 보전이 선교에 포함되는지에 대한 질문을 시작으로, 복음 전도, 선교에 대한 의미가 어디까지 확장되어야 하는지 의견이 분분하다. 복음주의 운동은 복음 전도의 우위성, 우선성, 긴급성을 강조하면서, 복음-세상-교회의 순

서로 복음이 세상으로, 또한 교회로 전파되어야 하지만,[15] 복음이 과연 하나님의 창조세계를 보전하는 것까지 포함하는지에 대해서는 여러 논의가 거듭되고 있다.

예를 들어 크리스토퍼 리틀(Christopher Little)은 창조세계 보전을 선교로 포함시키는 것에 대해서 다음과 같은 세 가지의 이유를 들며 반론을 제기했다. (1) 선교는 인간의 궁극적 운명에 대한 질문이나 회심에 직접 연결되어야 한다, (2) 고린도전서 15장 1-8절의 말씀이 곧 복음이고, 이러한 복음은 구두적 선포만이 요구되고, 인간이 하는 모든 행위들을 포함시킬 수 없다, (3) 종말의 심판으로 피조 세계는 소멸함으로 창조세계 보전을 선교로 볼 수는 없다.[16] 청지기로서 그리스도인의 역할에 대해서 반대하는 것은 아니지만, 선교와 복음의 개념 확장이 복음 전도의 우위성을 약화할 수 있다는 우려를 표명한 것이다. 그러나 크리스토퍼 라이트(Christopher J. H. Wright)는 복음 전도의 우위성을 강조한 나머지 사회 참여, 사회적 변화를 이차적인 것으로 여기는 것을 비판했다. 그는 우위성이 곧 배타성과 연결될 수 있음을 경계하며, 창조세계 보전이 선교, 복음의 본질적인 일부라고 주장했다. 복음은 단순히 개인의 구원에 그치지 않고, 모든 창조물의 구속과 회복을 포함한다고 주장했다.[17] 이처럼 복음주의 계열의 학자들은 창조세계 보전과 관련하여 이를 선교와 복음에 포함시켜야 하는 것인지에 대한 의견이 분분

---

15) 백충현, "로잔운동에서 크리스토퍼 라이트의 '하나님의 선교'(the Mission of God)에 관한 연구," 「신학사상」 196(2022), 170.

16) Christopher R. Little, "Creation: Is Creation Care Mission?," in *Paradigms in Conflict: 15 Key Questions in Christian Missions Today*, edited by David Hesselgrave and Keith Eitel (Grand Rapids, MI: Kregel Academic, 2018), 349-355.

17) Christopher J. H. Wright, "The Care of Creation, the Gospel and our Mission," in *Creation Care in Christian Mission*, edited by Kapya J Kaoma (Oxford: Regnum Books International, 2015), 189-190.

하다.

또한 복음주의 학자들은 생태 위기의 시대 속에서 [illegible] 지닌 윤리적인 그리스도인의 삶이 중요함을 강조하는 것에서 더 나아가 이러한 행동이 곧 비신자들에게 기독교를 받아들일 수 있도록 한다고 강조한다. 남성혁은 생태-전도(Eco-Evangelism)라는 표현을 사용하며, 생태 위기에 대응한 그리스도인의 삶이 복음전파, 전도에 긍정적인 영향을 발휘할 수 있음을 주장했다.[18] 그는 하나님의 선교라는 넓은 의미의 선교를 추구함으로써 복음화, 선교라는 좁은 의미의 선교 개념으로 나아갈 수 있다고 보았다. 이는 복음전도, 세상을 구원하는 것이 주된 과제라고 인식하는 복음주의 운동의 경향과 맞닿아 있다고 볼 수 있다. 다시 말해, 복음주의 운동이 추구하는 선교 개념이 에큐메니컬 운동의 선교 개념과 근접해가는 경향을 보이고 있지만, 여전히 좁은 의미의 선교 개념, 즉 세상을 구원하는 선교와 복음의 우선성에 더 깊이 집중하고 있음을 보여준다.

그럼에도 복음주의 운동은 하나님의 창조세계에 대한 청지기 사명을 과거부터 꾸준히 강조해 왔다. 1983년 6월, 세계복음주의협의회(WEF, 현 WEA)가 주관한 컨설테이션에서 채택된 '83 휘튼 선언(Wheaton '83 Statement)'은 '피조계의 청지기(The Stewardship of Creation)'라는 소제목 아래, 청지기 사명의 의미를 구체적으로 제시했다.[19]

> 14. 모든 인류는 하나님의 피조물이다. 이들은 하나님의 형상대로 지음을 받

---

18) Sung-Hyuk Nam, "An Eco-Evangelism of the Korean Christianity in an Eco-Crisis Era: Inductive Mission Model Approach," *Theology of Mission* 74(2024), 82.

19) World Evangelical Fellowship, "Social Transformation: The Church in Response to Human Need: Wheaton '83 Statement," *Transformation* 1/1(1984), 25.

았기에 하나님의 대표자들로서 하나님께서 창조하신 것들을 지혜롭게 돌볼 책임을 부여받고 있다. 그러나 우리는 하나님의 백성들이 자기들의 책임의 완전한 의미를 더디 깨닫는다는 것을 고백해야 한다. 우리는 하나님의 청지기로서 땅을 소유한 것이 아니라 단지 그리스도의 재림을 기다리며 그것을 관리하고 개선할 따름이다. 그런데도 우리는 너무 자주 하나님의 자연 자원을 무분별하게 사용할 권리가 있는 것처럼 생각한다. 종종 우리는 재생 불가능한 에너지와 광물 자원의 보존, 소멸 위기에 처한 동물의 보존, 수많은 천연 서식처의 불안정한 생태균형의 보존 등에 종사하는 사람들에 대해 무관심하거나 심지어 적대적이기까지 하다. 땅은 모든 세대 사람들에게 주신 하나님의 선물이다. 아프리카 속담에서는 부모가 자녀들에게서 현재를 빌렸다고 말한다. 우리의 현재 삶과 자녀들의 미래는 우리가 온 땅을 지혜롭고 평화롭게 다루는데 달려 있다.

17. 청지기의 의미는 가난한 자들도 하나님의 자원에 대한 동등한 권리를 가진다는 것이다(신 15:8-9). 변혁의 의미는, 우리가 하나님의 풍성한 은혜의 청지기로서 정의를 향하여 자원을 재분배하고 탐욕의 결과를 제한하기 위해 기도의 본과 주장과 항거를 통해 함께 애쓰는 것이다(행 4:32-5:11).

18. 우리는 엄청난 양의 자원을 현재의 무기경쟁에 그릇 사용함으로써 불안을 겪고 있다. 수백만이 굶어죽고 있는데도 자원은 갈수록 더 정교한 핵무기를 연구하고 생산하는 데 낭비되고 있다. 나아가 끊임없이 증가하는 재래식 무기 교역은 국민의 기초적인 필요마저도 무시하고 억압적인 정부의 번창에 수반된다. 우리는 그리스도인으로서 이러한 불의와 침략행위의 새로운 양상을 정죄하며 정의와 화평을 추구할 것을 다짐한다. 이제까지 논의한 피조계에 대한 청지기직 문제에 비추어 보면서, 우리는 전 세계의 복

> 음주의 공동체들에게 핵과 무기 교역 문제에 기도하는 자세로 관심을 가질 것과 이것은 반드시 행동 [illegible] 세계에 [illegible] 것을 요구한다.

1980년대 복음주의 운동은 하나님의 선교 개념보다는 교회 성장을 통한 복음 선포와 성속의 이분법에 더 많은 영향을 받았던 시기였다. 그럼에도 불구하고, 선언문 자체만 보면 하나님의 선교에 근거해 작성된 문서처럼 느껴진다. 생태계와 미래 세대에 대한 염려 속에서 강조된 청지기적 사명, 가난한 자들에 대한 동등한 권리와 정의를 다룬 부분, 그리고 시대적 상황 속에서 요청된 무기 교역 문제와 관련된 내용은 선언문에서 특히 돋보인다. 또한 이러한 사회적 문제를 해결하는 데 있어 기도와 관심의 중요성을 강조한 점은 복음주의 운동의 개개인의 회개와 변화를 중시하는 선교적 형태와 맥을 같이 한다.

점차적으로 생태 위기가 사회적으로 중요하게 부각하면서, 2006년 '복음주의 기후 이니셔티브(Evangelical Climate Initiative, 이하 ECI)'가 발족되었다. 복음주의 운동 역시 에큐메니컬 운동과 마찬가지로 UN에서 발표한 자료들을 참고하여 인간에 의해 유발되고 있는 기후 위기에 대해 관심을 가질 것을 강조하기 시작했다. 이들은 '기후 변화: 행동으로의 복음주의적 요청(Climate Change: An Evangelical Call to Action)'이라는 성명을 채택하며, 다음과 같은 핵심 내용을 담았다. (1) 인간에 의해 유발된 기후 변화의 현실, (2) 기후 변화로 인해 가장 큰 타격을 받는 가난한 이들, (3) 그리스도인의 도덕적 신념은 곧 기후 변화 문제에 대한 대응을 요구, (4) 정부, 기업, 교회, 개인 모

---

20) Evangelical Climate Initiative, "Climate Change: An Evangelical Call to Action," 8 February 2006, https://web.archive.org/web/20220303184452/http://www.christiansandclimate.org/statement/.

두가 기후 변화 문제 해결을 위해 즉각적인 행동을 해야 함을 다뤘다.[20]

그리고 복음주의 운동은 2010년 케이프타운에서 열린 제3차 세계 복음화를 위한 로잔대회를 계기로 '창조세계 돌봄'을 중요한 복음적 이슈로 여기기 시작했다. 케이프타운 서약의 1부 7장 A에는 창조세계 돌봄의 책임과 실천에 대한 내용이 다음과 같이 담겨 있다.[21]

> 우리는 하나님의 창조세계를 사랑한다. 이 사랑은 (성경 어디에서도 명령하지 않은) 자연에 대한 단순한 감상적인 애정이나 (성경이 분명히 금하고 있는) 범신론적 예배가 아니다. 오히려 이것은 하나님께 속한 것들을 돌봄으로써 나타나는 하나님을 사랑하는 우리의 사랑의 논리적 결과이다. "이 땅은 우리가 사랑하고 순종하는 하나님의 소유이다." 이 땅은 우리가 주님이라고 부르는 그분께 속해 있기 때문이다.
>
> 이 땅은 그리스도에 의해 창조되고 유지되고 구속받는다. 우리는 그리스도의 창조와 구속과 상속의 권한으로 그리스도의 것을 남용하면서 하나님을 사랑한다고 생각해서는 안 된다. 우리는 세상의 원리가 아니라 주님을 위해 이 땅을 돌보고 그 풍성한 자원들을 책임감을 갖고 정당하게 사용해야 한다. 예수님이 온 세상의 주님이시라면, 우리는 그리스도에 대한 우리의 관계를 이 세상에서의 삶의 방식과 분리할 수 없다. 그리스도의 주되심이 모든 창조세계를 포괄하는 것이기에 "예수는 주님이시다"라는 복음 선포는 창조세계 전체를 향한다. 그렇기 때문에 창조세계를 돌보는 것은 그리스도의 주되심을 나타내는 복음적 이슈이다.

---

21) Lausanne Movement, "케이프타운 서약," 25 October 2010, https://lausanne.org/ko/statement/ctcommitment-ko.

> 하나님의 창조세계에 대한 우리의 사랑은, 우리가 지구상의 자원들을 파괴하고 허비하며 오염시키는 데 일조하고 무분별한 소비주의에 대한 해악적인 숭배를 회개하는 것이다. 따라서 우리는 긴박하고도 예언자적인 사명감으로 환경보호의 책임을 완수하는 데 헌신할 것을 다짐한다. 우리는 환경보호를 중요한 선교적 사명으로 깨달은 그리스도인들과, 하나님의 창조세계의 풍성함을 통해 인간의 필요를 채우라는 명령을 성취하기 위해 노력하는 그리스도인들을 지지한다. 우리는 성경이 창조세계에 대한 하나님의 구속적 목적을 선포하고 있음을 확신한다. 총체적 선교란 그리스도의 죽음과 부활을 통한 복음이 죄로 인해 깨지고 고통당하고 있는 개인과 사회, 창조세계 전체를 향한 하나님의 기쁜 소식이라는 성경적 진리를 명확하게 인식, 이를 선포하고 삶으로 살아내는 것이다. 개인과 사회와 창조세계 모두 하나님의 구속적 사랑과 선교의 대상이다. 또한 이것은 하나님의 백성의 총체적 선교의 일부가 되어야 한다.

이 케이프타운 서약은 하나님의 선교와 창조세계 돌봄에 대한 신학적 통찰을 제시하며 세 가지 중요한 공헌을 이루었다. 첫째, 하나님의 선교를 인간 구원에 국한하지 않고 고난 받는 모든 피조물에까지 확장했다. 창조세계의 회복을 신앙적 실천의 핵심으로 강조함으로써, 생태와 구속이 하나의 연장선에 있음을 드러낸 것은 복음주의 운동 내에서 하나님의 선교를 보다 포괄적으로 이해하는 길을 열어주었다. 둘째, 무분별한 소비주의에 대한 비판과 함께 창조세계와 그리스도와의 관계를 강조했다. 환경 보호는 단지 인류의 복지를 위한 것이 아니라, 하나님의 창조세계 전체를 돌보는 정의의 문제임을 환기한 것이다. 셋째, 창조 돌봄을 복음주의의 필수 선교적 사명으로 강조했다. 복음은 개인 구원뿐만 아니라 모든 피조물을 향한 하나님의 사랑을 반영하는 것이며, 창조세계를 돌보는 것이 곧 하나님의 뜻을 따르는 길임을 보여주었다. 비록 이 서약에서 논의되는 창조 돌봄의 방향성이 여전히 인간 복지에 맞춰진 것은 아닌지에 대한 성찰이 필요하지만, 창조세계 보전을 복음, 선교로 보는 것에 있어 논란이 있는 복음주의 운동에서 이러한 서약을 채택했다는 것은 큰 성과라 할 수 있다.

케이프타운 서약 2부 B항에서는 '분열되고 깨진 세상에서 그리스도의 평화 이루기'라는 제목 아래, '고통 받고 있는 피조물을 위한 그리스도의 평화'를 위한 구체적인 행동 강령을 다루었다.[22]

A) 파괴적이고 공해를 유발하는 소비 습관을 버리는 삶의 방식을 채택한다.

B) 환경 파괴와 잠재적인 기후 변화의 이슈들에 관한 정치적 편의주의에 도덕적 책임을 부과하기 위해 합법적 수단을 행사해 정부를 설득한다.

C) 농업, 산업, 의료 등을 통해 인류의 필요와 복지를 위한 지구의 자원들을 적절하게 사용하고자 하는 그리스도인들(i)과 보전과 보호를 통해 주거환경과 종(種)들을 보존하고 회복하는 데 참여하는 그리스도인들(ii)의 선교적 소명을 인식하고 둘 모두를 격려한다. 창조자와 공급자와 구속자를 섬기려는 목표를 그들과 공유한다.

이처럼 개개인의 변화와 행동이 이웃과 사회에 화해와 평화를 불러일으킬 수 있다고 보았다. 이는 개인의 내면의 문제를 해결하는 것을 중요하게 다루는 로잔운동의 특징과 일치한다. "로잔운동은 이 세상을 변화시키려는 노력들이 결국 개인의 내면의 문제를 해결하지 않고는 완성할 수 없다는 것

22) Ibid., IIB.

을, 또한 이 개인의 내면의 문제는 2000년 전 나사렛에서 활동하였던 예수께서 메시아 되심을 믿는 원초적인 신앙고백을 통해서 이루어진다는 사실을 다시 한 번 상기할 필요가 있다."[23] 세상을 변화시키는 노력을 개인의 내면의 문제와 신앙의 연관성 속에서 바라보는 복음주의 운동은 생태 위기 대응에서도 유사한 양상을 보인다. 이는 구조적 부정의에 맞서 대안적인 사회와 구조를 구축하는 것을 하나님 나라 운동으로 여기는 에큐메니컬 운동과는 사뭇 다른 접근 방식이다.

이후, 케이프타운 서약 1부 7장과 2부 B항을 토대로 '창조세계 돌봄 분야위원회(Creation Care Network)'가 발족되었다.[24] 2014-2016년에는 '창조세계의 돌봄과 복음의 글로벌 캠페인(Creation Care and the Gospel Global Campaign)'이 아홉 번의 지역별 대회로 개최됐다. 그리고 각 지역의 환경 보호 변호사, 목사, 교회 지도자, 과학자들이 중심을 이루어 2024년까지 약 12번의 회의가 진행됐다. 그중, 위원회가 발족된 후 첫 대회였던 2012년 11월에 열린 자메이카 협의에 주목할 필요가 있다. 케이프타운에서 시작된 창조세계 돌봄과 복음에 대한 대화가 이어지면서, '자메이카 행동 요청(The Jamaica Call to Action)'을 발표했다. 10가지의 구체적 행동 강령을 통해 행동 변화에 대한 긴급성과 중요성을 강조했다.[25]

1. 단순한 삶에 대한 새롭고 확고한 헌신

---

23) 박보경, "로잔운동에 나타나는 화해로서의 선교: 2004년 파타야 포럼과 케이프타운 서약문을 중심으로," 「선교신학」 38(2015), 166.

24) 2015년에 세계복음주의연맹(WEA)이 합류하면서, 로잔/WEA 환경보호네트워크(LWCCN)로 명명하였다.

25) Lausanne Movement, "Creation Care and the Gospel: Jamaica Call to Action," 9 November 2012, https://lausanne.org/statement/creation-care-call-to-action.

2. 창조세계의 돌봄을 위한 신학적 작업 강화

3. 남반구 교회의 리더십 강화

4. 전 교회와 사회의 참여 동원

5. 미전도 종족을 위한 환경적 선교

6. 기후 변화에 대응하기 위한 급진적 행동

7. 먹거리 생산에 있어 지속가능한 원칙

8. 하나님의 창조세계와 조화를 이루는 경제

9. 창조세계 돌봄의 지역적 실천

10. 예언적 옹호와 화해의 회복

이러한 행동 강령은 창조세계 돌봄이 복음에 대한 응답이자 하나님의 선교의 한 부분임을 깨닫게 했다. 한편, '미전도 종족'이라는 표현을 제외하면, 에큐메니컬 운동에서 추구하는 구체적 행동 방법과 크게 다르지 않다. 따라서, 에큐메니컬 운동과 복음주의 운동이 생태 정의와 관련하여 함께 공유하고 실천할 수 있는 단초를 제공했다고 볼 수 있다.

최근 2024년에 열린 제4차 로잔대회에서는 대사명보고서의 25개 주제 중 하나로 창조세계의 돌봄과 관련한 주제를 다루었다. 대회가 열리기 전에는 전쟁과 팬데믹의 영향으로 생태 정의, 창조세계 돌봄에 대해 복음적 이슈로 매우 중요하게 다루어질 것을 기대했다.[26] 하지만 지난 제3차 케이프타운 대회에 비해 생태 정의에 관한 논의가 부각하지도, 충분히 이루어지지도 않았다. 그럼에도 불구하고 창조세계 돌봄 사역자들은 그들의 행보를 멈추지 않았고, 구체적인 논의를 이루기 위해 로잔 대회 이후 바로 국제포럼을

26) 안희열, "로잔 운동의 역사적 평가와 제4차 로잔 대회의 과제," 「복음과 선교」 60(2022), 375.

개최하는 등 청지기적 사명을 논의하고 실천하는데 애쓰고 있다.

결국, 복음주의 운동의 창조세계 돌봄에 관한 관점을 다음과 같이 정리할 수 있다. 첫째, 창조세계를 돌보기 위한 하나님의 부르심을 성서 속에서 찾으려는 노력을 기울인다. 성서 본문을 통해 창조세계 돌봄이 사명의 일부임을 강조함으로써, 이를 인간 구원을 넘어 모든 피조물을 향한 하나님의 사랑의 표현으로 확대한다. 둘째, 부르심에 대한 응답을 무엇보다 교회와 선교의 장에서 풀어내는 것에 관심을 기울인다. 그래서 하나님의 선교가 개인 구원뿐 아니라 공동체와 창조세계의 회복을 포괄함을 보여준다. 셋째, 복음과 정치를 이분법적으로 나누려는 경향이 있어 창조세계 돌봄을 사회적 이슈가 아니라 복음적 부르심으로 이해하는 것을 중요하게 여긴다.[27] 따라서 복음이 세상을 향한 하나님의 사랑과 구원을 전하는 것이라는 믿음에 기반하여, 창조세계 돌봄 또한 하나님의 선교의 중요한 사명으로 본다.

4. 생태적 삶: 풍성한 생명을 향하여

앞에서 살펴본 바와 같이, 세계교회협의회 총회나 로잔대회 같은 국제적 모임에서 하나님의 선교와 관련한 생태 정의를 논하고 행동 방법들을 이야기해 나가는 것은 매우 중요하다. 그러나 이러한 내용들이 곳곳의 지역과 교회에서 함께 논의되고 행해지지 않는다면, 이는 저기 멀리에서 울려 퍼지는 공허한 메아리에 불과하다. 또한 에큐메니컬 운동과 복음주의 운동이 서

27) Sara Kyoungah White, "창조세계 돌봄은 어떻게 복음적 이슈가 되었는가," 20 April 2023, https://lausanne.org/ko/featured-ko/창조세계-돌봄은-어떻게-복음적-이슈가-되었는가.

28) 백소영, "로잔운동의 '총체적 복음'에 대한 여성주의적 제언," 「신학과 사회」 37(2023), 83-84.

로 불통의 벽을 높게 쌓는 것이 아니라, 생태 이슈를 통해 서로의 생각을 공유하고 연대하는 모습이 요청된다. 예를 들어 여성신학자 백소영은 "적어도 '여성' 이슈들을 위해서는 신학적 차이나 신앙적 입장의 다름을 넘어서 양 조직(WCC와 로잔)이 '프로젝트형 연대'를 도모하기를 제안한다."[28] 사실 여성 이슈뿐만 아니라, 생태 이슈 또한 에큐메니컬 운동과 복음주의 운동의 연대를 충분히 제안할 수 있고, 이러한 연대의 모습이 있을 때에만이 전 지구를 살리는 길로 가는, 참된 그리스도인의 행보가 될 것이다.

사고의 전환을 위해서는, 먼저 에큐메니컬 운동과 그 선교 중심이 "하나님의 관심보다 인간적 관심으로, 영적차원보다는 인간적 차원으로 이동"되어 "하나님과 인간 간의 수직적 관계 보다 인간과 인간 사이의 수평적 관계에 강조점을 두는 선교로 변질"되었다고 여기는 복음주의 운동의 시각이 정정될 필요가 있다.[29] 긍정적인 점은, 최근 여러 선교학자들, 특히 복음주의 계열 학자들이 에큐메니컬 운동과 복음주의 운동의 신학적 견해가 서로 모순되거나 반대적이 아니라 서로 상생하는 관계에 있음을 강조하고 있다는 것이다. "선교와 교회에 관한 양 진영의 이해가 처음에는 달랐지만, 시간이 지나면서 논의가 수렴되는 현상을 보인다.… 두 진영 모두 복음을 강조하면서도 우선순위에 관한 강조점이 다르다는 점에 주목해야 한다."[30] 즉, 에큐메니컬과 복음주의 모두 복음의 중요성을 이야기 하지만, 에큐메니컬 운동은 교회를 넘어 세상을 변화시키는 하나님 나라 운동에 중점을 두고 복음의 중

---

29) 김승호, "복음전도의 우선순위를 둔 총체적 선교의 필요성에 대한 고찰: 로잔운동과 현대복음주의를 중심으로," 「ACTS 신학저널」 38(2018), 348.

30) 최동규, "선교적 교회의 신학적 발전 -에큐메니컬 진영과 복음주의 진영을 중심으로," 「장신논단」 53(2021), 268.

31) 박영환, "미래를 위한 WCC 선교와 로잔 선교의 이해와 협력," 「선교신학」 25(2010), 111.

요성을 강조하는 반면, 복음주의 운동은 교회의 존재와 역할의 중요성을 우선적으로 강조하며 사회적 책임을 다해야 한다고 보는 것이다. 그러므로 박영환은 에큐메니컬 운동과 복음주의 운동이 "구조적 관계성을 상호 인정하여 고백하는 일"이 미래 선교의 대안이라고 주장한다.[31]

구체적으로 금주섭은 에큐메니컬 운동과 복음주의 운동의 선교학적 수렴이 진행되었다고 말하며, 네 가지의 공통점을 언급한다. (1) 하나님의 선교 개념은 선교의 공통 기초이다, (2) 하나님 나라는 선교의 공통 목표이다, (3) 선교의 총제적인 이해와 실천은 선교의 공통 방법이다, (4) 상황화는 공통 신학 과제이다.[32] 이렇게 공통된 선교의 개념, 목표, 방법, 신학 과제 아래, 실제로 에큐메니컬 운동과 복음주의 운동은 창조세계 돌봄을 논의하는데 있어 협력의 가능성을 보여준다. 두 운동 모두 하나님의 창조세계를 보전하고 회복하는 데 깊은 관심을 가지며, 이를 하나님의 선교에 포함된 사명으로 인식하고 있다. 특히 하나님의 창조와 인간의 책임을 강조하는 점에서 두 운동은 조화와 공존의 비전을 공유한다. 공통된 선교적 기초 위에서 두 운동은 창조세계를 위한 책임을 함께 논의하고, 이를 통해 하나님 나라를 이루는데 서로 협력할 수 있는 여지를 넓혀가고 있다. 따라서 두 운동이 어떻게 하면 생태 정의와 창조세계 샬롬을 위해 협력하고 연대할 수 있을지 구체적인 내용과 방법을 여섯 가지로 제안하고자 한다.

첫째, 창조 신앙에 기반한 책임의식을 강조해야 한다. 그리스도인은 하나님께서 우주와 모든 피조물을 창조하시고, 인간을 창조세계와 조화롭게

32) Jooseop Keum, "Beyond Dichotomy: Towards a Convergence between the Ecumenical and Evangelical Understanding of Mission in Changing Landscapes," in *The Lausanne Movement: A Range of Perspectives*, edited by Lars Dahle, Margunn Serigstad Dahle, and Knud Jørgensen (Oxford: Regnum Books International, 2014), 398.

살아가도록 만드셨다는 공통된 믿음을 가지고 있다. 이러한 창조 신앙은 인간이 단지 창조세계를 누리는 존재가 아니라, 이를 돌보고 책임져야 하는 존재로 부름 받았음을 일깨워준다. 그리스도인과 교회는 창조세계의 구원과 회복을 위한 사명을 지니며, 이 사명은 모든 피조물이 풍성한 삶을 누릴 수 있도록 돌보는 일로 구체화된다. 이는 창조 신앙에 뿌리를 둔 책임의식으로, 생명을 보호하고 번성하게 하시는 하나님의 속성을 따르는 그리스도인의 의무이자 소명이라 할 수 있다.

이러한 신앙 고백은 단지 개인의 책임이 아니라, 정의를 실현하고 공동체의 중요성을 강조하는 사회적 책임으로 확장된다. 생태 정의와 창조세계의 돌봄을 위해서 무엇보다 정의와 연대가 필수적이다. 하나님의 창조가 모든 생명에게 풍요로운 삶을 선물하듯, 그리스도인들도 정의롭고 생명이 풍성한 세상이 되도록 하기 위해 서로 연대해야 한다. 네이루스 니만트(Nelus Niemandt)는 하나님의 선교가 세 단계로 이루어진다고 설명했다.[33] 첫 번째는 창조 행위 자체에서 시작되며, 두 번째 단계는 하나님이 창조물을 돌보고 번영하도록 인간에게 사명을 부여한 것이다. 마지막으로, 모든 창조물이 풍성한 삶을 누리는 것은 하나님 나라의 완성으로 설명한다. 따라서, 교회와 그리스도인은 하나님의 창조 속에서 창조세계를 보전하고 책임지는 사명을 지닌 존재로서, 창조세계의 정의와 평화로운 공존을 실현하기 위해 함께 노력해야 한다.

둘째, 우리의 죄를 깨달아야 한다. 많은 사람들이 아직도 자원과 에너지를 무한정 사용할 수 있다고 믿고, 생태 위기를 남의 일로 여기며 방관한

33) Nelus Niemandt, "The *Missio Dei* as Flourishing Life," *Ecclesial Futures* 1/1(2020), 22-25.

34) 장준식, 『기후 교회로 가는 길: 우리에게 맡기신 하늘과 땅과 바다』 (서울: 바람이불어오는곳, 2024), 76.

다. 그러나 이 위기는 단순히 사회적 문제가 아니라 신앙의 문제로 이어진다. "기후 문제는 근본적으로 신앙의 문제입니다. 하나님의 땅을 마치 자신의 것인 양 마음대로 착취한 죄의 문제입니다. 좀 더 과격하게 표현하자면, 기후 변화는 인간이 하나님께 반역한 결과입니다."[34] 과격하게 들릴 수 있으나, 기후 비상사태, 생태 위기는 자신의 신앙을 점검하고, 인간 중심적 사고와 행동에 대한 깊은 반성을 하도록 이끈다. 기독교 윤리학자 제임스 내쉬(James A. Nash)는 하나님이 창조하신 세상에 무관심하여 생태 위기를 초래한 것을 "방조죄"라고 표현했다.[35] 또한 2019년도에 가톨릭 교황은 환경을 오염시키고 생태계를 파괴하는 행위를 생태적 죄로 규정하며, 대기오염, 수질오염, 생태계 파괴를 "에코사이드", 즉 생태학살로 부르기도 했다.[36] 이처럼 인간의 죄, 곧 창조세계의 풍성함에서 멀어지게 한 죄를 인식하는 것이 중요하다.

셋째, 죄를 간절히 회개해야 한다. 회개는 그리스도인들에게 매우 중요한 신앙인의 자세이자 삶이다. 헬라어로 메타노니아(metanoia)로 표현되는 회개는 단순히 마음을 돌이키거나 참회하는 것을 넘어, 삶의 방향을 전환하는 것을 의미한다. 오늘날 21세기 기독교 공동체에게 요구되는 회개 중 하나가 바로 생태적 회개이다. 생태적 회개는 하나님이 지으신 창조세계의 회복과 생태계의 치유를 위해 우리의 마음과 생각, 눈과 귀를 향하게 한다. 이는 인간 중심적인 사고와 행동으로 생태계를 파괴해 온 모습을 깊이 반성하고,

35) James A. Nash, *Loving Nature: Ecological Integrity and Christian Responsibility* (Nashville: Abingdon Press, 1991), 73.

36) Bulletin of the Holy See Press Office, "Address of His Holiness Pope Francis to Participants at the World Congress of the International Association of Penal Law," 15 November 2019, https://www.vatican.va/content/francesco/en/speeches/2019/november/documents/papa-francesco_20191115_diritto-penale.pdf.

우리의 생각과 삶의 방향이 변화되도록 촉구한다. 생태적 회개는 단순히 개인적인 변화를 넘어서, 생활방식의 근본적인 변화를 요구하며, 생태계 위기를 초래한 산업화와 식민주의 등의 구조를 깨닫게 한다. 또한 사회 구조 속에서 생태 위기의 가해자, 공범, 방관자로 살아온 우리의 모습을 인정하고 돌아서서 대안적인 길을 찾아 나서도록 돕는다. 즉, 회개란 개인적 차원의 죄를 뛰어넘어 구조적 죄를 인식하고, 생명과 창조세계의 보전을 향한 삶으로 방향을 전환하는 것이다. 이는 참된 구원을 향한 길이며, 모든 그리스도인이 함께 걸어가야 할 삶이다.

넷째, 생태 감수성을 길러야 한다. 감수성이란, 모든 것이 연결되어 있음을 깨닫고 공감하는 능력이다. 생태계는 서로 복잡하게 얽혀 있다. 예를 들면, 방사능 오염수는 단순히 바다만 오염시키는 것이 아니라 다양한 생명체들을 위험에 빠뜨린다. 특히 사회적 약자, 가난한 이들, 여성, 선주민 등에 큰 영향을 미친다. 이러한 점에서 생태 위기는 우리에게 깊은 절망을 안겨준다. 그러나 동시에 감수성을 회복하도록 돕는 희망의 신호로도 볼 수 있다. 여성 신학자 레이첼 뮤어스(Rachel Muers)는 지구의 울부짖음이 회개와 새로운 공동체로의 삶으로 초청하는 예언자적 목소리라고 말했다.[37] 팬데믹 이후 기후 불안에 시달리는 사람이 증가하고 있으며, 불평등한 사회 속에서 기후변화가 야기하는 불안정성으로 인해 우울, 슬픔, 분노를 느끼며 고통을 호소하는 목소리도 커지고 있다. 장준식은 희망을 논하기 위해서는 먼저 현

37) Rachel Muers, "The Holy Spirit, the voices of nature and environmental prophecy," *Scottish Journal of Theology* 67/3(2014), 337.

38) 장준식, 『기후 교회로 가는 길』, 85.

39) Anupama Ranawana, *A Liberation for the Earth: Climate, Race and Cross* (London: SCM Press, 2022), 5.

실을 직시하고 슬픔을 드러내는 것이 중요하다고 말했다.[38] 스리랑카 학자인 아누파마 라나와나(Anupama Ranawana)는 개발도상국이 겪는 기후와 경제 불평등 속에서 분노를 표출하는 것이 의미있는 행위라고 보았다. 라나와나는 분노를 표현하는 것이 곧 희망을 잃지 않도록 하는 행위라고 강조했다.[39] 그런데 여전히 많은 사람들은 자연을 보호해야 할 연약한 대상으로만 보거나, 경제적 이익을 위해 '친환경'을 앞세우는 기업들의 홍보 전략에 휘둘리기도 한다. 이러한 상황에서 그리스도인은 생태계의 일원으로서 하나님의 창조세계에 귀 기울이는 감수성을 키우고, 생태 정의와 생태 영성을 함께 함양해 나가야 한다.

이를 위해 다양한 토착 영성에서 지혜를 배우는 것이 중요하다. 예를 들어 태평양 국가 피지의 생태 신학자들은 아시아 생태 영성이나 선주민의 지혜를 연구하고 이를 널리 알리고자 한다. 이러한 열정은 우리로 하여금 선조들이 자연과 조화롭게 살아온 지혜를 배우고 존중하도록 이끈다. 오늘날 인간은 자연을 파괴하며 살아가고 있지만, 선조들은 자연의 흐름에 순응하며 살아왔다. 그들의 삶은 자연과의 깊은 관계에서 얻은 지혜를 바탕으로 이루어졌기에, 우리는 그 지혜를 배우고 21세기 시대에 맞춰 적용할 필요가 있다. 장준식은 서구와 동양의 관점을 비교하면서, "서구인에게는 회개가 필요하지만, 우리 동양인에게는 감사와 칭찬이 필요하다"고 주장한다.[40] 자연을 훼손한 죄를 회개하는 것은 동서양을 막론하고 모든 인류에게 필요한 자세이지만, 선조들의 지혜를 배우고 감사하는 마음을 가지자는 것을 강조했다는 점에서 이 주장은 의미가 있다. 산업혁명 이전, 전 세계의 선조들은 자연의 변화에 순응하며 살아갔으며, 이는 인류가 공유하는 중요한 삶의 지혜

---

40) 장준식, 『기후 교회로 가는 길』, 46.

였다. 결국, 하나님의 선교는 교회의 경계를 넘어 세상과 소통하고, 시대의 경계를 넘어 창조세계를 위한 책임을 감당하도록 그리스도인을 이끈다. 교회 안과 밖, 과거와 현재를 단절된 것으로 구분하는 사고방식에서 벗어나, 하나님의 선교를 지구 공동체 안에서 창조적으로 실현할 방안을 모색하게 한다. 그러므로 토착 영성에서 배운 자연과의 조화로운 관계를 실천하는 것은 단순히 자연을 보호하는 것에 그치지 않고, 하나님의 선교를 실현하는 중요한 방법이 된다.

다섯째, 생태 신학과 성서 연구에 관심을 가지고, 이를 바탕으로 다양한 예전과 설교를 개발하며 생태 영성을 강조해야 한다. 예배와 공동 기도 속에서 생태 정의를 다루고, 주제 예배나 성례전, 창조절 등을 통해 생태 정의가 그리스도인의 사명임을 분명히 전할 필요가 있다. 예를 들어 스티브 디 그루시(Steve de Gruchy)는 성서에서 요단강 모티브를 기독교 구원 역사에서 물이 중심이 되는 순간으로 해석했다. 그는 갈릴리 해의 생명수에서 사해의 죽은 물로 흐르는 물줄기를 통해 인생에서 선택과 책임, 실천의 중요성을 강조했다.[41] 또한 필자는 물의 영적 비유와 상징적 의미에 더욱 가치를 더함으로써 실제 물이 소홀하게 해석되는 기존의 성서 해석들을 비판했다. 요한복음 4장의 사마리아 여인과 예수의 이야기를 재해석하여, 영적인 물과 마시는 물, 남성과 여성, 인간과 자연의 이분법적 구도를 해체하고, 사마리아 여인이 건넨 물과 예수가 제공한 영적 생명수가 상호 연결되어 있음을 드러냈다.[42] 이처럼 다양한 성서본문을 재해석하여 생태 영성을 강조하는 성

41) Steve de Gruchy, "Dealing with our Own Sewage: Spirituality and Ethics in the Sustainability Agenda," *Journal of Theology for Southern Africa* 134(2009), 61.

42) Seoyoung Kim, "The story of the Samaritan woman and Jesus (John 4:1-41) focusing on water within an ecofeminist theological perspective," *Practical Theology* 15/5(2022), 476.

서 연구 작업들이 더욱 활발해져야 한다.

여섯째, 가정과 지역 교회, 공동체에서 하나님의 창조세계를 돌보기 위한 구체적인 활동을 기획하고 실행해야 한다. 텃밭 가꾸기, 쓰레기 줍기, 재활용 캠페인, 탄소발자국 줄이기 프로젝트, 녹색 교회 사업, 햇빛 발전소 설치, 에너지 절감 건물로 전환 등 생명 살리기 운동에 개인과 교회, 일터, 각 지역 사회가 동참하도록 방법을 공유하는 자세가 필요하다. 또한 정기적인 노회, 지역 모임, 에큐메니컬 및 복음주의 모임에서 생태 정의를 주제로 워크숍을 열고, 하나님의 창조세계를 돌보는 중요성을 알리며 서로의 경험을 나누는 작업이 지속적으로 이루어져야 한다. 현재 탄소 배출량을 줄이기 위해 한국 교회와 세계 교회들이 로드맵을 구성하여 기후변화에 관한 정부간 협의체(IPCC)가 제안한 지구 평균기온 상승을 억제하기 위한 공동의 노력을 기울이고 있다. 교회와 지역, 국가 단위로 에너지 사용량을 보고하고 탄소 배출량을 가시화하며, 탄소 중립을 목표로 구체적 방안을 수립하고 실천해 가는 모습이 지속되기를 기대한다.

결국, 앞서 살펴본 여섯 가지 요청은 개개인의 생활 방식 변화와 더불어 사회적 변화 운동을 추구한다. 장준식은 "성장 대신 탄력성을, 소비 대신 협력을, 발전 대신 지혜를, 중독 대신 균형을, 과잉 대신 적당함을, 편리 대신 비전을, 무관심 대신 책임성을, 그리고 자기중심적 두려움 대신 자기를 내어주는 사랑"을 제시하며 생태 위기의 시대에 맞춘 제자도를 이야기한다.[43] 이것은 그리스도인뿐 아니라 지구 공동체에 살고 있는 모든 인류가 추구해야 하는 것이다. 지구가 다시 회복할 수 있는 회복탄력성의 한계를 넘지 않도록 하려면 인간의 노력이 필요하다. 그 노력은 하나님의 창조세계, 자연과 조화

43) 장준식, 『기후 교회로 가는 길』, 55.

를 이루는 삶으로 이끌어, 자연 파괴적 삶의 방식, 사회적 구조에서 벗어나도록 도울 것이다. 생태 정의를 행하는 것, 그것이 바로 하나님의 선교를 위한 우리 시대에 가장 중요하고 긴급한 사명임을 잊지 말길 바란다.

5. 나가는 말

종합하자면, 하나님의 선교는 크게 두 가지 중요한 특징을 지닌다. 첫째, 하나님의 선교는 그 주체가 하나님 자신임을 고백하는 데서 출발한다. 이는 교회가 선교의 주체가 아니라 하나님의 선교에 참여하는 사명을 부여받았음을 인식하게 한다. 교회는 선교를 통해 단순히 교세를 확장하는 데 그치지 않고, 억압받고 고통받는 자들과 함께하시는 하나님의 역사에 동참하게 된다. 각 지역의 문화와 역사 속에서 하나님이 행하시는 구원과 해방의 활동에 참여함으로써, 그리스도인은 기존의 서구 문화와 교리적 틀을 넘어 새로운 관점에서 하나님의 선교에 응답하게 된다. 구약시대에 선지자와 예언자를 보내시고, 신약시대에 예수와 성령을 이 땅에 보내신 하나님께서, 오늘날에는 우리를 세상 속으로 보내신다는 고백은 그리스도인의 삶이 곧 하나님의 구원 역사에 동참하는 자리임을 깊이 깨닫게 한다.

둘째, 하나님의 선교는 영혼 구원에 국한되지 않고, 창조세계 전체의 온전함을 회복하는 통전적, 총체적인 선교를 지향한다. 이는 교회를 단지 개인의 신앙 공동체로 제한하지 않고, 창조세계의 정의와 평화, 샬롬을 이루는 공동체로 부르신 하나님의 뜻을 반영한다. 이와 관련하여, 조해룡의 한 문장은 교회의 역할을 잘 요약한다. “교회는 하나님의 선교를 위해 세상에 보내진 하나님의 선교적 도구로서 그 역할은 창조세계의 회복과 하나님의 선교서 샬롬을 선교하는 데 있다.[44] 그리스도인과 교회는 풍성한 생명과 함께 살아가며, 창조세계의 파괴와 생태 위기의 시대 속에서 책임을 다하도록 부름받았다. 그러므로 창조세계와 함께하는 회복의 여정을 통해 하나님의 사랑을 증거하며, 그리스도의 부활 생명이 모든 피조물 가운데 드러나도록 해야 한다.

이와 같은 하나님의 선교 개념에 따라, 에큐메니컬 운동과 복음주의 운동은 창조세계를 보전하고 돌보는 공동의 사명에 부름받았다. 각기 다른 전통과 역사를 지닌 두 운동은 하나님 나라를 위한 다양한 방식의 선교 활동을 펼쳐왔으나, 이제는 서로 힘을 합하여 하나님의 나라가 임하도록 연대해야 할 시기이다. 서로의 차이점에만 집중하며 경계를 두는 대신, 하나님의 정의와 평화가 강물같이 흐르는 세상을 위해 협력해야 한다. 지금 우리에게 주어진 시대적 소명은 생태 위기에 응답하여 개인의 변화와 사회적 구조의 변화를 함께 이루어 가는 것이다. 이를 통해, 하나님께서 창조하신 세계에 풍성한 생명이 깃들어 '보시기에 좋았더라'라는 하나님의 말씀이 회복된 지구 공동체가 이루어지기를 소망한다.

---

44) 조해룡, "기후위기 시대 선교적 교회의 생태학적 선교과제: 창조세계 보전과 생태학적 선교를 중심으로," 「선교신학」 70(2023), 308.

제1장

- 김승호. “복음전도의 우선순위를 둔 총체적 선교의 필요성에 대한 고찰: 로잔운동과 현재 복음주의를 중심으로.” 「ACTS 신학저널」 38(2018), 327-353.
- 박보경. “로잔복음화 운동과 한국교회: 로잔운동에 나타난 전도와 사회적 책임의 관계.” 「복음과 선교」 22(2013), 9-43.
- 박영환. “미래를 위한 WCC 선교와 로잔 선교의 이해와 협력.” 「선교신학」 25(2010), 73-117.
- 안승오. “종교간 대화의 기원과 방향 연구.” 「선교신학」 12(2006), 229-260.
- 이용원. “빌링겐에서 나이로비까지.” 「선교와 신학」 4(1999), 67-100.
- 김동선. 『하나님의 선교: 그 신학과 실천』. 서울: 한국장로교출판사, 2000.
- 김선일. 『전도의 유산: 오래된 복음의 미래』. 서울: SFC, 2014.
- 니제이 굽타/박장훈 역. 『신약 단어 수업』. 서울: IVP, 2024.
- 도날드 A. 맥가브란/전재옥 외 2인 역. 『교회성장이해』. 서울: 한국장로교출판사, 2003.
- 레슬리 뉴비긴/홍병용 역. 『오픈 시크릿』. 서울: 복 있는 사람, 2012.
- ______/홍병용 역. 『다원주의 사회에서의 복음』. 서울: IVP, 2012.
- ______/홍병룡 역. 『헬라인에게는 미련한 것이요』. 서울: IVP, 2013.
- ______/홍병룡 역. 『변화하는 세상 변함없는 복음』. 서울: 아바서원, 2016.
- 로잔 운동/최형근 역. 『케이프타운 서약: 하나님의 선교를 위한 복음주의 헌장』. 서울: IVP, 2014.
- 로버트 뱅크스/장동수 역. 『바울의 공동체 사상』. 서울: IVP, 2007.
- 로버트 E. 콜만/서진희 역. 『다시 복음의 핵심으로』. 서울: 넥서스, 2012.
- 마이클 고힌/이종인 역. 『교회의 소명』. 서울: IVP, 2021.
- 사미자. 『종교심리학』. 서울: 장로회신학대학교출판부, 2001.
- 안승오. 『로잔운동의 좌표와 전망: 왜? 어떻게? 어디로?』. 서울: 기독교문서선교회, 2023.
- 알리스터 맥그리스/노종문 역. 『변증이란 무엇인가』. 서울: 복 있는 사람, 2024.
- 이도영. 『페어 처치』. 서울: 새물결플러스, 2017.
- 옥한흠. 『다시 쓰는 평신도를 깨운다』. 서울: 두란노, 1998.
- 위르겐 몰트만/이신건 역. 『성령의 능력 안에 있는 교회』. 서울: 대한기독교서회, 2017.

- 김동춘. "왜 개신교신앙언어는 공공성과 충돌하는가?," 조석민 외 6인. 『세월호와 역사의 고통에 신학이 답하다』. 서울: 대장간, 2014.
- 조지 G. 헌터III/최동규 역. 『소통하는 전도』. 서울: CLC, 2018.
- 존 스토트/정지영 역. 『한 백성』. 서울: 아바서원, 2012.
- _____/김명혁 역. 『현대기독교 선교』. 서울: 성광문화사, 1981.
- 존 스토트&크리스토퍼 라이트/김명희 역. 『선교란 무엇인가』. 서울: IVP, 2018.
- 존 하워드 요더/신원하·권연경 역. 『예수의 정치학』. 서울: IVP, 2013.
- 제프 밴더스텔트/장성은 역. 『복음의 언어』. 서울: 토기장이, 2017.
- 최동규. 『미셔널 처치』. 서울: 대한기독교서회, 2017.
- 크레이그 밴 겔더/최동규 역. 『교회의 본질』. 서울: CLC, 2015.
- 크리스토퍼 라이트/정옥배·한화룡 역. 『하나님의 선교』. 서울: IVP, 2013.
- _____/정효진 역. 『하나님의 선교, 세상을 바꾸다』. 서울: IVP, 2024.
- 톰 홀랜드/최성호·정지영 역. 『로마서 주석』. 서울: 기독교문서선교회, 2016.
- 한스 큉/안명옥 역. 『세계윤리구상』. 서울: 분도출판사, 1992.
- 황인성 외 8인. 『문명 전환기에 선 교회의 변화』. 서울: 동연, 2024.
- 황병준. 『미래교회 트렌드』. 고양: 올리브 나무, 2014.
- Bosch, David J. *Transforming Mission: Paradigm Shifts in Theology of Mission*. Maryknoll, NY: Orbis Books, 1991.
- Bauer, Walter&Danker, Frederick W. *A Greek-English lexicon of the New Testament and other early Christian literature*. Chicago: University of Chicago Press, 2000.
- Edwards, James R. "The Gospel according to Luke." edited by D. A. Carson. in *The Pillar New Testament Commentary*. Grand Rapids, MI; Eerdmans, 2015.
- Kraemer, Hendrik. *Die christliche Botschaft in einer nichtchristlichen Welt*. Zurich: Evangelischer Verlag, 1940.
- Kittel, Gerhard&Geoffrey W. Bromiley&Gerhard Friedrich. "καταλλ σσω," in *The Theological Dictionary of the New Testament*. Grand Rapids, MI: Eerdmans, 1964.
- Morris, Leon. "The Gospel according to Romans." edited by D. A. Carson, in *The Pillar New Testament Commentary*. Grand Rapids, MI; Eerdmans, 2015.
- Schnabe, Eckhard J. *Mark in Tyndale New Testament Commentaries*. London: Inter-Varsity Press, 2017.
- 장병준. "WCC 2013 선교문서: 함께 생명을 향하여."접속 2024년 6월 25일.https://www.christiandaily.co.kr/news/18422.

- "언어." 국립국어원 표준국어대사전. 접속 2024년 6월 14일. https://stdict.korean.go.kr/search/searchView.do.
- 탄소중립 정책포털. "탄소중립." https://www.gihoo.or.kr/menu.es?mid=a30101020000. (2024년 8월 2일 접속).

제2장

- 권오훈. "하워드 스나이더(Howard A. Snyder)의 선교적 교회론." 「선교신학」 36(2014), 47-77.
- 김동영. "관계성을 향한 인간의 욕구와 종교적 체험." 「신학논단」 77(2014), 329-361.
- ———."사랑의 관계성 회복과 치유에 대한 통전적 이해." 「신학과 실천」 56(2017), 377-408.
- 김민희. "증언의 도구로서의 평신도 사도직의 사회적 소명." 「선교신학」 66(2022), 43-71.
- 김신구. "통전적 선교를 위한 현대교회의 성육신적 모습." 「선교신학」 57(2020), 37-67.
- ———. "행위예술의 관점에서 본 예수의 비언어적 표현들: 선교적 행위예술의 신학적 규정을 위한 한 시도." 「선교신학」 71(2023), 13-52.
- ———. 『통섭적 목회 패러다임』. 고양: 나눔사, 2023.
- 김은수. "로잔운동에 나타난 통전적 선교 연구." 「선교신학」 56(2019), 90-119.
- 김익진. "예술치료에서 예술의 의미." 「예술심리치료연구」 9(2013), 213-237.
- 김희성. 『입체적으로 본 산상보훈』. 서울: 영성, 2005.
- 다니엘 L. 밀리오리/이정배 역. 『조직신학입문』. 서울: 나단, 1994.
- 대한성서공회. 『관주·해설 성경전서(개역개정판)』. 서울: 대한성서공회, 2005.
- 도널드 맥가브란/박보경·이대헌·최동규 외 1인 역. 『교회성장 이해』. 서울: 대한기독교서회, 2017.
- 두란노서원. 「생명의 삶 +PLUS: 마가복음 1-10장」. 서울: 두란노서원, 2014.
- ———. 「생명의 삶 +PLUS: 마가복음 11-16장/디도서」. 서울: 두란노서원, 2019.
- 레슬리 뉴비긴/홍병룡 역. 『교회란 무엇인가?』. 서울: IVP, 2010.
- ——— /홍병룡 역. 『다원주의 사회에서의 복음』. 서울: IVP, 2007.
- 크레이그 밴 겔더 & 드와이트 J. 샤일리/최동규 역. 『선교적 교회론의 동향과 발전』. 서울: CLC, 2015.
- 로날드 J. 사이더/이상원 박원국 역. 『복음전도와 사회운동』. 서울: CLC, 2013.
- 로잔운동. 『케이프타운 서약-하나님의 선교를 위한 복음주의 헌장』. 서울: IVP, 2012.
- 류욱렬. "배우로 부름 받은 그리스도인, 연극으로서의 예배." 「신학과 실천」 82(2022), 117-141.
- 마이클 프로스트·앨런허쉬/지성근 역. 『새로운 교회가 온다』. 서울: IVP, 2016.

- 박보경. “로잔복음화 운동과 한국 교회: 로잔운동에 나타난 전도와 사회적 책임의 관계.” 한국로잔연구교수회 편. 『로잔운동과 선교』. 서울: 한국로잔위원회, 2014
- 신현우. 『누가복음 어떻게 읽을 것인가』. 서울: 성서유니온, 2016.
- 안승오. “로잔운동에 나타난 에큐메니칼 선교신학의 영향.” 한국로잔연구교수회 편. 『로잔운동과 선교전략』. 서울: 한국로잔위원회, 2018.
- 안용준. “개혁주의생명신학 하나님나라운동의 예술적 함의.” 「생명과말씀」 18(2017), 89-137.
- 에이든 토저/이영희 역. 『하나님을 추구함』. 서울: 생명의 말씀사, 1980.
- 월터 브루그만/김기철 역. 『예언자적 상상력』. 서울: 복있는사람, 2009.
- 이병옥. “크레이그 밴 겔더(Craig Van Gelder)의 선교적 교회론.” 한국선교신학회 편. 『선교적 교회론과 한국교회』. 서울: 대한기독교서회, 2015.
- 이승규. “에이전시 신학으로 본 선교 행위의 정당성과 진정성.” 「선교와신학」 59(2023), 463-491.
- 이재석. “예수의 발 씻기 내러티브(요 13:1-20)의 선교적 읽기.” 「선교신학」 64(2021), 193-228.
- 이종록. “예언과 공연.” 이정구 외 16인. 『예술신학 톺아보기』. 서울: 신앙과 지성사, 2017.
- 조지 G. 헌터 3세/전석재·정일오 역. 『사도적 교회』. 서울: 대서, 2014.
- 존 듀이/박철홍 역. 『경험으로서 예술(1)』. 파주: 나남, 2016.
- 차정식. “예수의 행위예술.” 이정구·오택현·이종록 외 14인. 『예술신학 톺아보기』. 서울: 신앙과 지성사, 2017.
- 찰스 H. 크래프트/임윤택·김석환 역. 『기독교와 문화』. 서울: CLC, 2006.
- 찰스 벤 엥겐/임윤택 역. 『하나님의 선교적 교회』. 서울: CLC, 2014.
- 최상인. “착한 행실에 대한 신학적 논의.” 서울신학대학교 박사학위논문, 2023.
- 크레이그 밴 겔더/최동규 역. 『교회의 본질』. 서울: CLC, 2015.
- 크리스토퍼 라이트/정효진 역, 『하나님의 선교, 세상을 바꾸다』 서울: IVP, 2024.
- 하워드 스나이더/김영국 역. 『그리스도의 공동체』. 서울: 생명의 말씀사, 1987.
- ______/최형근 역. 『교회 DNA』. 서울: IVP, 2006.
- 홍기영. “선교적 교회론의 관점에서 본 선교.” 한국선교신학회 편. 『선교적 교회론과 한국교회』. 서울: 대한기독교서회, 2015.
- Betz, Hans Dieter. “Jesus and the Purity of the Temple (Mark 11:15-18): A Comparative Religion Approach.” *JBL* 116(1997), 455-472.
- Bosch, David J. “Reflection on biblical Models of Mission.” in *Towards the Twenty First Century in Christian Mission*. Edited by John M. Phillips & Robert T. Coote. Grand Rapids MI: Eerdmands, 1993.
- ______. *Transforming mission: paradigm shifts in theology of mission*. Maryknoll, NY: Orbis Books, 1991.

- Costas, Orlando E. *Liberating News: A Theology of Contaxtual Evangelization*. Grand Rapids MI: Eerdmans, 1989.
- Glasser, Arthur F. *Announcing the Kingdom*. Grand Rapids, MI: Baker Academic, 2003.
- Grand Rapids Report. *Evangelism and Social Responsibility: An Evangelical Commitment*. LCWE and WEF, 1982.
- Green, Michael. "Methods and Strategy in the Evangelism of the Early Church." in *Let the Earth Hear His Voice*, Edited by J. D. Douglas. Minneapolis: World Wide Publication, 1975.
- Henry, Carl F. H. *A Plea for Evangelical Demonstration*. Grand Rapids MI: Baker Books, 1971.
- Keller, Timothy J. "The Gospel in All Its Forms." in *Gospel in Life*, 1, accessed September 28, 2017. https://www.cru.org/us/en/train-and-grow/share-the-gospel/the-gospel-in-all-its-forms.html.
- Moltmann, Jürgen. *The Crucified God: The Cross of Christ as the Foundation and Criticism of Christian Theology*. Translated by R. A. Wilson and John Bowden. New York: Harper & Row, 1974.
- Newbigin, Lesslie. *Trinitarian Faith and Today's Mission*. Richmond: John Knox Press, 1963.
- Nikolajsen, Jeppe Bach. "Beyond Sectarianism: The Missional Church in a Post-Christendom Society." *Missiology: An International Review* 41/4(2013), 462-475. https://www.academia.edu/4092420/Beyond_Sectarianism_The_Missional_Church_in_a_Post_Christendom_Society.
- Schreiner, Patrick. *The Body of Jesus: A Spatial Analysis of the Kingdom in Matthew*. The Library of New Testament Studies Series, no 555. London: Bloomsbury, 2016.
- Seung Gyu, Lee. "A study on the possibility of agency theology." Unpublished Ph. D. Dissertation. Doctoral diss. King's College London, 2015.
- Stacey, David. *Prophetic Drama in the Old Testament*. London: Epworth Press, 1990.
- Stott, John R. W. *The Contemporary Christian*. Downner Grove, IL: InterVarsity, 1992.
- Suderman, Robert J. "Reflections on Hospitality and the Missional Church." Vision 3/1(2002), 44-50. https://press.palni.org/ojs/index.php/vision/article/view/589/532.
- Van Gelder, Craig. & Dwight Zscheile. *The Missional Church in Perspective: Mapping Trends and Shaping the Conversation*. Grand Rapids, MI: Baker Academic, 2011.
- https://www.goscon.co.kr/news/articleView.html?idxno=41432 (2024년 10월 1일 접속).

제3장

- 강태봉·구교형·김재완 외 32인. 『겸직 목회』. 서울: 솔로몬, 2022.
- 이효재. 『일터신앙』. 서울: 토비아, 2018.
- 미로슬라브 볼프/백지윤 역. 『일과 성령』. 서울: IVP, 2019.
- 알버트 M. 월터스/양성만·홍병룡 역. 『창조 타락 구속』. 서울: IVP, 2007.
- 월터 라우센부시/남병훈 역. 『사회복음을 위한 신학』. 서울: 명동, 2012.
- 오만종. "일터사역을 위한 목회사회학적 고찰." 실천신학대학원대학교 박사학위논문, 2022.
- 김광성. "복음주의 선교신학 관점에서 선교로서의 비즈니스선교 개념에 대한 선교신학적 근거 고찰 - 로잔운동 공식문서를 중심으로." 「장신논단」 51(2019), 277-301.
- 김동현. "디지털 시대, 교회가 나아가야 할 길은?." 「한국기독공보」. 2024.2.25.
- 박건도. ""돈쭐내러 왔습니다"…교회카페에 사람 몰리는 이유." 「굿뉴스」. 2022.12.20.
- 이광석. "(9)자원 공유·공생 '커먼즈', 플랫폼 만나 '자본주의 대안'으로 도약 꿈." 「경향신문」. 2019. 9.5.
- 이용필. "서울영동교회, 국내 최초 공정무역 교회 되다." 「뉴스엔조이」. 2014.12.14.
- 이재운. ""사무실 출근하지 마세요" 네이버 '커넥티드 워크' 1년, 직원들 평가 들어보니." 「아이뉴스24」. 2023.7.6.
- 조준영. ""크리스천 귀농 지원 교단적 관심 필요"." 「기독신문」. 2022.1.18.
- 고용노동부. 『2023년 플랫폼종사자 실태조사』. 세종: 고용노동부, 2024.
- 고은이. "타투해도 돼? 질문에 주님AI 답변은…GPT 도입한 기독교 스타트업." 「한국경제」, 2024년 6월 8일. https://www.hankyung.com/article/202406082813i.
- 과학기술정보통신부·한국지능정보사회진흥원. "2023 디지털정보격차 실태조사." 2024.3.29. 접속 2025.2.14. https://www.nia.or.kr/site/nia_kor/ex/bbs/View.do?cbIdx=81623&bcIdx=26517&parentSeq=26517.
- 사랑글로벌아카데미. "기관 소개." 사랑글로벌아카데미. 2025년 2월 7일 접속, https://www.sarangglobalacademy.com/about.
- 이상진. "IT 미션 컨퍼런스 2023, '디지털시대와 선교' 주제로 개최." 2023.11.23. 접속 2025.2.14. https://www.christiandaily.co.kr/news/130292.
- Calvin, John. *Institutes of the Christian Religion*. Edinburgh: Calvin Translation Society, 1845.
- Haynes, Matthew & Krüger, P. Paul. "Creation Rest: Exodus 20:8-11 and the First Creation Account." *Old Testament Essays* 31/1(2018), 90-113. https://scielo.org.za/pdf/ote/v31n1/05.pdf.

- Malesic, Jonathan. ""Nothing Is to Be Preferred to the Work of God": Cultivating Monastic Detachment for a Postindustrial Work Ethic." *Journal of the Society of Christian Ethics* 35/1(2015), 45-61. https://scholar.google.com/citations?view_op=view_citation&hl=en&user=q6inszEAAAAJ&citation_for_view=q6inszEAAAAJ:_FxGoFyzp5QC.
- Hanson, Jeffrey. "Thomas Aquinas and the Qualification of Monastic Labor." *Religions* 15/3 (2024), 1-15. https://www.mdpi.com/2077-1444/15/3/366.
- Kotter, David. "Milkmaids No More: Revisiting Luther's Doctrine of Vocation from the Perspective of a "Gig" Economy," *Southern Baptist Journal of Theology* 22/1(2018), 85-95. https://cf.sbts.edu/equip/uploads/2018/07/SBJT-22.1-Luther-Vocation-Kotter.pdf.
- McKinzie, Greg. "An Abbreviated Introduction to the Concept of Missio Dei," *Missio Dei: A Journal of Missional Theology and Praxis* 1/3(2010), 9-20. https://churchhealthwiki.wordpress.com/wp-content/uploads/2016/09/article-abbrv-intro-to-missio-dei.pdf.
- Goheen, Michael. "Gospel and Cultures: Lesslie Newbigin's Missionary Contribution," *Philosophia Reformata* 66/2(2001), 178-188. https://philpapers.org/rec/GOHGCA.
- IBA. "IBA 와 BAM Global Think Tank." 접속 2025.2.14. http://www.iba-all.org/.
- IBM. "What Is Digital Transformation?." 접속 2025.2.14. https://www.ibm.com/think/topics/digital-transformation.
- Life.Church. https://info.life.church/hubfs/Prayer_Team_Training_2016.pdf.
- _____. https://www.life.church/lconline/.

제4장

- 김광기. "관용과 환대. 그리고 이방인: 하버마스와 데리다를 중심으로." 「현상과 인식」 36(2012), 133-160.
- 김승호. "복음전도의 우선순위를 둔 총체적 선교의 필요성에 대한 고찰: 로잔운동과 현대복음주의를 중심으로." 「ACTS 신학저널」 38(2018), 327-353.
- 김승환. 『도시를 어떻게 충만케 할 것인가?』. 서울: 새물결플러스, 2024.
- 김애령. "이방인과 환대의 윤리." 「현상학과 현대철학」 39(2008), 175-205.
- 김태은. "환대 구성개념 측정을 위한 실증적 범용 척도 개발." 「현대사회와 다문화」 9(2019), 1-35.
- 김혜령. 『기독시민교양을 위한 나눔 윤리학』. 서울: 잉클링즈, 2022.
- 노만 가이슬러·데이비드 가이슬러/김문수·정미아 역, 『마음을 여는 전도 대화』. 서울: 순출판사, 2011.
- 문성훈. "타자에 대한 책임, 관용, 환대 그리고 인정: 레비나스, 왈쩌, 데리다, 호네트를 중심으로." 「사회와 철학」 21(2011), 391-418.

- 미로슬라브 볼프/박세혁 역. 『배제와 포용』. 서울: IVP, 2012.
- 박보경. “로잔운동에 나타난 전도와 사회적 책임의 관계.” 「복음과 선교」 [illegible](201[illegible]), [illegible].
- ______. “‘치유를 지향하는 환대’의 선교학을 위한 시론: 이야기식 접근을 중심으로.” 「선교신학」 61 (2021), 114-143.
- 백충현. “로잔운동에서 크리스토퍼 라이트의 ‘하나님의 선교(the Mission of God)’에 관한 연구.” 「신학사상」 196(2022), 167-191.
- 서동욱. 『타자철학: 현대 사상과 함께 타자를 생각하기』. 서울: 반비, 2022
- 스티브 윌킨스·마크 L. 샌포드/안종희 역. 『은밀한 세계관 - 우리를 조종하는 8가지 이야기』. 서울: IVP, 2013.
- 안승오. “로잔운동에 나타난 에큐메니컬 선교신학의 영향.” 「복음과 선교」 39(2017), 119-150.
- 엠마뉴엘 레비나스/김도형·문성원 역. 『타자성과 초월』. 서울: 그린비, 2020.
- 엘리자베스 A. 시갈/안종희 역. 『사회적 공감』. 서울: 생각이음, 2019.
- 오지석·이지하·장은수 외 1명. “코로나 전 후 시대 돌봄과 환대의 필요성 연구: 기독교윤리적 관점에서.” 「현대유럽철학연구」 70(2023), 309-331.
- 이정구. “환대와 화해의 공동체, 영성의 도시: 필립 셸드레이크의 『도시의 영성』.” 「기독교사상」 725 (2019), 199-206.
- 이종원. “혐오에서 공감과 환대에로: 코로나19 시대의 공감과 환대.” 「기독교사회윤리」 49(2021), 105-138.
- 정승우. “칭의론에 나타난 환대의 윤리.” 「대학과 선교」 40(2019). 129-159.
- 제임스 데이비드 헌터/배덕만 역. 『기독교는 세상을 어떻게 변화시키는가』. 서울: 새물결플러스, 2014.
- 조슈아 W. 지프/송일 역. 『환대와 구원: 혐오, 배제, 탐욕, 공포를 넘어 사랑의 종교로 나아가기』. 서울: 새물결플러스, 2019.
- 조해룡. “환대의 신학에 나타난 하나님의 선교와 교회의 선교적 정체성 연구: 교회와 이웃 사이의 다리 이어주기.” 「선교신학」 74(2024), 186-214.
- 크리스토퍼 라이트/한화룡 역. 『하나님 백성의 선교』. 서울: IVP, 2012.
- ______/정효진 역. 『하나님 백성의 선교, 세상을 바꾸다』. 서울: IVP, 2024.
- 파커 J. 파머/김찬호 역. 『비통한 자들을 위한 정치학: 왜 민주주의에서 마음이 중요한가』. 파주: 글항아리. 2012.
- 한국일. “한국적 상황에서 본 선교적 교회: 지역 교회를 중심으로.” 「선교와 신학」 30(2012), 75-115.
- 헨리 나우웬/이상미 역. 『영적 발돋움』. 개정 2판. 서울: 두란노, 2007.
- Boersma, Hans. *Violence, Hospitality, and the Cross*. Grand Rapids, MI: Baker Academic, 2006.
- Newman, Elizabeth. *Untamed Hospitality: Welcoming God and Other Strangers*. Grand Rapids, MI: Brazos Press, 2007.

• Smither, Edward L. *Mission as Hospitality: Imitating the Hospitable God and Mission*. Eugene, OR: Cascade Books, 2021.

제5장

• 국립국어원. “변혁.” 『국립국어원 표준국어대사전』. (서울: 국립국어원, nd), (2024.09.02.), https://stdict.korean.go.kr/search/searchResult.do?pageSize=10&searchKeyword=변혁.

• 금주섭. “‘다함께 생명을 향하여’-WCC 선교 성명에 대한 개론.” 대한예수교장로회 총회 세계선교부 편. 『PCK 해외 선교 저널』 1. 서울: 대한예수교장로회 총회, 2014.

• 김영동. “WCC 새로운 선교문서 ‘함께 생명을 향하여’의 한국적 성찰.” 「선교와 신학」 34(2014), 13-44.

• ______. “공적 선교 신학 형성의 모색과 방향.” 「장신논단」 46(2014), 297-322.

• ______. “‘WCC 선교와 전도에 대한 새로운 확언’에 대한 비평적 고찰.” 「장신논단」 45(2013), 45.

• 김창환. “공적 선교학: 선교학과 공공신학의 대화.” 「선교와 신학」 57(2022), 9-36.

• ______. 『공공신학과 교회』. 서울: 대한기독교서회, 2021.

• 로잔운동/최형근 역. 『케이프타운 서약: 하나님의 선교를 위한 복음주의 헌장』. 서울: IVP, 2014.

• 안승오. 『로잔운동의 좌표와 전망: 왜? 어떻게? 어디로?』. 서울: CLC, 2023.

• 윤철호. 『한국교회와 하나님 나라를 위한 공적 신학』. 서울: 새물결플러스, 2019.

• 전은강. “리처드 니버와 디트리히 본회퍼의 윤리 비교연구- 책임 개념의 공공성을 중심으로.” 장로회신학대학교 신학석사논문, 2019.

• 홍승만. “변혁적 제자도에 대한 선교신학적 연구- TTL 문서와 아루샤 세계선교대회를 중심으로.” 장로회신학대학교 박사학위논문, 2022.

• Ahonen, Tina. *Transformation through Compassionate Mission: David J. Bosch's Theology of Contextualization*. Helsingki: Luther-Agricola-Soiety, 2003.

• Bell, Daniel M. “State and Civil Society.” in *The Blackwell Companion to Political Theology*. Peter Scott and Wiiliam T. Cavanauggh eds. Oxford: Blackwell, 2004.

• Bevans, Stephen. “Transforming Discipleship: Missiological Reflections.” *International Review of Mission* 105(2016), 75-85.

• Bosch, David J. *Transforming Mission: Paradigm Shifts in Theology of Mission*. Maryknoll, NY: Orbis Books, 2003.

• ______/김만태 역. 『변화하는 선교』 제3판. 서울: CLC, 2017.

• ______. “The Kingdom of God and the Kingdom of this world.” *Journal of Theology for Southern Africa* 29(1979), 3-13.

• Kenneth R. Ross, Jooseop Keum, Kyriaki Avtzi and Roderick R. Hewitt eds./한국 에큐메니컬학회 역. 『에큐메니컬 선교학: 변화하는 지형과 새로운 선교 개념』. 서울: 대한기독교서회, 2010.

• Fensham, Charles. "Faith Matters: Towards a Public Missiology in the Midst of the Ecological Crisis." *Toronto Journal of Theology* 31(2015), 17-28.

• Jukko, Risto and Jooseop Keum eds. *Moving in the Spirit: Report of the WCC Conference on World Mission and Evangelism*. Geneva: WCC Publications, 2019.

• Keum, Keum, Jooseop. ed/정병준 역. 『함께 생명을 향하여: 변화하는 세계 지형 속에서 선교와 전도- 실천지침서』. 서울: 대한기독교서회, 2016.

• Leffel, Gregory. "The 'Public' of a Missiology of Public Life: Actors and Oppotunities." *Missiology: An International Review* 44(2016), 167-179.

• Martinez, Gaspar. *Confronting the Mystery of God: Political, Liberation, and Public Theologies*. London: Continuum, 2001.

• Nordstokke, Kjell. ed. *Diakonia in Context: Transformation, Reconciliation, Empowerment- An LWF Contribution to the Understanding and Practice of Diakonia*. Geneva: Lutheran World Federation, 2009.

• Okesson, Gregg. *A Public Missiology: How Local Church Witness to a Complex World*. Grand Rapid: Baker Academic, 2020.

• Stackhouse, Max L. *Globaization and Grace: God and Globalization, Volume IV*. New York& London: The Continuum International Publishing Group, 2007.

• Tracy, David. *The Analogical Imagination: Christian Theology and the Culture of Pluralism*. New York: The Crossroad Publishing Company, 1987.

• 네이버 영어사전. "Transform." (2024.09.08.), https://en.dict.naver.com/#/entry/enko/4693c7b8a6c44c5f813c030660836ceb.

• Merriam-Webster.com Dictionary. "Transformation." Merriam-Webster, 2024.09.08., https://www.merriam-webster.com/dictionary/transformation.

• Merriam-Webster.com Dictionary. "Transformative." Merriam-Webster, 2024.09.08., https://www.merriam-webster.com/dictionary/transformative.

• Merriam-Webster.com Dictionary. "Transform." Merriam-Webster, 2024.09.08., https://www.merriam-webster.com/dictionary/transform.

• Van Engen, Charles/임윤택, 서경란 역. 『개혁하는 선교신학』. 서울: CLC, 2021.

• WCC/김동선 역. 『통전적 선교를 위한 신학과 실천』. 서울: 대한기독교서회, 2007.

제6장

- 게오르크 피체돔/박근원 역. 『하나님의 선교』. 서울: 대한기독교출판사, 1980.
- 김승호. “복음전도의 우선순위를 둔 총체적 선교의 필요성에 대한 고찰: 로잔운동과 현대복음주의를 중심으로.” 「ACTS 신학저널」 38(2018), 327-353.
- 박보경. “로잔운동에 나타나는 화해로서의 선교: 2004년 파타야 포럼과 케이프타운 서약문을 중심으로.” 「선교신학」 38(2015), 141-170.
- 박영환. “미래를 위한 WCC 선교와 로잔 선교의 이해와 협력.” 「선교신학」 25(2010), 73-117.
- 백소영. “로잔운동의 ‘총체적 복음’에 대한 여성주의적 제언.” 「신학과 사회」 37(2023), 57-90.
- 백충현. “로잔운동에서 크리스토퍼 라이트의 ‘하나님의 선교’(the Mission of God)에 관한 연구.” 「신학사상」 196(2022), 167-191.
- 서남동. “자연에 관한 신학.” 「신학논단」 11(1972), 85-96.
- 안희열. “로잔 운동의 역사적 평가와 제4차 로잔 대회의 과제.” 「복음과 선교」 60(2022), 349-383.
- 요하네스 호켄다이크/이계준 역. 『흩어지는 교회』. 서울: 대한기독교서회, 1988.
- 장준식. 『기후 교회로 가는 길: 우리에게 맡기신 하늘과 땅과 바다』. 서울: 바람이불어오는곳, 2024.
- 조해룡. “기후위기 시대 선교적 교회의 생태학적 선교과제: 창조세계 보전과 생태학적 선교를 중심으로.” 「선교신학」 70(2023), 282-312.
- 최동규. “선교적 교회의 신학적 발전 -에큐메니컬 진영과 복음주의 진영을 중심으로.” 「장신논단」 53(2021), 247-273.
- 캐서린 켈러/박일준 역. 『길 위의 신학』. 서울: 동연, 2020.
- 한국교회환경연구소 편. 『WCC 공식문서를 통해본 생태신학과 에큐메니컬 운동』. 서울: 한국교회환경연구소, 2013.
- Bulletin of the Holy See Press Office. “Address of His Holiness Pope Francis to Participants at the World Congress of the International Association of Penal Law.” 15 November 2019. https://www.vatican.va/content/francesco/en/speeches/2019/november/documents/papa-francesco_20191115_diritto-penale.pdf.
- De Gruchy, Steve. “Dealing with our Own Sewage: Spirituality and Ethics in the Sustainability Agenda.” *Journal of Theology for Southern Africa* 134(2009), 53-65.
- Evangelical Climate Initiative. “Climate Change: An Evangelical Call to Action.” 8 February 2006. https://web.archive.org/web/20220303184452/http://www.christiansandclimate.org/statement/.
- Faramelli, Norman. “Missio Dei, Eco-Justice and Earth Care: Asking Hard Questions.” In *Creation Care in Christian Mission*, edited by Kapya J Kaoma, 148-164. Oxford: Regnum Books International, 2015.

- Keum, Jooseop, "Beyond Dichotomy: Towards a Convergence between the Ecumenical and Evangelical Understanding of Mission in Changing Landscapes," In *The Lausanne Movement: A Range of Perspectives*, edited by Lars Dahle, Margunn Serigstad Dahle, and Knud Jørgensen, 383-398. Oxford: Regnum Books International, 2014.
- Kim, Seoyoung. "The story of the Samaritan woman and Jesus (John 4:1-41) focusing on water within an ecofeminist theological perspective." *Practical Theology* 15/5(2022), 467-478.
- Lausanne Movement. "케이프타운 서약." 25 October 2010. https://lausanne.org/ko/statement/ctcommitment-ko.
- _____. "Creation Care and the Gospel: Jamaica Call to Action." 9 November 2012. https://lausanne.org/statement/creation-care-call-to-action.
- Little, Christopher R. "Creation: Is Creation Care Mission?." In *Paradigms in Conflict: 15 Key Questions in Christian Missions Today*, edited by David Hesselgrave and Keith Eitel, 348-357. Grand Rapids, MI: Kregel Academic, 2018.
- Meadows, Donella H., Dennis L. Meadows, Jorgen Randers and William W. Behrens III. *The Limits to Growth: A Report For the Club of Rome's Project on the Predicament of Mankind*. NY: Universe Books, 1972.
- Moltmann, Jürgen. God *in Creation: An Ecological Doctrine of Creation*. London: SCM Press, 1985.
- Muers, Rachel. "The Holy Spirit, the voices of nature and environmental prophecy." *Scottish Journal of Theology* 67/3(2014), 323-339.
- Nam, Sung-Hyuk. "An Eco-Evangelism of the Korean Christianity in an Eco-Crisis Era: Inductive Mission Model Approach." *Theology of Mission* 74(2024), 66-94.
- Nash, James A. *Loving Nature: Ecological Integrity and Christian Responsibility*. Nashville: Abingdon Press, 1991.
- Niemandt, Nelus. "*The Missio Dei* as Flourishing Life." *Ecclesial Futures* 1/1(2020), 11-30.
- Ranawana, Anupama. *A Liberation for the Earth: Climate, Race and Cross*. London: SCM Press, 2022.
- Sitter, Joseph. "Called to Unity." *The Ecumenical Review* 14/2(1962), 177-187.
- United Nations. *Report of the United Nations Conference on the Human Environment: Stockholm, 5-16 June 1972*. NY: United Nations, 1973.
- White, Lynn. "The Historical Roots of Our Ecologic Crisis." *Science* 155/3767(1967), 1203-1207.
- White, Sara Kyoungah. "창조세계 돌봄은 어떻게 복음적 이슈가 되었는가." 20 April 2023. https://lausanne.org/ko/featured-ko/창조세계-돌봄은-어떻게-복음적-이슈가-되었는가.

• World Council of Churches. "The Living Planet: Seeking a Just and Sustainable Global Community." 8 September 2022. https://www.oikoumene.org/sites/default/files/2022-10/ADOPTED-PIC01.2rev-The-Living-Planet-Seeking-a-Just-and-Sustainable-Global-Community.pdf.

• _____. "Together Towards Life." 6 September 2012. https://www.oikoumene.org/sites/default/files/Document/Together_towards_Life.pdf.

• World Evangelical Fellowship. "Social Transformation: The Church in Response to Human Need: Wheaton '83 Statement." *Transformation* 1/1(1984), 23-28.

• Wright, Christopher J. H. "The Care of Creation, the Gospel and our Mission." In *Creation Care in Christian Mission*, edited by Kapya J Kaoma, 183-197. Oxford: Regnum Books International, 2015.

• Zizioulas, John. "Man the Priest of Creation: A Response to the Ecological Problem." In *Living Orthodoxy in the Modern World: Orthodox Christianity & Society*, edited by Andrew Walker and Costa Carras, 178-188. Crestwood, NY: St. Vladimir's Seminary Press, 1996.

현대선교신학의 주요 용어들

초판 1쇄 발행 2025년 3월 6일

글쓴이 김신구 오경환 박종현 양현준 홍승만 김서영

펴낸이 박종현

펴낸곳 플랜터스

출판등록 2020년 4월 20일 제63호

주소 서울시 송파구 오금로 46길 41, 5층

전화 02-2043-7942, 팩스 070-8224-7942

전자우편 books@planters.or.kr

홈페이지 plantersbooks.kr

ISBN 979-11-970424-9-2 93230

플랜터스는 좋은 가치를 심습니다.

이 책은 자연을 사랑하는 마음으로 친환경 재생용지를 사용해 제작했습니다.